用年表读通
中国近代史

焦润明　焦婕　著

中華書局

图书在版编目(CIP)数据

用年表读通中国近代史/焦润明,焦婕著. —北京:中华书局,
2020.10(2024.2重印)
ISBN 978-7-101-14760-5

Ⅰ.用… Ⅱ.①焦…②焦… Ⅲ.中国历史–近代史–历史年
表 Ⅳ.K250.8

中国版本图书馆 CIP 数据核字(2020)第 172940 号

书 名	用年表读通中国近代史	
著 者	焦润明 焦 婕	
责任编辑	陈 虎 李洪超	
责任印制	管 斌	
出版发行	中华书局	
	(北京市丰台区太平桥西里 38 号 100073)	
	http://www.zhbc.com.cn	
	E-mail:zhbc@zhbc.com.cn	
印 刷	河北新华第一印刷有限责任公司	
版 次	2020 年 10 月第 1 版	
	2024 年 2 月第 5 次印刷	
规 格	开本/710×1000 毫米 1/16	
	印张 24½ 插页 2 字数 390 千字	
印 数	14001-17000 册	
国际书号	ISBN 978-7-101-14760-5	
定 价	75.00 元	

编辑说明

一、本书结合"大事年表"与"历史事件叙述",兼顾工具性与趣味性,可查询,可阅读。

二、全书上起1840年的鸦片战争,下迄1949年10月1日开国大典,依时间顺序分为十一章,每一章前有一总说。

三、版面左、右两栏以编年方式呈现近代中国历史发展历程,用年表贯穿全书,标示公元、朝代、帝王年号及民国纪年,其后的"事件"栏以朝代兴衰、政权更替、改革、政争、中外交往、战争、战役、媾和、文化成就、重要人物等的概述作为主要内容。

四、版面中间两栏以纪事本末的形式,介绍近代中国的重要史实,对事件的发展脉络、人物生平贡献等作完整的叙述。标题醒目,叙事清晰,可与年表相呼应。

五、世界近代历史的重大事件在年表中与中国历史相对照。

六、目次中依时间顺序,详列历史事件的标题。

七、全书以时间为经,事件、人物为纬,表现近代中国历史的波澜壮阔,是一部方便查询、适合学生与一般大众阅读的近代中国历史的工具书。

目　录

第六章　辛亥革命：以民主共和取代封建帝制————163

第七章　北洋时期：民国初年的政治与社会————197

第十一章　历史的选择：得民心者得天下─────────355

第一章　国门被开：鸦片战争

1840 年的中英战争，是由鸦片贸易问题引发的战争，所以习惯上称为鸦片战争。这场战争的实质，是早已完成工业革命的老牌资本主义国家英国，为了本国工业资产阶级扩大工业产品销售市场和原料产地的需要，急于向外扩张，而与闭关锁国的古老封建国家中国所发生的战争冲突。由于当时清王朝的贸易体制是垄断经营方式，并没有形成面向世界的与西方相适应的贸易制度，这是两者必然发生冲突的原因之一。再者，鸦片贸易本为清王朝所禁止，所以，英、美等国商人采取了非法走私的不正当贸易方式，向中国大量贩运鸦片，谋取高额利润。这种被禁止的、通过走私而输入的大批量鸦片，已对中国产生了实质性冲击，造成了白银大量外流，使国内银价上涨，经济秩序紊乱；吸食鸦片戕害了人民的身体健康，军人吸食鸦片还会导致军队的战斗力低下。银荒兵弱关系到清王朝统治的根本大计，不可能不采取严行禁止的措施。1839 年 6 月，钦差大臣林则徐在虎门集中销毁不法外国商贩手中的鸦片，从而使中英冲突白热化。英国决心以武力打开中国的大门。

英国想打开中国大门的想法，早在 1793 年马戛尔尼使华时就已付诸实施了。之后又有 1816 年阿美士德的使华。本章从马戛尔尼使华讲起，可以看出，企图打开中国的大门，是完成了工业革命后的英国的一贯做法。尽管当时由于"礼仪之争"问题，无论是马戛尔尼还是阿美士德，均不受清廷待见。从当时的情况看，即使英使按照清廷的礼仪规则行三跪九叩首之礼，清廷也是不会按照英国的想法进行通商的，所以他们的命运注定是无功而返的。

在鸦片战争前，英国对华贸易只能通过广州十三行进行，这当然是无法满足英国的商业要求的。"怡和行"是广州十三行中的代表，它的发迹是与垄断贸易联系在一起的，其兴衰也是如此，从中可以大致窥见当时的贸易情形。

由于鸦片走私使内外商人获利丰厚，导致了鸦片大量输入中国境内，造成了严重社会问题，清廷内部围绕着鸦片"禁"和"弛"曾发生了激烈的争论。在当时，禁烟派的观点更符合清王朝国家治理的需要而被采纳，林则徐被派往广州查禁鸦片。另一方面，英国殖民者早有用武力打开中国大门的战略，这次由于林则徐在广州厉行禁烟，"损害了"英国商人的利益而获得了发动战争的借口。

英国为了发动这场侵略战争，经过了充分准备。不仅有前期的情报收集，还经过议会下院的讨论，并通过报纸舆论的宣传形成了上下共识，最终派出了最先进的战舰，并主动挑起战争。在战争的过程中，中国的前线将士奋勇抗战，付出了巨大牺牲，军事大员关天培、葛云飞、郑国鸿、江继芸、裕谦、祥福等皆为国捐躯。然而，前线将士们的浴血奋战，终究扭转不了整个战局的发展态势。最终，清王朝战败求和，签订了《南京条约》等一系列不平等条约。

1840 年为中国近代史的开端。清廷战败，封闭锁国的国门被强行打开，传统的封建制度以及自给自足的小农生产、生活方式，开始受到冲击并逐渐解体，中国社会发生了前所未有的变化。

鸦片战争的失败，引发了部分先进中国人的觉醒，崛起了第一批"睁眼看世界"群体，产生了一批介绍、研究域外事物的史地著作，其中以魏源的《海国图志》、徐继畬的《瀛环志略》最有代表性，推动了先进中国人走向世界的进程。

法国彩色画报中亚历山大所绘马戛尔尼觐见乾隆皇帝画

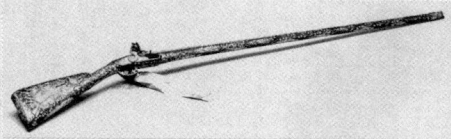

马戛尔尼进献的火枪

林则徐等关于虎门销烟的奏折

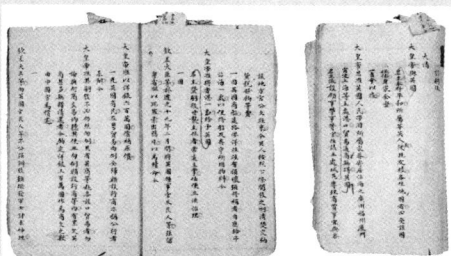

中英《南京条约》抄本（局部）

鸦片战争英军入侵路线示意图

1842 年 11 月 12 日刊"复仇女神号"运输船炮击中国战船
（《伦敦新闻画报》）

早期广州十三行商馆

香港岛开埠图

19 世纪下半叶的澳门图

马戛尔尼使华的礼仪之争

英国国王乔治三世统治时期，英国已成为世界上第一个工业强国。为了满足资本扩张的需要，为本国资本主义发展寻找原料产地和商品市场，他希望同清帝国建立经常的贸易关系。1792年，英王乔治三世正式派遣了以马戛尔尼勋爵为正使、斯当东男爵为副使的庞大使团，以祝寿为名，载着送给乾隆皇帝八十寿辰的贺礼访问中国，顺便讨论以后两国的商务利益。

马戛尔尼使团经过九个月的航程，终于在1793年6月21日到达中国澳门外万山群岛的珠克珠岛抛锚。广东地方官紧急用快信向皇帝报告了使团到达中国的消息。信中讲英吉利夷人是为给大皇帝八十万寿叩祝和进贡而来的。消息传到皇宫，乾隆皇帝格外高兴，命令沿海各省督抚做好接待工作，并且对接待规格作了明确的规定。接待规格很高，到达地一般都由当地最高行政长官接待，使团到登州府时，即由知府上舰拜会；到达天津时，天津道台、直隶总督特地来会见。使团在华的一切食宿费用、领航员和登陆后的交通工具，均由中方承担。因使团成员不习惯中餐，还特意准备牛肉、面包及水果等。

但是，清朝从皇帝到大臣都是把英国使团人员当成贡使看待的，只因英使远道而来，高看一点儿而已。清朝官员把他们总称为"英吉利贡使"，礼品称"英吉利

事　件	时间
3月，亚当·斯密出版《国富论》。这部经济学巨著问世，标志着富国裕民古典经济体系的创立。	1776年（乾隆四十一年）
7月，北美十三州殖民地发布《独立宣言》，宣布美国独立建国。	
11月，乾隆帝趁编修《四库全书》之机，命有关衙署删销书籍。自此之后，清廷大肆删销、焚毁书籍、石刻等。	
本年，平定四川大小金川叛乱，标志着清政府实现对川西地区的控制。	1778年（乾隆四十三年）
2月，法、美签订军事同盟条约，法国正式承认美国。	
9月，准西洋人进京效力。	
12月，清政府拨巨资在承德修建了须弥寿庙以资班禅安禅。	1779年（乾隆四十四年）
5月，班禅额尔德尼·巴丹益喜（1738—1780）自西藏日喀则扎什伦布寺起程，随行上千人，自青海、蒙、察到河北承德避暑山庄。	
本年，世界上第一座铸铁桥梁在英国煤溪谷的塞文	

时间	事 件
	河建造完成。本年，因在广州的英国私商债权人的请求，维农海军上将派出了一艘巡洋舰到广州，要求当地总督公正地对待英国商人。
1782 年（乾隆四十七年）	本年，《四库全书》官修完成，这是我国规模最大的一部丛书。
1785 年（乾隆五十年）	正月，清廷为乾隆帝登基五十年举行庆典。
	本年，全国发生了严重的自然灾害。其中，湖北、河南、山东尤其严重。
1789 年（乾隆五十四年）	7 月 14 日，法国巴黎人民攻克象征封建统治的巴士底狱，法国大革命开始。
	8 月，法国制宪议会通过了《人权与公民权宣言》，简称《人权宣言》。
	英国人詹姆斯·瓦特以"万能蒸汽机"革新机器动力，推动工业革命步伐。
1792 年（乾隆五十七年）	9 月 26 日，英使马戛尔尼使节团成员包括大小官员、舵手、跟役等共八百多人，分乘大小船只五艘，从英国普茨茅斯港出发。

贡品"。但英使们不这样认为，仍称自己是"钦使"，乾隆帝对马戛尔尼自称"钦使"感到极为不快。可以说自双方接触后，就存在着礼仪之争问题。1793 年 7 月 25 日，马戛尔尼使团到达大沽，徵瑞作为钦差大臣前往迎接，当听说英使欲以平行礼仪与清朝官员相见时，即决定自己不出面，而派出官阶略低的官员往见。他上奏皇帝时说，马戛尔尼以"品级自居"，自己"先行往见时，有失国体"，它预示着这场礼仪冲突即将开始。马戛尔尼使团由天津经北京，又继续到热河。

8 月 14 日，乾隆皇帝就英使觐见礼仪问题向相关接待大臣作出明确指示，要求英使遵守"天朝法度"，不仅陪臣行三跪九叩首之礼，即使国王亲自来朝也必须行此礼，"不行此礼，转失尔国王遣尔航海远来祝釐纳赟之诚"。对于皇帝的要求，徵瑞做了很多努力，比如要求英使在他面前向御座做叩首礼，但并未成功。马戛尔尼只表示他可以按照面见英王的礼节觐见中国皇帝，不愿意执行中国礼仪。于是，徵瑞不得不把这种情况奏明皇上，乾隆皇帝得知此事，非常生气，随即取消了原定于 9 月 10 日的觐见活动，同时减少了对使团成员的赏赐与供给，使英使面临着被驱逐的危险。

9 月 11 日，和珅代表清政府与马戛尔尼就觐见礼仪进行了最后一次磋商，表明了朝廷态度，双方都不愿因礼节分歧而破裂。据英人记载，乾隆同意了英使以英国礼仪见中国皇帝。的确，清廷允许英使在9月14日万树园礼节性的欢宴上行英国式礼节。1793年9月14日，马戛尔尼特使与部分随员在热河避暑山庄正式觐见乾隆皇帝，并参加了万寿庆典等宴会。

马戛尔尼使华所发生的礼仪之争，实质上是中、英之间为维护本国尊严的一场较量。当时英国已是西方第一强国，它是不可能向其他国家称臣纳贡的，而英国使团此行的目的，本来是借祝寿为名，寻求与中国建立对等关系。然而，清王朝仍将自己看成是雄居天下的"天朝上国"，仍然沿袭着传统轨迹，完全不了解外部世界的变化。当时英国已经完成了工业革命，正处于向全世界扩张势力之时，在还不完全了解清帝国实力，尚没有正式交锋的情况下，只能通过使团的访问，以国书的形式，向清政府提出要求。而在当时的背景下，也是不可能得到清廷应允的。

马戛尔尼使华期间，双方由于觐见的礼仪问题以及英方提出在京设立领事、开辟中英贸易等问题，发生了许多不快，最终导致英使无功而返。

礼仪之争显然成为当时中、英交往的一个重要障碍，其背后恰恰是两个不同文明体系的冲突。其后的1816年，阿美士德勋爵受命出使清王朝，也是由于在觐见嘉庆皇帝的礼仪问题上产生了分歧，最终清政府取消了觐见。

事　件	时间
同年，法兰西第一共和国成立。	
6月，马戛尔尼使节团到达中国外海。正式开启了中、英两国政府层面的第一次正式交往。9月底到北京，10月初离京，从内河南下，12月抵广东。	1793年（乾隆五十八年）
1月，马戛尔尼使团离开广州，经澳门回国。当年9月回到伦敦。	1794年（乾隆五十九年）
2月，嘉庆帝即位。	1796年（嘉庆元年）
本年，白莲教起义爆发，波及川、楚、陕、豫、甘五省，持续近10年。	

时间	事件
1799年（嘉庆四年）	意大利物理学家伏特发明蓄电池。
	正月，乾隆帝卒，享年八十九岁。和珅遭抄家，赐死。
1803年（嘉庆八年）	本年，清政府强调要对边外继续实行封禁政策，不准穷苦百姓携眷出关。
	本年，英国著名化学家约翰·道尔顿创立了原子论。
1804年（嘉庆九年）	本年，历时9年、遍及五省的白莲教起义基本失败。
	本年，《拿破仑法典》又称《法国民法典》正式颁布实施。
	本年，英国发明家理查德·特里维西克发明了蒸汽机火车头。
1812年（嘉庆十七年）	英国人约翰·布伦金索普设计了蒸汽式齿轨机车，并在美国米德尔顿铁轨上运行起来。
1815年（嘉庆二十年）	本年，清政府决定查禁鸦片，规定西洋货船至澳门时，应按船查验，杜绝来源。
	本年，英国的煤炭、纺织品以及金属制品的产量，

"朝贡国"英吉利的"贡品"

1793年英使马戛尔尼出使中国时，为"祝寿"而准备的"贡品"，全部是来自于第一次工业革命时期最重要城市伯明翰、曼彻斯特的工业产品。"贡品"包括以下：

第一件是天体运行仪和望远镜。天体运行仪可以清楚地演示太阳、月亮、地球及其他星辰的运转。与此相配合的是望远镜。它与普通望远镜不同，能看得更远和更清楚。据称这是由英国大科学家牛顿发明，而由英国另一位天文学家赫斯尔改进的。

第二件是座钟一架，亦称为"地理运转全架"。它实际上也是一种天文仪器，用以说明地球的运行与太阳及其他天体运动的关系。

第三件是天体仪，即所谓"天球全图"。淡蓝色的质地代表天空，上有金、银制成的星辰，大小、颜色各不同，犹如仰视天象一般，更有银丝分别标示天上各处位置。

第四件是地球仪，即"地球全图"。"天下万国、四洲、山河、海岛都画在球内"。尤为重要的是，它包括了当时航海探险的地理新发现。

第五件是杂样器具，共有11盒。这是确定时间的仪器，"可以计算满月、新月和月亮的其他变化"。

第六件是试探气候架一座。这是预报气象的仪器。

第七件是巧架子一个。这是根据力学原理，增加人的力量的仪器。

第八件是奇巧椅子一对。这是一种坐在上面，人能使之随意转动的椅子。

第九件是火镜。它是由两块透明玻璃加工制成的。其热度不仅能点燃金、银、钢铁等金属，而且能将极难熔化的白金很快熔化成流质，这在欧洲也是很少见的。

第十件是各种图片和画像。这里有反映英国城市、教堂、桥梁、湖泊，以及风土人情的图片，也有包括英国国王及王室在内的人物画像，展示出了英国文化艺术的成就。

第十一件是玻璃镶金彩灯一对。这是一种圆形灯，可以让强光照射到较远的地方。

第十二件是金线毯若干。这是布置房间的物品。

第十三件是大毯若干。这是用于铺设宫殿地面的物品。

第十四件是马鞍一对。特为乾隆皇帝定制的，黄色，十分精致。

第十五件是车两辆。专为乾隆皇帝乘坐，一辆夏天用，一辆冬天用。

第十六件是毛瑟枪、连珠枪和利剑等武器。前两种枪极易击中目标，而利剑可削铁如泥。

第十七件是铜炮、榴弹炮，即所谓西瓜炮数门。为便于现场演示，一英国炮兵小分队随团来华，可使清朝皇帝亲眼目睹西洋炮法。

事　件	时间
相当于欧洲其他地方产量的总和。	
8月，英国派阿美士德使团访问中国。拟向清廷提出自由贸易、扩大口岸、驻使北京、保护英国在华权益等项要求。因觐见英使拒绝行三跪九叩礼，被嘉庆皇帝下令驱逐出境，阿美士德使团被遣送回国。	1816年（嘉庆二十一年）
1月，文明古国希腊独立。	1822年（道光二年）
本年，清政府明确申定，洋人必须遵守中国法律。	
本年，清政府制定《商民与蒙古贸易章程》，详细规定贸易地点和来去期限。	
本年，清政府限制白银外流，重点防范英国商船。	1829年（道光九年）
英国吞并整个澳大利亚。	
3月，重修《康熙字典》完成。	1831年（道光十一年）
5月，令广东查禁鸦片走私情形。	
英国科学家法拉第发现电磁感应现象，提出发电机的理论，使电力工业得以建立。	

时间	事件
1832 年（道	2 月，广东定查禁鸦片章程。

第十八件是英国军舰模型。这是当时英国第一快捷战舰"皇家元首"号战舰的模型，装备有多门大炮的巨大军舰的各个部分，都在模型上显现得很清楚。

第十九件是哆罗呢、羽纱、洋布等羊毛制品、棉织品以及钢铁制品等。

从上述马戛尔尼使团的"贡品"来看，主要是天文地理仪表、枪炮车船机械、玻璃火镜以及呢绒等工业机械制造及化工光学产品，这简直是英国工业产品的展览会，在一定程度上反映了工业革命时期英国科学技术和工业生产水平。英方本想用这样的方式讨得清朝皇帝及其官员的欢心，并让他们意识到英国的先进、强大和富有，为外交谈判奠定基础。在此基础上希望通过输入新兴工业产品，引起中国人的消费欲望，为扩大进口英国的商品市场服务。但在清朝皇帝和朝廷大员们看来，马戛尔尼所带来的无非是制作精巧的礼品而已，中国物产丰盈，无所不有，完全不需要外国的物品，反倒是外国必需中国的茶叶、瓷器等物。

按照朝贡体制，中国对待贡使赠予的礼品更多。英国的礼品共五百九十余件，而清廷赠予的礼品达三千多件，主要有丝绸蟒袍、玉瓷器具、珐琅雕漆、绘画文具、茶叶食品、各种工艺品等，分别赏给英国国王、使团正副使以及随从官兵。

怡和行："广州十三行"中的代表

在现在广州市西关一带，有一条窄小

的马路，名叫十三行，清代的十三行就坐落在这里。广州十三行实际是清朝时广州拥有商业特权的官商团体，是一个对洋货行商业集团的统称，并非说只有十三家。据统计，多时达四五十家，少时只有四家，只有 1837 年刚好是十三家。他们分别是怡和行、广利行、同孚行、东兴行、天宝行、兴泰行、中和行、顺泰行、仁和行、同顺行、孚泰行、东昌行、安昌行等。1757 年，清朝下令实行闭关锁国政策，仅保留广州一地作为对外通商港口，直接促使广州十三行成为当时中国唯一合法的"外贸特区"，从而使他们能够从事与外商的垄断贸易，获得丰厚的利益，其中怡和行成为十三行中的代表。

1784 年，伍国莹创立怡和行，与英国人通商。到其子伍秉鉴（1769—1843）时，因出色的经营管理以及与英人保持良好的贸易关系，遂使怡和行发展迅速。1813 年，取代潘氏同文行，成为十三行行商之首。

怡和行每年的贸易额即达数百万两白银，伍秉鉴时拥有资产超过 2600 万银元，大约相当于当年清政府财政收入的一半，为当时华商首富。财大气粗的伍秉鉴凭借超人一等的世界眼光，巨额投资美国铁路、证券交易和保险等现代金融项目，还是英国东印度公司的最大债权人，怡和行成为名副其实的跨国财团。有一则伍秉鉴免除美商巨额债务的轶闻在外商中流传

事件	时间
6 月，英吉利商船至福建、江苏、浙江、山东，被驱逐。	光十二年）
本年，怡和洋行创设于广州，后迁香港，靠贩运鸦片起家，为在华英资家族企业。与"广州十三行"中的"怡和行"不是一回事，后者是纯中国商人的垄断商行，前者则是由英国商人创立的跨国公司。	
本年，英国议会改革法案通过，降低选举资格，使工业资产阶级获得了参政机会。	
3 月，美国议会授予总统强制实行关税的权力。	1833 年（道光十三年）
6 月，禁广东外洋贸易以银及洋钱易货。	
本年，暹罗与英缔结通商条约。	
8 月，英吉利派律劳卑至广州办理商务，违例蛮横，不听劝阻，广东督抚命封舱停市，派兵防守。律劳卑旋带兵船闯入珠江，与岸上守兵互相炮击，不久退出。	1834 年（道光十四年）

时间	事 件
	10月，清廷命广东确查商人拖欠外国债务及私行增税情形，并重申禁止贩运鸦片。

甚广：曾有一位美国波士顿商人和伍秉鉴合作经营一项生意，因其经营不善，欠了伍秉鉴72万银元的债务，一直无力偿还，也无法回国。伍秉鉴听说后，马上叫人把借据拿来，对美商说："你是我的第一号老友，是一个最诚实的人，只不过不走运罢了。"随后当着他的面就把借据撕碎，"账已经结清了，你可以随时离开广州回国"。72万银元在当时是一笔巨额财富，相当于当时七艘远洋来华的中型海船携带的货物总价。伍秉鉴这一行为，既说明他为人豪爽仗义，也说明他财大气粗，并在外商中落得个好名声。

伍秉鉴虽是华商首富，能够得到外商的尊重，但在那个国家羸弱的年代，他活得没有尊严。因为他是官商，虽然垄断对外贸易容易发财，但经营风险也不小，官吏可以随便罚款，动不动就要行商捐献，还时常被勒索，稍不遂意，大祸即至。有两个例子：伍秉鉴七十岁时，为了让儿子伍绍荣接班，他花了90万两银元，希望得到官府批准，甚至表示愿意拿出自己财产的80%上交官府，给自己留下20%的财富，但政府不允许。另外，他还受到不法外商的牵连。按照当时的保商制度，外商走私鸦片一旦查实，为其担保的行商要承担责任，因外国不法商人是不会受行商管制的。正值林则徐来广州查禁鸦片，怡和行因与外国商人贸易，受鸦片贸易牵连，被官府定罪，不得已，愿以家资报效。而林则徐却说："本大臣不要钱，要你的脑袋尔！"下令将伍氏父子摘去顶戴，套上枷锁，逮捕入狱。虽然因事态发展，林则徐没有处死伍秉鉴父子，但是经过此番折腾，伍家颜面尽失。可见花巨资捐来的三品"顶戴"，并不能保护其财产和尊严。

尽管如此，当鸦片战争爆发，伍秉鉴还是全力站在清政府一边，和其他行商一道捐资修建炮台，建造战舰大炮。清军战败，他也跟着倒霉，仅据《广州和约》，清政府交出的 600 万银元赔款中，就有怡和行拿出的 110 万银元。1842 年，鸦片战争以中国战败结束，在战败赔款中，行商公所认缴 134 万银元，伍家又被勒缴 100 万银元，其他行商摊派 34 万银元。整个战争前后，伍家损失了不下 200 万两白银。这说明当时的垄断商人依附于封建专制政权之下，毫无独立性可言，钱财毫无保障。怡和行的命运，也与十三行中的其他商行一样，随着清王朝的战败而终结。《南京条约》第五款"外商与何商贸易，听其自便"，宣告了广东十三行独揽对外贸易的行商制度的结束。1856 年，十三行街被一场大火化为灰烬，历史上著名的"广州十三行"寿终正寝。

鸦片走私与禁烟问题上的论争

鸦片战争前，英国是向中国输入鸦片最多的国家。因为鸦片贸易有利可图，许多英商洋行通过向中国走私鸦片获取了巨

事　件	时间
3 月，清廷增订《防范洋人贸易章程》八条，规定外洋护货兵船，不准驶入内洋，	1835 年（道光十五年）

时间	事　件
	洋船在洋私卖税货，责成水师稽查，严禁偷漏等。 10月，邓廷桢升任两广总督。 本年，美国人 S.F.B. 莫尔斯创造了电报通信用的莫尔斯电码。
1836年（道光十六年）	本年，道光帝谕令各沿海督抚，严行稽查，防止白银外流。 11月，英国派人至广东，总管其国商人、水手，申诚其遵章办事。 本年，英国发生经济危机，工人失业者众多，伦敦出现了"工人协会"类维权组织。 本年，美国制定《专利法》，成立专利局，使发明人利益获得有效保障。
1837年（道光十七年）	6月，清廷以白银外流、银价日涨，用御史朱成烈之言，命直隶、山东、江苏、浙江、福建、广东各省督抚认真查禁白银出口。9月，改订广东洋商办法。广东奏逐遣英蛋船及查禁鸦片窑口情形。 6月，英维多利亚女王登

大利益。1822年时，鸦片贸易收入就已占英印政府全年财政收入的10%以上，使英国的对外贸易由原来的入超转为出超，白银源源不断地流入英国。其他西方国家也由于巨大的利益诱惑，纷纷加入到鸦片走私行列中。在鸦片战争前的40年间，西方国家靠非法贸易从中国掠去的财富，就相当于清政府一年财政总收入的8倍以上。尽管清廷严令禁止鸦片贸易，但因其巨大的利润，使其交易规模越来越大，到了鸦片战争前夕，每年输入竟达4万箱以上。

鸦片的输入给中国带来了无穷的祸患。吸食鸦片者已扩大到社会各个阶层，鸦片不仅耗费钱财，而且戕害人的身体健康，消磨意志，神志萎靡，久成废人。同时还造成大批不事生产的蠹虫和贪官污吏，不仅败坏了社会道德和社会风气，也引起了社会生产力的萎缩，夺走了正常的社会购买力，影响到商业和城市手工业，使人数众多的小商人和手工业者受到沉重打击。白银大量外流，银贵钱贱的矛盾日益严重，导致金融恐慌，"以致天朝帝国的银源有枯竭的危险"。鸦片的危害愈演愈烈，已成为当时最严重的社会问题。

面对鸦片烟害危机，清廷内部形成了两派意见：一派是以太常寺少卿许乃济为代表的"弛禁派"。在朝中，两广总督卢坤、广东巡抚祁贡、两广总督邓廷桢都曾赞同此观点；一派是以黄爵滋、林则徐为代表的"禁烟派"。1836年许乃济向道光帝上奏，提出其"弛禁"主张：一是允许外商将鸦片当药材贩卖，按旧例收税；二是鸦片进关后，只准以货易货，不得用银购买；三是允许民间贩卖吸食，不追究；四是不禁止内地民人栽种罂粟。在许乃济看来，只要将这些建议付诸实施后，既不伤害国家体制，每年又可以节省千余万金财富。中原土性和平，在这样的土地中培植罂粟毒性少，食之无大害；种鸦片不仅不妨碍农业生产，而且还对农民有利，可以增加其收入。等国内生产的土烟增多，夷人贩烟无利可图，洋烟自然不禁而绝。许乃济虽属"弛禁派"，但从本质上看，他也是主张禁烟的。比如严禁公职人员吸食，违者处以刑罚，官员、士子、兵丁一旦吸食，"立予斥革"。只要能做到不让国家精英阶层吸食，让一般老百姓吸食，"无伤政体"，对国家没有大害。显然，许乃济的建议是禁中有弛、弛中有禁，是一种变通式的禁烟办法。

他的主张当时曾得到清政府一部分官员的支持，但遭到主张严禁鸦片的官员的反对。首先站出来反对的是兵部给事中许球等人，他们驳斥许乃济的理由是，明明知道鸦片是毒人之物，却任其流行，还要对其征税，有失堂堂天朝体统。江南道御史袁玉麟也批驳许乃济，认为，若明令弛禁就是放任鸦片伤害百姓性命而不管，这会伤害到国本元气。原曾一度赞成弛禁的

事　件	时间
基。	
8月，廓尔喀遣使入贡。	
5月，英国《人民宪章》发表。	1838年（道光十八年）
6月，鸿胪寺卿黄爵滋上奏《严塞漏卮以培国本疏》，请求严禁鸦片，重治吸食。	
9月，湖广总督林则徐上《钱票无甚关爱宜重禁吃烟以杜弊源片》，支持严禁鸦片主张。	
12月，道光帝命林则徐为钦差大臣，派往广东，节制水师，查禁鸦片。	

时间	事件

两广总督邓廷桢，也转而主张严禁。在禁烟问题上举棋不定的道光帝这时的态度也起了变化。对禁烟运动起到实际发动作用的，则是尔后黄爵滋在他的一封著名奏折中所提出的主张。1838年6月，黄爵滋以《严塞漏卮以培国本疏》上奏道光皇帝，系统阐述了自己的禁烟想法，指出当时烟毒泛滥、白银外流所造成的严重局面，建议严令各府、州、县，对鸦片进行清查，保甲连坐，特别要奖励相互检举、告发之人。如果文武官员吸食鸦片，则要比常人罪加一等，除了本人治罪外，其子孙不准参加科举考试。这种重治吸食鸦片者的办法，引起了朝野震动，引发了如何禁烟的大讨论。在29份各省将军、督、抚的奏议中，仅有8份对黄爵滋的主张表示赞同，且对将吸食者处以死刑提出了异议。其余的奏折，虽仍主张禁烟，但都把重点倾向于查禁海口，捉拿烟贩上。

随后林则徐也提出了禁烟奏章，强调了鸦片的危害，认为如果让鸦片流毒天下，就会危害巨大，所以必须从严处理。若再不管，几十年后就会没有抵挡敌人的将士，而且国家也没有发给军队军费、官员俸禄的银两。提出了源流兼治、重在禁源的禁烟方略，得到了道光皇帝的认同。于是，道光帝以"不得政体""冒昧渎职""殊属纰缪"的理由罢免了许乃济的官职，开始采取禁烟措施。

道光帝认为林则徐在湖广地区禁烟认

真且有成效，于是召他进京，面谈多次。1838 年 12 月，林则徐在第五次觐见皇帝时被任命为钦差大臣，前往烟毒泛滥最严重的广东禁烟。林则徐到达广州后采取惩治烟贩，要求外商交出鸦片，下令包围商馆，断绝澳门与广州的交通，撤出雇员，停止中英贸易等禁烟措施，逼迫英、美商人缴出近 2 万箱鸦片。1839 年 6 月，林则徐会同两广总督邓廷桢、广东水师提督关天培，在虎门海滩将收缴的鸦片当众销毁，禁烟运动进入了新阶段。

英国发动鸦片战争的准备与实施

英国作为当时的世界强国，早就把矛头指向了中国。从 1793 年马戛尔尼使华，到 1816 年阿美士德访华，都企图打开中国国门，但都未能如愿。1834 年，英政府再派律劳卑作为商务总监来中国，设法与北京直接通信以扩大与华贸易。然而他同样遇到了挫折，甚至还加深了与中国的贸易危机，于是要求英政府派相当兵力东来。1837 年 11 月，英国政府命令海军少佐曼特兰率军舰数艘赴中国。显然英政府已放弃从前的和平宗旨，决意采用非常手段，打开中国门户。中国轰轰烈烈的禁烟运动，引起英国政府、英印政府和鸦片贩子们的极度反感和恐慌。英国政府是鸦片贸易的受益者，因为这种贸易使英国在对华贸易中大获其利，使印度对英国制成品的需求成十倍地增长，英国政府还可向

事　件	时间
3 月，林则徐令外国人限期交出鸦片，并具结保证嗣后永不夹带。	1839 年（道光十九年）
5 月，订查禁鸦片章程三十九条及洋人携带鸦片入口售卖治罪专条。	
6 月，林则徐在虎门海滩当众销毁鸦片，这就是震惊中外的"虎门销烟"。	
7 月，英国水手在广东九龙尖沙咀伤毙农民林维喜。事后英国驻华商务监督查理·义律拒交凶手。英国商务总监义律与林则徐为了交出凶手之事引发争端，更加恶化了两国关系。	
8 月，林则徐下令禁止供给	

时间	事件
1840年（道光二十年）	澳门的英人柴米食物，撤回英商雇佣的中国职员工人。 9月，英国兵船在九龙附近炮击广东水师兵船。 11月，英舰在穿鼻洋挑衅，广东水师提督关天培率军抗击，英军败退。此后10天，英军兵船在官涌一带连续6次武装挑衅，均被击退。 12月，林则徐奉道光帝命令，布告停止中英贸易。 1月，林则徐奏定整饬洋务章程。 2月，英政府任命驻好望角舰队司令乔治·懿律为对华谈判全权公使。 4月，英议会正式通过发动侵华战争的决议案，派兵侵略中国。 5月，总督威廉·霍布森正式宣称新西兰为英国领土。 6月，英舰48艘、士兵四千余人陆续开抵广东海面，鸦片战争开始。6月28日，英舰封锁广东江面与入海口，主力北上。

从中国进口的茶叶征收巨额关税。印度殖民政府则可从鸦片专卖和鸦片过境税上获得大量的财政收入，至于英国鸦片贩子从这项罪恶走私中获利十倍，早已为人们所公认。正因如此，当林则徐严禁鸦片的消息传到英国时，立即引起英国当局、英印当局，尤其是鸦片贩子们的极大恐慌。印度孟买、加尔各答等地的商人纷纷上书请愿，要求英国政府利用这次机会解决鸦片贸易安全问题。居留广东的英国鸦片贩子派出了由查顿等人组成的代表团回英国进行游说，一些与鸦片贸易有关的人物，或开会，或致信，或请愿，或散发小册子，或面谒外交大臣巴麦尊，敦促政府早日对华采取战争行动。

1839年10月1日，英国召开内阁会议，讨论武装侵略中国的问题。外交大臣巴麦尊是有名的好大喜功的殖民主义者，他不但主张向中国政府索要鸦片赔款、军费赔款，并且要求一扫旧日所有的通商限制和邦交不平等。他表示"先揍一顿，然后再做解释"，主张立即调遣军舰封锁中国沿海。陆军大臣麦考莱，也坚决主张对华采取军事行动。于是，英国内阁会议做出了派遣一支舰队到中国海的决定。显然，英国内阁对议会实施了"先斩后奏"的决策方式。上述事实说明，保护英国对华鸦片贸易的利益，是英国对中国发动第一次鸦片战争最直接的原因。

英国议会关于是否通过发动战争提案

的争论首先在下院进行。1840 年 1 月 16 日，维多利亚女王在议会发表了演讲，强调在中国发生的禁烟运动已经使英国商人与中国的通商关系中断。她表示要关注这一"影响臣民利益和王室尊严的事件"。维多利亚女王虽然没有明确表示支持英国对中国发动战争，但从措辞强硬、对事件的"极其关注"中，可以看到她是主张英国政府解决与中国的通商与贸易问题的。林则徐的禁烟和在虎门销毁鸦片的行动，极大地刺激了英国人的神经，也直接威胁到英国在远东的利益。林则徐的禁烟行动很坚决，但是由于他视野及观念的局限性，所采用的方法有所失当。在禁烟上采取了一切手段，甚至采取强迫手段命英商交出鸦片，这就等于坐实了中国当局剥夺英人财产、生命自由的强暴责任，所以要求中国政府遵守国际公约，已成为英国朝野上下的共识。在和谈无效的情况下，企图用武力解决与中国之间的问题。自 1840 年 4 月 7 日起，英议会下院讨论对华战争军费案和广州英国鸦片商人赔偿案，经过 3 天的辩论，以 271 票对 262 票的多数，通过了内阁派遣远征军对华动武的提议。

在一系列的辩论中，涉及非常广泛的话题，包括中国与英国关系、战与和的策略选择、战争的合理性与合法性、军队的领导权、战争谈判与赔偿等。这些辩论者，都是具有丰富的殖民地管理经验、对

事　件	时间
7 月初，英军攻占定海。	
8 月，乔治·懿律向清政府投递照会，提出鸦片贸易合法、赔款、割地等侵略要求。	
8 月，直隶总督琦善受道光帝命，与懿律会谈。	
9 月，英军启程南返后，道光帝命琦善为钦差大臣赴广东查办。	
10 月，林则徐、邓廷桢被革职。	
11 月，道光帝颁布开放烟禁上谕。	
11 月，钦差大臣两江总督伊里布与英舰队司令乔治·懿律达成浙江停战协定。	
11 月，钦差大臣琦善到达广州。	

时间	事件
1841年（道光二十一年）	1月，英军乘琦善裁撤海防，向穿鼻洋大角、沙角炮台进攻，守将陈连升父子力战牺牲。 1月，道光帝下令对英宣战。并派领侍卫内大臣、皇侄奕山为靖逆将军，户部尚书隆文、湖南提督杨芳为参赞大臣，驰往广东。 2月，英军进攻虎门，次日虎门失陷，广东水师提督

国际事务了如指掌的重臣，如斯坦厄普勋爵、梅尔本勋爵，威灵顿公爵及埃伦巴勒勋爵等。

在整个决策过程中，英女王授权的内阁及议会扮演了重要的智囊作用，在随后战争过程中的信息反馈和中英谈判中，英国远征军执行的是一种集体意志，以及不达目的决不罢休的国家意志。

尽管英国议会迟至 1840 年 4 月才开始讨论政府的议案，但在 1839 年 10 月至 11 月间，英国政府已经作出了侵华的决定。而当下院的议员们唇枪舌剑之时，英国的舰船和团队正在从英国本土、南非和印度源源不断地驶往中国。1840 年 6 月，英国的 16 艘兵船载炮 540 门，4 艘武装汽船、28 艘运输船和 4000 名士兵到达了中国南海海面，一场侵华战争开始了。

"虎门抗英"英雄关天培的悲壮

虎门炮台的地理位置非常重要。虎门扼珠江，由此入狮子洋，上溯 50 公里，是广州。作为广州的门户，其战略地位十分重要。关天培在这里驻有重兵和数十门大炮，并且精心设防，以抵抗英军来犯。

1841 年 2 月 24 日，英军司令伯麦向关天培发出最后通牒，要求将横档、大虎等各处炮台让给英军，关天培毫不退让。25 日中午，英军进攻。虎门之战分为沙角、大角之战、三门水道战斗和横档一线战斗。26 日晨，下横岛英军大炮向上横岛清军炮击，清军炮台、工事、军营多次被击中，清军逐渐陷入混乱。上午，英军出动伯兰汉号、麦尔威礼号等军舰，炮击清威远、靖远及沙袋炮台。清军炮火直射距离难以对英军舰船构成致命威胁，守军虽英勇抵抗，多次击中敌舰，但始终处于劣势。英军长时间的炮击，基本摧毁了威远、靖远及沙袋炮台的作战能力。英军随即进攻各炮台，至下午2时许，武山一带各炮台失陷。当英军攻占炮台后，关天培高声怒骂，视死如归，敌人在劝降无望的情况下，弹洞其胸而死。

第一次中英鸦片战争中涌现了林则徐、邓廷桢、关天培等抗英民族英雄。尽管他们为抵抗英国的侵略竭尽全力，甚至付出了牺牲，最终也没有改变抗击英军失败的命运。这与历次反侵略战争一样，少数人的抵抗，改变不了体制的弊端。

从军事技术上和军事设施上看，由于冶炼技术落后，清军火炮由铁铸成，十分粗糙，射程短，准确性较差，威力不大。火药的质量也不好，命中精确度不高。火炮的机动性不强，又缺乏可以灵活移动的炮架。而且炮架多是木架，用藤条绑住，炮身重的大口径炮移动瞄准困难，往往发而不中，失去效用，难以对英国军舰产生威胁。清军步兵主要使用的武器是鸟枪、抬枪，较之英军使用的燧发枪落后。在制造工艺上、士兵的训练上也不及英方。清军战船，有快蟹、同安梭、米艇、红单、

事　件	时间
关天培战死。琦善被锁拿入京问罪。	
5月，英军攻陷广州城郊泥城、四方两炮台。	
5月，英军炮轰广州城。奕山派广州知府余保纯向英军求和。次日，余保纯与查理·义律订立《广州合约》，赎回广州城。	
5月，广东郊区三元里一带一百零三乡民众聚集于牛栏岗，抗击英军，毙伤英军近50名；广东人民发布《广东义民斥英夷说帖》。	
6月，广州北郊十三社八十余乡联合组织抗英义勇，成立升平社学；东北郊、南郊先后成立东平社学、南平社学、隆平社学等。	
8月，英国新任全权代表璞鼎查到达中国。	
8月至10月间，英舰突袭厦门，金门镇总兵江继芸、副将凌志力战牺牲；定海失陷，总兵葛云飞、郑国鸿、王锡朋战死；镇海失陷，总兵谢朝恩战死，两江总督裕谦投水殉国；宁	

时间	事 件
	波失陷。 10月，道光帝派协办大学士、吏部尚书、皇侄奕经为扬威大将军，侍郎文蔚、副都统特依顺为参赞大臣，率兵援浙。

拖罟、长龙、舢板等等，但均为木制，靠人力划桨摇橹，机动性能差，无防卫设施。1840年8月13日，黄爵滋、邓廷桢等奏称各省水师战船，用于缉捕有余，用于攻剿则不足，反映了当时军事设备现状。清军水师的武器有两大类：一是火器，二是冷兵器。火器中杀伤力较大的是火炮、火枪。火炮有抬炮、百子炮、子母炮、霸王鞭炮等；火枪如鸟枪、铳枪、抬枪等。冷兵器类，如刀、弓、矛等，在近代战争中，起不到什么作用。

中国的海防要塞建设较为落后、原始，还未形成基本的防御体系。此外，情报信息及决策系统也异常落后。鸦片战争前，英国通过传教士及商人、外交使节多方收集中国情报，已对中国有了一个全面的了解。郭士立就曾对中国沿海进行了海道测量、地形勘察、绘制航海地图等，收集各方面情报。相反，清朝对外界知之笼统，多是些道听途说，缺乏系统研究。虽然对坚船利炮有直观感受，却对英军的陆战能力估计不足，认为"英夷无他技，浑身裹缠，腰腿僵硬，一仆不能复起"，中国士兵则"一兵可以手刃数夷"。相关错误认识，使清军没有组织足够专门与登陆部队交战的军队。道光帝后来从厦门之战失败的奏折中，才知道英军也会陆战。战争的重要决策者道光帝，对战局的指挥完全依靠前线奏报来了解军情，进行决策，而当时这种奏报主要通过驿站系统获得，这种原始通信手段所导致的信息不灵，时常贻误战机。1840 年 7 月 5 日英军进攻定海，第二天定海陷落，可直到 7 月 17 日，道光帝才收到林则徐的奏折。此时定海已陷落 12 天，而且信息完全不对称，胜败不分，对道光帝来讲完全是一场糊涂战。僵化的指挥系统，原始的通信手段，严重影响清最高决策者对于战局的判断，根本无法应付与资本主义强国的近代化战争。

签订《南京条约》与清廷的"永相和好"

在鸦片战争发生时，清廷认真组织了抵抗。但是，当英军坚船利炮陆续攻陷了清朝国防的层层壁垒，广州、厦门、宁波、上海相继沦陷，战场失利的消息频频抵京时，道光帝的作战决心最终动摇了。为了寻求与英国停战，并希望尽快签订和约，他派出了钦差大臣耆英、两江总督牛鉴和乍浦副都统伊里布与英国进行谈判。道光皇帝让负责签约的军机大臣耆英告诉英国代表，大清皇帝愿意"相待以诚"，"从此通商，永相和好"，今后不要再启兵端了。这个上谕反映出当时清朝急于想保住面子的心态。

对于条约的谈判，清廷的具体执行者只在意尽快缔结，解决和局问题。欧洲外交家们极为重视条约的字句与语法，可是中国代表们并不仔细审查，看一眼就立即签字。显然是希望尽快订立条约后，让英

事　件	时间
2 月，奕经率军到达浙江绍兴。	1842 年（道光二十二年）
3 月，奕经率军反攻宁波、镇海，均失败。清政府不得不派耆英、伊里布开始求和活动。	
4 月，英国议会通过减低七百余种进出口货物关税的法案，羊毛完全免税。	
6 月，英军占领吴淞、宝山，江南提督陈化成战死。	
19 日，英军攻陷上海。	
7 月，英军攻陷镇江，副都统海龄自缢。	
8 月，英军舰船八十余艘到达南京江面。英军向清政府提出议和条件。	
8 月 29 日，耆英全部接受	

时间	事件
	英军提出的议和条件，在南京下关江面英舰"皋华丽"号订立中英《南京条约》，第一次鸦片战争结束。本年，魏源《海国图志》50卷成书刊行。本年，美国"承认"夏威夷的独立地位，后于1898年并入美国。
1843年（道光二十三年）	3月，以耆英为钦差大臣，赴广东办理通商事宜。中英签订《五口通商章程：海关税则》十五款，又签中英《虎门条约》，即《五口通商附粘善后条款》二十款。本年，上海、广州、厦门相继开埠。英国传教士麦都思在上海创设墨海书馆。本年，洪秀全初创拜上帝会，劝人拜上帝。
1844年（道光二十四年）	7月，中美签订《望厦条约》三十四款，附《海关税则》。10月，中法签订《黄埔条约》三十六款。本年，清政府正式设立五口通商大臣，由两广总督

国人赶紧离开。对官员们来说，签字只是完成一项皇帝交办的任务，尽快解决争端才好交差。

1842年8月29日，钦差大臣耆英与英国侵华军全权代表璞鼎查在英国军舰"皋华丽"号上签字盖印，签订了中国历史上第一个丧权辱国的不平等条约——《南京条约》。该条约共十三条，其内容大致有：割让香港、废除行商、赔偿军费、五口通商、平行交往、释放英俘、赦免汉奸、协定关税八项。《南京条约》是中国近代第一个不平等条约，清王朝作为战败国被迫割地、赔款，是极其不平等的，严重损害了国家主权；战胜国英国通过条约得到了它想得到的东西，获得了战争赔偿、开放中国口岸、议定关税及割占领土等权益。

当《南京条约》签完字后，双方代表都表现出不同的轻松。对英国代表来说，不仅得到了高额赔偿，最重要的是他们打开了中国的门户，可以正当地、自由地来华做生意，大挣中国人的钱；对清朝代表来说，虽然割地赔款，但不必再遭战火，他们挽救了大清政权，同时也保住了道光皇帝的宝座。

英国提出要与中国缔结条约时，清廷的满朝君臣都想找到一种方法尽快摆脱战败僵局，而缔约就成了最好的办法。耆英、伊里布在向皇帝陈述接受《南京条约》的理由时，强调英国人贪利无厌，不过是为了码头和贸易通商，"不若姑允所请，以保江南大局"，可以借通商为诱饵，通过给予其经济利益免于战争。《南京条约》中所规定的割让香港岛，开广州、厦门、福州、宁波、上海五口通商，在清朝君臣眼里，香港岛乃海外一座荒岛，无甚重要，而条约中许以通商，则是对英夷莫大的恩惠。所以，他们十分轻松、慷慨地让出了许多经济利益包括关税等属于出让国家权益的原则问题时，却只视作一种"以商制夷"安抚英夷的做法。

当时清廷只把与英缔结条约看成是一种缓兵之计，还用传统的羁縻政策来审视对英关系，把条约当成可签亦可根据需要和实力随时废除的东西，完全不懂近代条约体系的相互关联性。他们甚至也不甚理解《南京条约》第一款规定的"嗣后大清大皇帝与英国君主永存平和，所属华、英人民彼此友睦，各住他国者必受该国保佑身家全安"所具有的深层含义。其实这一条最重要，它讲到了中、英两国和平相处、永远和平的问题，重点强调了两国对于住在对方国家的人民有保护人身、财产安全的义务。在当时中国人还很少去西方国家的时候，这条主要是规束清朝官员具有保护在华从事贸易及其他活动的英国人士的义务，不允许再有"货即没收，人即正法"等不重视外国人生命财产的事情发生。从长远看，这条对于改变天朝大国观念下，清廷蔑视、歧视外国人有一定抑制作用，其后历史上的很多纠纷都与此条有关。

事　件	时间
兼任，专门办理外交和通商事务。	

时间	事件
1845 年（道光二十五年）	2 月，"人的全面发展"概念出现于恩格斯在爱北斐特社会主义和共产主义活动家讨论会上所发表的演说中。 3 月，美国总统约翰·泰勒签署法案，将德克萨斯共和国并入美国领土。佛罗里达正式成为美国第 27 个州。 3 月，命四川严缉"教匪"。 4 月，命直隶、山东、河南严缉"教匪"。 5 月，比利时请求通商。7

《南京条约》签订之后，南京解围，英军撤退，濒临崩溃边缘的天朝，似乎在悬崖边又被拉了回来。但是清廷朝野并没有认识到问题的严重性，他们认为议和后英军退兵，一切都会恢复到常态，该做官还做官，该享受还照样享受。"天朝上国"的自大心理依旧牢固，似乎赔巨款、开口岸、割土地不足以触及根本，无需顾忌。尽管条约已成，但是大臣们对于如何践行条约并不清楚，不知道会对大清王朝造成何种影响，不知道洋人会不会卷土重来。只有少数人如林则徐、魏源等人认识到中国面临的危机，开始睁眼看世界。

魏源写《海国图志》及其在中日两国的不同反应

第一次鸦片战争，催发了部分先进知识分子的民族觉醒。林则徐编译《四洲志》、魏源编著《海国图志》、梁廷楠写成《海国四说》、徐继畬出版《瀛寰志略》，使他们成为第一批睁眼看世界的思想家。其中以魏源在《海国图志》中所展示的世界图景最有代表性。

1841 年 6 月，林则徐受投降派的诬陷，被革职，从重发往伊犁戍边。林则徐离开居地镇海北上新疆，挚友魏源闻讯从扬州赶来相送。8 月，两人在镇江相会，林则徐将自己主持编译的《四洲志》及其他有关外国资料交与魏源，嘱咐他继续编纂，丰富相关内容。魏源于是在此基础上广泛搜集中外著述，按区分国，增补整理。于1842年初编成《海国图志》50卷，刊行于世，逾57万字；1847年又增为60卷，刊于扬州；1852年复扩成100卷，刊于高邮，近88万字，内容更为丰富。《海国图志》成为当时中国最完备的世界知识汇编。该书记述了当时世界各国的地理、政治、历史、宗教、文化以及科学技术等多方面内容，并附有世界地图、各大洲地图以及分国地图。提出以夷制夷，以夷攻夷，师夷长技以制夷的主张。推崇资本主义国家的民主制度，称赞瑞士，不设君主，不设诸侯。

《海国图志》作为较早的史地著作，为闭塞已久的中国人提供了新的世界地理概念。它不仅向人们提供了近代世界各国地图，还以巨大篇幅，详叙各国史地，丰富了中国人的世界知识，对资本主义的商业、铁路、银行、学校、新闻制度，乃至议会制度、西方近代机器生产情况都作了介绍，使人们对一向生疏的西方世界有了大致了解。魏源在《海国图志》中提出了著名的"师夷之长技以制夷"的观点，他编纂该书的目的，就是要学习西方资本主义国家先进的"长技"，用新的战舰、火器、养兵练兵之法组织新式军队，抵御外来侵略。他认为中国人是世界上聪明的民族，只要认真向西方学习，把西方的长技学到手，将来中国也会像西方一样科技发达、社会进步。

事　件	时间
月，丹麦请通商，清廷许依五口通商条约办理。	
8月，葡萄牙女王不顾清政府的反对，强行宣布澳门为自由港，拒绝交纳澳门地租。	
10月，清政府下令释放遣戍在伊犁的林则徐，授予五品京堂候补。	
11月，英国驻上海领事强迫清政府在上海划一个区域作为英国人居留地，签订《上海租地章程》，共二十三款，这是外国殖民者在中国设立租界的开始。	
本年，英国议会通过法案，废除一切出口货物关税。某些进口货物，如棉花、玻璃等关税完全免除。	
本年，姚莹在对西康、西藏等地进行实地考察的基础上，写成《康輶纪行》一书，介绍了英、法、俄、印历史地理情况，以及喇嘛教、天主教、回教源流等问题。	
本年，英国人托马斯·库克创办了世界上第一家旅	

时间	事件
	行社，标志着近代旅游业的诞生。 本年，洪秀全写成《原道救世歌》《原道醒世训》。

然而，这么好的一部书，在 1860 年以前，在中国一直不被重视，遭受冷落。对《海国图志》给予赞赏的，几乎全是魏源的好友、同僚，如陈澧、朱琦、姚莹、林昌彝等，并没有在更大的范围内产生影响。在国内影响甚微，只有少数士大夫知道，没有受到国人足够的重视，可是，该书却在日本产生了巨大影响。

《海国图志》60 卷本于 1851 年传入日本，百卷本也于 1854 年输入日本，之后出现了许多翻刻本、训点本和日文译本。该书能在日本流传，一是日本人对海外事物好奇，再就是它的武士群体作为知识群体，对海外事物已有一定了解。早在 1845 年，日本人自己编的《坤舆图识》就已出版流行，许多日本核心人物都读过这本书，说明日本知识界对西方事物已有一定认识基础，这与中国完全不同。日本知识阶层非常喜欢《海国图志》这部书，从 1854 年至 1856 年，日本出版的《海国图志》各种版本就达二十余种之多。其中有很多是按照国别的选本，如美国、英国、俄罗斯等，反映出日本人对于世界各国不同的关注程度。1851 年，日本输入的 3 部《海国图志》，分别为德川幕府的御文库、学问所各收藏一部，另一部被担任海防挂的幕府老中牧野忠雅买去，说明日本统治集团非常重视此书。日本幕末思想家横井小楠原、吉田松阴都读过《海国图志》，其中吉田松荫还高度评价魏源提出的攻夷、款夷、制夷等制夷方略。

　　日本人认为《海国图志》的精华在筹海、筹夷、战舰、火攻等海防篇，对于保卫海疆提供了战略和战术上的思考。日本是岛国，保卫海疆是头等大事，这使这本书受到热捧，成为日本战略家的必读书。不仅是了解列强实力的必备文献，甚至成了私塾师生了解世界的教材。

事　件	时间

第二章　太平天国运动与第二次鸦片战争

太平天国运动，是中国近代史上规模最大的一次农民起义。它建立了自己的意识形态"拜上帝教"，在吸收西方基督教一些教义和概念的基础上，与中国的传统思想相杂糅，形成了宗教混合体，即上帝是天父，耶稣是天兄，而洪秀全自己则是天父的次子、耶稣的弟弟，以此来增加他号召起义的神权权威性。其实在《圣经》中，只有耶稣这么一位"上帝的独子"，根本不存在其他的"次子"。但是在当时民众处于封闭愚昧的状况下，竟然能得到众多民众信拜，最后汇集成轰轰烈烈的农民起义。洪秀全自 1851 年金田开始聚众起义，建号太平天国，到 1864 年最后失败，前后达 14 年之久，席卷大半个中国。并且曾定都天京（今南京），建立起了自己的国家体制，给清王朝以致命打击。但是自"天京变乱"内部出现分裂后，太平天国运动开始走向衰落，最后由于其政治、经济、军事等各种自身原因，在中外联合镇压下失败了。

太平天国运动改变了清王朝后期的政治生态。当八旗、绿营已无力"剿灭"太平军之时，为了维护王朝的生存，就不得不启用汉族地主武装，于是"湘军""淮军"由是兴起，并逐渐成为清王朝核心的军事力量，间接地促使清朝政权结构发生了重大改变。更重要的是，江南战乱，部分有产者为躲避战祸，纷纷涌到西方列强控制的口岸，如香港、上海等地，人、财、物的集聚，加快了相关地区的经济发展。

英、法列强乘中国内乱，发动第二次鸦片战争，这次战争也称"修约战争"。英、法等资本主义列强因不满足于第一次鸦片战争中获得的权益，便以修约为借口，企图进一步扩大权益。其中有几项如公使驻京、传教自由、内地游历、内地通商等，是清王朝原有统治理念碍难接受的。其中"公使驻京"这项，是历次中外交涉中必提到的一款，而清廷从未答应过。由于清廷不同意按英、法的意愿修约，于是英、法便以"亚罗号事件"和"马神甫事件"为借口发动战争。最终以英、法联军攻占北京，火烧圆明园，清廷完全答应英、法等国提出的条件，才结束战争。

经过第二次鸦片战争，列强在中国建立的不平等条约体系基本确立，清王朝不得不放下天朝上国的架子，开始以"平等"的身份与列强打交道，在国家文件中再也不敢称西洋人为"夷"，而以"洋人"称之。经此战争，清廷统治集团亦领教了西方的"船坚炮利"，企图用西方的新式武器武装自己，维护清王朝封建统治，于是形成了以学习和仿制西方器物为核心的洋务运动。其固然有抵抗列强"御侮"的含意，更主要的还是对内镇压人民的反抗，维护封建王朝统治。第二次鸦片战争后，中国的半殖民地半封建程度进一步加深。

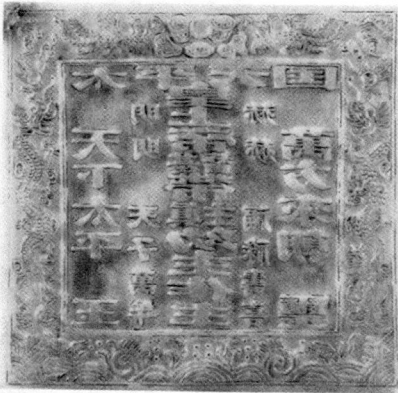

太平天国幼天王玉玺

《伦敦新闻画报》1853年11月5日刊南京的太平军首领和士兵们

1857年3月14日刊"中国的叛匪"

天王府模型全景（陈宁骏摄）

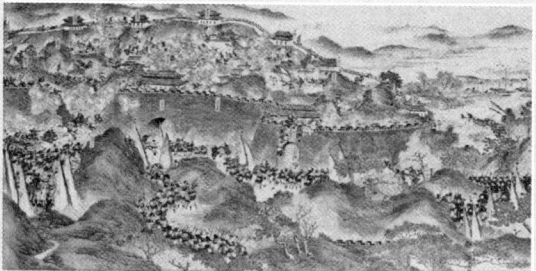

1864年湘军《克复金陵图》

天京陷落太平天国幼天王被擒图

《伦敦新闻画报》1861 年 1 月 5 日刊
1860 年 10 月 24 日额尔金伯爵进京签署英中和约图

《伦敦新闻画报》1858 年 6 月 26 日刊
英国与中国在天津举行和平条约签订仪式

咸丰、同治时期与列强签订的部分条约

圆明园遗址

洪秀全科场失意导致与科场功名决裂

　　洪秀全（1814—1864）出身于广东花县福源水村，为客家人。他从小即熟读《四书》《五经》，一直想通过科举考试的途径，走仕途之路，进入清朝体制内为官，实现自己的人生抱负。大约在十五岁时即赴广州第一次应试，自此先后共历四次科考。第一次考试失意对洪秀全虽然是个打击，但他却并没因为初试的失败而灰心、气馁，科举成名的信念一直在强烈地支配着他。他的父母、族人和师友们，也在不断地鼓励、支持他努力再考。于是，洪秀全一面教书，一面自学，为第二次参加考试刻苦攻读。

　　1834 年春天，二十一岁的洪秀全再次取得参加"府考"的资格，抱着一举成名显扬父母的信念，第二次到广州去参加秀才考试。然而这次考试又失败了。这次考试失败对洪秀全的打击较大，其精神沮丧、愤世嫉俗的情绪难以自抑。某天，洪秀全神情恍惚地在广州府城龙藏街遇见两个传教士，接受了他们赠送的名叫《劝世良言》的几本小册子。洪秀全带回家，仅仅大致了解后就存放书柜中，没有太在意。

　　1837 年春，二十四岁的洪秀全第三次去广州参加科举考试，又名落孙山了。第三次科考失败，他的心理再也承受不住失败的打击，他悲愤交加，极度绝望，猝然病倒，是被抬回家中的。洪秀全这次病得

事　件	时间
1 月，广州人民取得反入城斗争第一次胜利。	1846 年（道光二十六年）
2 月，美国商船到日本浦贺请求通商，不许。	
7 月，命盛京、直隶、山东、江苏、浙江、福建、广东七省海防练兵。	
本年，法国获得在中国各通商口岸自由传教的权利。	
本年，清政府正式宣布弛禁天主教，发还自康熙末年以来没收的天主教堂。	
本年，洪秀全著《原道觉世训》。	
本年，马克思、恩格斯在布鲁塞尔建立共产主义通讯委员会，传播革命思想。	
4 月初，广州人民取得反入城斗争第二次胜利。	1847 年（道光二十七年）
本年春，洪秀全专门到广州美国传教士罗孝全处学习基督教，成为基督教徒。	
6 月，根据马克思、恩格斯的建议，"正义者同盟"更名为"共产主义者同盟"，口号是"全世界无产者联合起来"。	
7 月，洪秀全再次到广西。	

时间	事　件
	7月20日，上海发生徐家汇教案。
	8月，洪秀全与冯云山在桂平紫荆山制定《十款天条》。
	9月，湖南新宁农民在青莲教首领雷再浩率领下聚众起义。
	9月5日，沙皇任命穆拉维约夫为东西伯利亚总督，加紧侵占我国黑龙江流域。
	本年，英国通过了10小时工作日的法案。
	本年，天地会首领罗大纲，组织广西天地会起义。金田起义后，罗大纲率部数千人在大湟口加入太平军。

很厉害，连续四十多天卧床不起。由于科场失意、痛苦、绝望，他在病中有时神志不清，甚至产生许多幻觉，时常胡言乱语。有一段时间病势加重，他自己都认为死期到了，曾伤心地对守护在身边的亲人说："我的日子屈指可数了，我的生命快完结了。父母啊！你们对我的恩爱，我的回报是多么糟啊！我再也不能去获取功名以显扬你们了。"可见他热衷于追求科举功名的名利心已经达到似狂如痴的程度，除了科举仕途，他不知道自己还有什么更好的人生道路可走。

1843年，洪秀全第四次赴广州参加科举考试，可是又没有成功。这次失败使洪秀全彻底绝望了，最终他从沉溺于科举仕途的梦幻中苏醒过来，决定对科举功名不再抱有任何幻想，从此决意放弃追求科场功名。

洪秀全的科举仕途确实没有同时代的曾国藩以及比洪秀全稍早的林则徐等人幸运。曾国藩、林则徐均是贫困人家的子弟，但他们却靠着自己努力考取了进士。林则徐凭借自己的勤奋努力和顽强的意志，二十多岁时便考中了进士；而曾国藩先后参加了3次进士考试，经历了多次失败，最终考中了进士。当时曾国藩只有二十七岁，可是三十岁的洪秀全却连秀才也没有考上，这除了个人运气外，也与他个人的知识储备、能力素质以及科考特定的环境条件都有关系。但不管怎么讲，科场失意所带来的创伤对洪秀全身心的影响是巨大的，甚至从根本上改变了他的人生轨迹。

第四次科考的失败，把他企图通过"金榜题名"获取功名的梦想击得粉碎。屡试不第，无疑给洪秀全造成了巨大的精神创伤，经历了从对科举功名的无限憧憬到理想之梦的最终幻灭，他需要找到一种新的精神寄托，这时梁发的《劝世良言》的宗教说教，便成了他最好的精神慰藉。该书的中心思想是劝人信拜"神天上帝"，宣传宇宙间只有一位"造化天地万物"的"独一真神上帝"，"其余所有的什么神佛菩萨"，全都是"邪神妖魔"。从信仰的排他性出发，该书对中国的儒、道、释三教和多神崇拜一概加以猛烈抨击。《劝世良言》的相关说教，在洪秀全的内心深处引起了巨大的反响。对现实社会不满，对科举考试绝望的洪秀全，自然很容易受这种宗教思想的影响，于是基督教教义也就深入了他的心中。基督教为洪秀全的叛逆思想提供了宗教根据，使他由一位封建科举仕途的迷溺者，转变为封建传统思想的叛逆者。

"拜上帝教"的创立与金田起义

洪秀全于 1843 年开始拜上帝，洪秀全与表哥李敬芳按照《劝世良言》中所说的仪式，自行洗礼，皈依上帝。

自此，他开始热心地向亲属戚友们进

事　件	时间
3 月 22 日，戴维斯任驻华公使兼香港总督。	1848 年（道光二十八年）
4 月 6 日，杨秀清假托"天父"下凡，号令拜上帝会	

时间	事 件
1849年（道光二十九年）	众。 本年，日本藤井三郎首倡英吉利学，佐久间象山造洋式野炮。 本年，首批怀着淘金梦的中国移民抵达旧金山。 本年，马克思执笔的《共产党宣言》问世，第一次较完整地阐释了马克思主义基本原理。 2月8日，马志尼宣布罗马为共和国。 4月，广州社学群众10万人守卫珠江两岸，取得反入城斗争第三次胜利。 本年，广西灾荒；天地会及灾民纷纷起义。沙俄海军军官涅维尔斯科伊等乘炮艇由海上侵入我国黑龙江江口和库页岛地区。 本年，徐继畬编纂成《瀛寰志略》，全书共10卷，约14.5万字，为中国较早的世界地理志。 本年，丹麦颁布新宪法，设两院制议会。

行宣讲。最先被他说服皈依的，是洪仁玕和冯云山。洪仁玕是洪秀全的族弟，幼习经史，也是一个科考失意、郁郁不得志的知识分子。冯云山是洪秀全的姑表兄弟，还是"同窗书友"。三人都是屡试不第的乡村知识分子，相同的遭遇和处境，使得他们三人的思想感情是一致的。当洪秀全向两人宣传"拜上帝"道理时，便很快被接受。于是为他们二人施洗礼，洪秀全又把洪仁玕、冯云山二人书塾中的偶像全部移除。尽管在洪秀全努力下，他的家族开始接受基督教，不过信教的人依然很少，持怀疑观望态度和讥笑反对的人却占了绝大多数。

洪秀全自创立拜上帝教后，在家乡的传教活动，遭遇到了极大阻力。因为他们自从开始信奉上帝之后，便再也不敬拜祖宗牌位和神佛偶像了，甚至还毁坏偶像无数。这些行动严重违背了乡村社会伦理，他们受到乡人的谩骂和殴打，洪仁玕也因信教而被逐出家门。他们失去了塾师职位，没有职业就没有收入，也无法生存。在本乡本土传教，阻力甚大，障碍很多，种种恶意诽谤攻击的流言蜚语，纷至沓来，致使局面无法打开，信教的人寥寥无几。面对这种情况，洪秀全等人受客观环境所迫，不得不离乡背井，到外省异乡去传道。他们在1844年早春时离开家乡到达广西，下半年冯云山留广西传教，洪秀全等人在1844年冬天从广西返家。到1847年3月，洪秀全仍然以私塾教书为生，同时继续在本乡及邻乡宣传拜上帝教。这段时间，他以惊人的热情和毅力，从事创立拜上帝教的教义工作，写成《原道救世歌》、《原道醒世训》、《原道觉世训》等著作，大体构建起洪氏的拜上帝教教义。

由于冯云山在紫荆山一带宣教比较顺利，逐渐形成了规模，"拜上帝教"礼拜活动频繁，并不断向外扩散，在周边影响越来越大。冯云山虽是拜上帝教的开创者，但是信徒都承认洪秀全为拜上帝教的最高首领。1847 年 8 月 27 日，洪秀全与冯云山在紫荆山会合，并带去了自己编写的"三原"理论作为宗教教义的阐释，其与冯云山创建的组织结合，成为真正意义的宗教，即拜上帝教。于是在紫荆山设立拜上帝教总机关，洪秀全也成为真正意义上的教主。

拜上帝教的独一真神是"皇上帝"，洪秀全巧妙地利用上帝的权威将自己神化，强调自己是上帝派遣下凡间来拯救苍生的，洪秀全将自己等同于耶稣的地位，并且按照中国人的伦理系统，构建起一整套家族神化体系，即上帝是天父，耶稣是天兄，而洪秀全自己则是天父的次子、耶稣的弟弟，以此来增加他号召起义的神权权威性。拜上帝教主张"天上有天国，地下有天国；天上有大天堂，地下亦有小天堂，天上地下都是一样，同是上帝天国、天堂"。

事　件	时间

时间	事件
1850 年（道光三十年）	2 月 25 日，道光帝死。 3 月 9 日，咸丰帝（奕詝）即位。 6 月，洪秀全发布"团营"，命各地拜上帝会员秘密到金田集中。 8 月 13 日，沙俄强占中国黑龙江江口庙街，改名尼古拉耶夫斯克。 11 月 4 日，拜上帝会众在平南县思旺击溃清军。

拜上帝教作为一种宗教理论，在太平天国农民起义初期具有显明的革命性、鼓动性，并且为民众提供了一种乌托邦式的社会建设样图，具有团结民众的精神力量。

早在 1850 年 4 月 3 日，洪秀全作为宗教领袖，就已在桂平的平山秘密登极，穿起了黄袍。1850 年 11 月 4 日，杨秀清等人在金田、花洲等多处宣布起义勤王。1851 年 1 月 11 日，各路拜上帝兵马汇集到金田村，祝贺天王洪秀全三十八岁生日，同时宣布起义，建号"太平天国"。全军将士皆蓄长发，红巾包头，以示与清王朝誓不两立，一支新型的农民武装——太平军从此诞生了。参加者主要是贫苦农民，还有不少是紫荆山区的煤矿工人。在此前后，各地的拜上帝会众陆续聚集金田，太平天国运动正式爆发。

"永安封王"组成"上帝之家"

永安建制初步奠定了太平天国运动政治、军事制度的基础，其中的"封王"是永安建制中最重要的内容。金田起义后的第三天，洪秀全挥师东进，一举攻克了位于浔江和大湟江交汇处的江口圩。天地会的几位领袖也率部来归。1851 年 1 月中旬，清将向荣指挥万余清军，分两路大举进攻江口圩，太平军初战告捷，3 月初进抵武宣境内。3 月 23 日，洪秀全在武宣东乡称天王，建立了军师和五军主将制度。

9 月 25 日，太平军一举攻克了永安

州城，这是太平军起义以来占领的第一座州城。永安州（即今蒙山县）地处广西东部偏中，地域不大，面积只有一千四百多平方公里。然而它四面为崇山峻岭层叠环抱，四山之间形成一条狭长谷地，湄江等数条河流汇流其中，沃野千里，物产丰盛，是聚众养兵的好地方。

太平军攻克该城后，为了能站住脚，制定了严明的纪律，秋毫无犯。百姓惧怕兵乱，都躲到山上去了，太平军连夜打起火把，让乡民带路上山喊话，叫百姓回家。太平军采了群众的蔬菜，就将钱放到菜根下面，入城后，宣传太平军纪律，声称天兵入境专为杀妖，希望民人各安各业。同时号召民众共举义旗，同享太平安乐。凡愿从天兵的，有吃有穿；不愿从天兵的，只要不帮清妖的忙就可以了。并编了山歌，让群众四处传唱。这样，很快就恢复了永安城内的社会秩序，集市贸易趋于正常。太平军在州城和城郊七十多个村庄设营布防，使太平军获得一个可靠的根据地。各路溃散的拜上帝会众也陆续集结于永安城，这时太平军作战人员及家属已有 2 万多人。清军虽然跟踪而来，太平军在各隘口打败了清军的几次进攻，使太平军在永安停留了半年多的时间。

正是在永安这段时间里，太平军与清军双方出现了暂时对峙的局面。太平军抓住这一有利时机，整顿队伍，补充粮饷、弹药，进行军事、政治等方面的建设，其

事　件	时间
1 月 1 日，拜上帝会众与清军在金田附近的蔡春江展开战斗，大败清军。1 月 11 日，洪秀全在广西桂平金田村起义，建号"太平天国"，称天王（一说 3 月 23 日在武宣东乡登极）。	1851 年（咸丰元年）
8 月，沙俄强迫清政府签订《伊犁塔尔巴哈台通商章程》，攫取了在新疆的侵略特权。	
9 月 25 日，太平军攻克广西永安州。	
12 月 17 日，洪秀全在永安封王。	
本年，俄国连接圣彼得堡与莫斯科的铁路建成。	
本年，英国在伦敦举办"万国博览会"，为国际性展览会的发端。	
本年，英、法两国间海底电缆正式启用。	

时　间	事　件

中健全领导体制"永安封王"，是永安军政建设的中心内容。1851年12月17日，洪秀全发布著名的封王诏令，称自己是"天王"，之下共封五王：左辅正军师中军主将杨秀清为东王、右弼又正军师前军主将萧朝贵为西王、前导副军师后军主将冯云山为南王、后护又副军师右军主将韦昌辉为北王、左军主将石达开为翼王。规定其他四王都听命于东王，受东王节制。

永安共分五王，后来又封燕王秦日纲、豫王胡以晃，共七王，除了天王是洪秀全自封的之外，这七王都是洪秀全分封的。七王之间的等级也是不同的，天王与东、西、南、北、翼五王，为首义六王，地位崇高。但之间也有差别，天王称万岁，东王称九千岁、西王称八千岁、南王称七千岁、北王称六千岁、翼王称五千岁，以下的燕、豫两王只称千岁，可见地位等级有明显差别。

这个领导体制的特点是军政合一，也可以看到拜上帝教大家庭的色彩。在拜上帝教中，至高无上的上帝名为天父，又称皇上帝；耶稣为天父长子，称天兄；洪秀全为天父次子，称天二兄；杨秀清为天父三子；冯云山为天父四子；洪仁玕为天父五子；杨云娇为天父六女；韦昌辉为天父七子；覃亚帅为天父八子；石达开为天父九子。显然，封王与拜上帝教中的"上帝大家庭"有密切的关系。洪秀全力图通过分封诸王，构建一个凌驾于政权之上的上帝家庭，成为权力金字塔的顶端，是对起义前后权力分配格局的制度确认。因此，各王位次与实际权力虽有区别，但都享有宗教与政治特权，连首义各王的宗亲也享有特权，同辈为国宗，长辈为国伯，晚辈为国相。洪秀全的两个胞兄，也被封为王长兄、王次兄，有天王同胞特殊名份的涵义。于是，一种夹杂着政治和宗教双重色彩的封王体制正式建立起来。

这次封王虽然健全了领导体制，但也隐含着太平天国领导集团分裂的苗头。因为杨秀清、萧朝贵假借天父、天兄下凡，成了现实生活中的"天父""天兄"，洪秀全、冯云山早受其牵制，加上洪、冯作为广东人而在广西发动革命，群众基础远不如家居紫荆山区的杨、萧，所以洪秀全不得不把本应属于自己的节制诸王之权和统帅军队大权交给杨秀清。论宗教地位及起义功绩，冯云山仅次于洪秀全，也由于同样缘故，为了照顾大局，维护团结，在共同拥戴洪秀全为最高领袖的前提下作了让步。一旦太平天国运动进展顺利，外部威胁暂时解除，宗教权力与世俗权力的冲突就会显现，这些隐患埋下了导致"天京之乱"的祸根。

曾国藩与《讨粤匪檄》

曾国藩为湖南湘乡人，进士出身，道光末年官至侍郎。1853 年，他因丧母在家乡守孝。由于太平天国运动日盛，八旗兵

事　件	时间
6 月 5 日，太平军蓑衣渡之战，南王冯云山伤重牺牲。 6 月 12 日，太平军攻克湖	1852 年（咸丰二年）

时间	事件
1853 年（咸丰三年）	南道州，全军整顿，决定进取南京的战略方针。 6 月，太平天国以东王杨秀清、西王萧朝贵名义发布《奉天讨胡檄布四方谕》《奉天诛妖救世安民谕》《救一切天生天养中国人民谕》等檄文。 9 月 12 日，萧朝贵在进攻长沙时中炮牺牲。 1 月 8 日，曾国藩奉命在湖南帮办团练，后扩编为湘军。 3 月 29 日，太平天国定都南京，改名天京。 3 月 31 日，罗大纲等率太平军攻克镇江，清钦差大臣向荣建立江南大营。 4 月 16 日，清钦差大臣琦善、胜保建立江北大营。 4 月 23 日，沙皇尼古拉一世下令侵占中国的库页岛。 4 月 27 日，英使文翰访问天京。 7 月 8 日，美国海军准将培里率领舰队强行驶入江户湾的浦贺及神奈川（今横滨）。在美国的武力胁迫下，

连吃败仗，引起清廷恐慌，咸丰皇帝命他去长沙帮办团练。曾国藩以罗泽南的湘勇为基础，训练了一支新军队——湘军。《讨粤匪檄》正是他组建湘军后，代表清廷出兵镇压太平天国运动的动员令和宣言书。

1854 年 2 月 25 日，他在衡阳誓师时为东征太平天国而发布《讨粤匪檄》，可以把这个檄文看成南方士绅阶层抵御太平军的宣言书。曾国藩出于维护封建正统性，以"卫道"者自居，以"名教"、"人伦"为号召，攻击太平天国的各项制度和政策，调动士农工商各阶层对太平天国的不满和仇恨情绪。太平天国建构了一套反传统文化的拜上帝教，把一切孔孟诸子百家书籍都作为"妖书邪说"尽行焚除，不准买卖、藏读，否则治罪。太平军所到之处，凡搜得儒家书籍，不是随意抛撒到粪池厕溷中，就是用火烧掉，所到之处还肆意毁坏传统文化设施，肆意焚毁传统文化典籍。这种对传统文化的毁灭政策，对孔孟学说的蔑视行为，必然引起传统士大夫们的极度痛恨。曾国藩乘机以卫道者的面孔出现，大肆煽动知识分子对太平天国的仇恨，如果接受太平天国统治，就会"举中国数千年礼义人伦诗书典则，一旦扫地荡尽"，天下士子就不可能再有机会诵读"孔子之经"了，为了阻止这种恐怖局面的出现，所有的读书识字之人还能够"袖手安坐"吗？他号召天下读书人团结起来，共同保卫名教，否定并抵制太平天国意识形态和文化政策的扩张。

　　曾国藩除了站在传统纲常名教立场上斥责太平天国运动"离经叛道"、大逆不道外，还指责太平天国推动了西方基督教在中国的传播，造成了"基督教横行中国"的局面，加深了士绅对西方宗教传播的排斥，唤起士绅"卫道护统"的民族意识。檄文中又说："自唐虞三代以来，历世圣人扶持名教，敦叙人伦，君臣、父子、上下、尊卑，秩然如冠履之不可倒置。"然而，太平天国把信奉上帝的人皆视为兄弟姊妹，这就打破了中国圣哲在几千年前建立起来以维持社会稳定和正常运转的上下尊卑等人伦秩序界线。在曾国藩看来，太平天国颠覆了中国自古以来既有的君臣、父子、上下、尊卑的名教秩序，若不加以制止，其将导致中国的礼崩乐坏、社会混乱。

　　曾国藩还否定太平天国所提出的"务使天下共享天父上主皇上帝大福，有田同耕，有饭同食，有衣同穿，有钱同使，无处不均匀，无人不饱暖"的理想制度，认为是欺骗，因其实质是"农不能自耕以纳赋，而谓田皆天王之田"，借此来煽动自耕农以上的各个阶层对太平天国的仇恨。

　　由于太平天国宣扬独信上帝，反对鬼神崇拜，所以太平军所过郡县，先毁庙宇，破坏佛寺、道院、城隍、社坛，"无庙不焚，无像不灭"。太平军打倒偶像，是要扫除压在人民头上的神权，但太平军捣毁庙宇的行为，也必然会引起一些民众的

事　件	时间
幕府接受了开港要求。	
12 月 6 日，法国公使布布隆访问天京。	
本年冬，太平天国颁布《天朝田亩制度》。	

时间	事件

不满。曾国藩也正是利用民众的迷信心理，煽动广大民众要为"上下神祇"昭雪被辱之耻，达到孤立太平军的目的。

《讨粤匪檄》还全力攻击太平天国"天下农民米谷、商贾资本，皆天父所有，全应解归圣库"，"店铺照常买卖，但本利皆归天王，不许百姓使用"等经济政策，认为"商不能自贾以取息，而谓货皆天王之货"是对正常商业的破坏，鼓动商人一齐对抗太平军。

《讨粤匪檄》还全力攻击太平军对社会的破坏，调动人们对太平天国的仇恨。他在檄文里攻击太平军造成了百姓的生灵涂炭，"所过之处，船只无论大小，人民无论贫富，一概抢掠罄尽，寸草不留"，攻击太平军无论官兵都想方设法敛财。军官以"助饷"依势聚敛，普通士兵便以抢劫和"卖先锋货"为生财之道。由于曾国藩在檄文中用夸张手法将太平军描绘成极其残忍残酷的形象，所以对于调动湘军的积极性、激发其战斗力以及煽动民众的情绪发挥了至关重要的作用。

曾国藩乃足智多谋之辈，在檄文里他避重就轻，回避了其维护清王朝满洲贵族集团统治特权问题，而是立足于维护孔孟、礼教、田产、神灵及两湖三江的地方利益，以《讨粤匪檄》为文化宣言和纲领，明确表现出争取多数、孤立少数的策略思想。在动员并争取地主阶级及知识分子阶层的支持方面发挥了应有的作用。

英、法借"修约"重启战端

清政府在第一次鸦片战争失败后，先后与英、法、美等国签订了不平等条约。此后，比利时、瑞典、挪威也先后遣使要求订约，清政府也和这些西方小国签订了通商条约，还与俄罗斯签订了《伊犁塔尔巴哈台条约》。这些条约虽然满足了列强在开放五口及伊犁、塔尔巴哈台等地从事贸易的条件，但仍然没有满足广州入城、增辟通商口岸、鸦片贸易合法化、公使驻京等方面要求。于是英、法两国重新向清政府提出了修改条约的要求。其修约依据是中美《望厦条约》和中法《黄埔条约》中有关相关国家如对条约有意见，可在 12 年后再进行讨论的规定和修约说明的条款。但是，根据这些条款的文字和精神，修约有几个前提条件：一是必须是在 12 年之后；二是条约修订必须征得双方的同意；三是修改条约只能做局部的细节修改，而不是全面修约。但是西方列强所提出的修约借口，其目的是为了扩大在华侵略权益，主要有增辟通商口岸、鸦片贸易合法化、广州入城以及公使驻京等方面内容。

1854 年，《南京条约》刚满 12 年期限，英国政府就援引最惠国条款，以"一体均沾"为由，迫不及待地训令新任驻华公使包令，向中国提出全面修约要求。4 月，包令联合美国公使麦莲、法国公使布尔布

事　件	时间
2 月，湘军练成水、陆两军。	1854 年（咸丰四年）
2 月，曾国藩出师，传檄攻击太平天国。	
3 月，日、美在神奈川签订了《日美亲善条约》（日美《神奈川条约》）。同年又相继与英、俄缔结和亲条约，日本长达二百余年的锁国政策自此废除。	
3 月，英、法、土三国缔结同盟，向俄罗斯宣战。	
5 月，沙俄总督穆拉维约夫率军闯入黑龙江，建立村屯、炮台、兵站。	
5 月，美公使麦莲访问天京。	
6 月，英新任公使包令派翻译麦华陀等访问天京。	
7 月，《上海英法美租界地章程》公布。	
7 月，广东天地会起义军十余万人围攻广州。	
10 月，英使包令、美使麦莲、法使秘书哥士耆到达白河口，进行第一次全面修约交涉。	
本年，美国公使麦莲至天京，又至苏湖，了解太平	

时间	事 件
	天国运动情况。 本年，美国共和党成立。 本年，英国承认南非布尔人建立的奥兰治共和国。 本年，葡萄牙下令解放属于王室的奴隶。

隆，向清朝办理五口通商大臣、两广总督叶名琛发出照会，提出按照英国的意愿，重新缔结条约，被叶名琛拒绝。在广州受阻后，9月末，三国公使再从广州驶往上海。交涉无果，再赴天津。1854年10月15日，三国公使到达天津海口。清廷指派崇伦与之交涉，英使包令等指责叶名琛不予以接待，强调如果天津长官再不接待，便决定亲自赴北京交涉。同时正式提交变通条约节略各一件。主要内容是：英国派使驻扎京师；准英人随意通行中国内地；开放天津，派驻领事；调整海关税率，取消内地税；鸦片报关进口纳税；开放长江流域贸易，准许外国人自由航行；允许英国人进入广州城。美、法两国代表在提出类似修约内容时，又有取得在中国沿海捕鱼、开矿、设立馆栈以及释放非法潜入陕西而被捕的法国传教士等要求。崇伦据此向咸丰皇帝报告，咸丰对英、法、美三国的过分要求甚为反感，他采取的基本态度是设法杜绝各国的无厌要求，维持原定条约内容，防止列强在清廷镇压太平天国农民起义期间挑起事端。采取的办法是给予列强小恩小惠，如免去上海小刀会起义致外商赔累欠下的税额、广东所欠茶税和办理民夷争讼案等，以换取列强停止改约的要求。同时采取拖延、地方官推责等各种方式回避改约。但英、法等列强并不以获取某些局部利益为满足，决定以武力为后盾，等待时机，逼迫清政府答应其修约，

以达到扩大侵略权益的目标。

　　第二次修约发生在 1856 年。当年夏，《中美望厦条约》《中法黄埔条约》届满 12 年，美、英、法三国公使复至广州，进行第二次修约活动。6 月，三国公使照会两广总督叶名琛，要求代奏朝廷派员修约。美国新任驻华公使伯驾是第二次修约的积极发动者，他在照会中强硬要求重订条约。但咸丰帝谕令叶名琛，只可以在原条约中进行局部变通，在朝廷关心的核心问题上决不松动。伯驾在广州没有达到修约目的，于是赴上海进行修约交涉，并提出要直接与清中央政府进行交涉，在此等候若无结果再直接赴天津交涉。不过，咸丰帝仍拒绝美使北上更约，令其回广东由叶名琛承办。伯驾在上海的活动，前后约四个月，没有什么结果。其间，曾寄函英、法公使北上全力去天津修约，包令认为不会取得满意答复，没有接受邀请。两次修约没能满足英、法等列强的要求，于是他们伺机以武力解决这一问题。

　　由于清政府方面严词拒绝了修约要求，英、法列强认为再以谈判方式获取更大的侵略权益已无可能，决定伺机以武力逼迫清廷按其要求修约。于是，"亚罗号"事件成为英国发动对华战争的极好借口。而马赖的被处死，在当时法国政府看来，亦是一个侵略中国的极好借口，于是，借口两个事件，1856 年，法、英联合发动了对中国的第二次鸦片战争。

事　件	时间

时间	事件
1855 年（咸丰五年）	2 月，上海小刀会起义失败，刘丽川牺牲。 3 月，太平天国北伐军主将林凤祥被俘就义。 4 月，广东天地会起义军转入广西，攻克浔州府城，改浔州为秀京，建立大成国。 5 月中旬，沙俄再次武装侵入黑龙江，并迁来大批移民。 5 月，清兵引水灌冯官屯，北伐军营垒被攻破，太平军北伐失败。李开芳被俘，于 6 月 11 日在北京被杀。 8 月，捻党首领张乐行召集各地捻党首领在雉河集会盟，建黄、白、蓝、黑、红五旗军制。 11 月，清廷命广东购洋炮送胡林翼军。 本年，日本立讲武所，毁佛寺钟铸大炮。 本年，暹罗与英修订《暹罗条约》，英取得领事裁判权。 本年，英国颁布枢密院命令，进行文官制度改革，

张乐行与"雉河集会盟"

捻军是太平天国运动时期在中国北方兴起的反清运动。"捻"为淮北方言，一捻，就是一群、一组、一部分人的意思，群众称为"捻"或"捻子"。小捻子数人、数十人，大捻子一二百人不等。捻军首领叫"响捻子"。清代中叶以来，皖北贩运私盐盛行，贩私盐集团的兴起和发展是全国最突出的，这是捻军能兴起的一个温床。由于受太平天国运动的影响，捻军开始在北方举起义旗，而"雉河集会盟"，则是捻军或捻党由小股分散的起义民众，形成为正式军队——捻军的标志。

张乐行是捻军起义的主要领导人。他于 1810 年出生在安徽亳州，是雉河集西北十二里张老家村人，出生时家庭比较富裕。后由于灾害及赋税沉重，家境开始贫寒。青年时期的张乐行爱打抱不平，乐于助人，曾用自己的粮食接济外来逃荒要饭的人。为了生存，他组织人去河南、山东贩运私盐，组成自己的捻军，1852 年被"十八铺"推为总首领，在蒙亳地区从事抗清活动。

1853 年 5 月，太平军在林凤祥、李开芳率领下进行北伐，从江苏扬州出发进攻安徽，在其影响下，捻众纷纷举义，迎接太平军北上。随着捻军队伍的迅速扩大，急需有一个统一的组织来领导。1855 年秋（9 月 1 日至 27 日之间），各路不同旗色、不同地区的捻众齐集雉河集，举行了著名的"雉河集会盟"，商讨建军、称王等重大问题。在这次大会上，不仅成立了农民政权"大汉"，还推举张乐行为盟主，号称"大汉明命王"，是捻军总首领。张乐行正式将军队分黄、白、红、蓝、黑五色旗，自己亲自兼黄旗总旗主。其余旗主由龚德树、侯士伟、韩奇峰、苏天福分领，一大旗就是一路军。此外还有八卦旗、大花旗、小花旗、绿旗、五色旗等等。各旗总旗主之下，还有旗主、小旗主、趟主等诸多名目。这就是捻军的五旗军制，各旗统将都要听从盟主调遣。"五旗"是捻军最基本的组织形式和作战单位。

这次会盟制定了《行军条例》十九条，规定了捻军的军事纪律。十九条中有十三条为犯者"斩"，其他六条为"杖"。如找寻财物、淫人妇女、不遵号令、逃兵等皆处"斩"。它的实质是维护广大民众的利益，向人们昭示捻军军纪严明，使捻军成为正式的军队，不同于一般武装。

这次会盟还以张乐行的名义发表了《布告》，表明捻军起义是清廷官逼民反的结果，起义的目的是为了铲除暴虐，为贫苦百姓谋利益。布告揭露了清朝统治阶级相互勾结，残酷压迫、剥削贫苦百姓的罪行，明确向世人昭示了自己的起义纲领和政治抱负，反清战争由此拉开序幕。

"雉河集会盟"是捻军起义历史上的重大事件，之前的捻军也叫"捻党"，基

事　件	时间
实行公开竞争考试办法。	
本年，澳大利亚维多利亚殖民地开始限制华侨入境。	

时间	事 件
1856 年（咸	2 月，法国传教士马赖非法

本采取秘密反清活动，是秘密分散的一股一股的小团体。这之后叫"捻军"，它公开打出反清旗帜，正式成为一支公开反抗清王朝统治的农民起义武装。

捻军是一支半脱离生产的军队，属临时集中起来的军队。每次出动的时候，捻军首领发出号召或命令，各村庄便把农民们从田野里召集回来，放下锄头、镰刀等农具，重新拿出藏在家里的大刀、梭标、长矛、旗帜等兵器用物，然后按照早已编好的小队、中队、大队组织起来。由各个村庄公选出来的中小头目带领到首领处集中；成千成万的农民们从各村各庄最后集中在一起，组织成一支庞大的队伍。

1862 年秋，清政府派僧格林沁大举进攻皖北，张乐行作战不利，亳州、宿州皆失守。1862 年，僧格林沁的马队在血洗河南金拔之后，便开始向捻军的根据地雉河集围攻。1863 年初，张乐行集 20 万大军，与僧格林沁大战于雉河集。3 月，张兵败退至尹家沟，以 5000 将士与敌决战，最后被击溃后数百人突围，张乐行仅带二十几人奔向宿州医阳集方向。1863 年 3 月 23 日，皖北根据地陷落，张乐行被捕。1863 年 4 月 5 日，他和儿子、义子同时在义门集周家营英勇就义，捻军全军覆没，捻军失败。

洪杨矛盾与"天京变乱"

太平军在永安休整了半年，于 1852

年 4 月 5 日夜突围北上。攻克全州时，冯云山中炮，不久死去；进攻长沙时，萧朝贵中炮而死。年底，太平军进入湖北，攻克武昌城。1853 年 3 月 20 日，完全占领了南京。经过两年多的战斗，太平军已席卷广西、湖南、湖北、江西、安徽、江苏六省，占领了大片土地。太平天国把南京改称天京，作为首都，正式建立与清王朝相对峙的政权。

俗话说，"打江山共患难易，坐江山共富贵难"。在太平天国运动初期，太平军领导集团面对强大的清军的围追堵截，时刻面临着生死存亡的危迫处境，当此之时，内部必须空前团结、高度一致才能渡过危难。然而定都天京后，当外部的危险暂时解除，内部隐藏的矛盾很快就显现出来，这种矛盾主要来自于宗教权力和世俗权力结构的二元体制弊端。

洪秀全是太平天国运动的当然领袖，拜上帝教是以他为主创立的。在初期，洪秀全自称是上帝次子、天兄耶稣胞弟，奉上帝旨意下凡解救民众的苦难，借用基督教的一些原理，再结合中国传统迷信观念，建构起了个人的宗教权威。他的好友冯云山在传教过程中，也极力树立洪秀全的宗教领袖形象，从而使其在教众中拥有独一无二的宗教神权，也同时拥有最高的军事和政治权力。但是，1848 年 1 月，由于冯云山被官府逮捕，洪秀全不得不赴广州设法营救。这时拜上帝会组织无人主

事　件	时间
潜入广西西林，胡作非为，被地方官处死。	丰六年）
4 月，秦日纲与镇江守将吴如孝大败清军，解镇江围，并渡江克扬州、浦口，打破江北大营。	
5 月至 6 月，英、法、美在广州进行第二次修约交涉。	
6 月，太平军第一次破江南大营。向荣逃至丹阳，8 月 9 日死。	
9 月，太平天国内讧，北王韦昌辉杀死东王杨秀清。接着韦又诱杨秀清部属，再次进行屠杀。	
9 月，石达开赶回天京谴责韦昌辉，韦蓄意杀石，石连夜逃走，全家被杀。这一系列事件，是为"天京变乱"，它是太平天国由盛转衰的标志性事件。	
10 月 8 日，英国侵略者挑起"亚罗号事件"。	
10 月，清钦差大臣和春、帮办大臣张国梁重建江南大营。钦差大臣德兴阿重建江北大营。	
11 月，石达开自安庆出师，	

时间	事件
1857 年（咸丰七年）	东讨韦昌辉。洪秀全诛韦昌辉、秦日纲，石达开回京辅政。 12 月，广州人民烧十三行洋楼及英、法、美商行。 本年底沙俄侵占中国黑龙江下游，设立滨海省。 本年，日本幕府设立蕃书取调所，专门从事翻译西洋书籍事务。 本年，美国公使来日本，递国书，英国水师提督来请改约。 本年，暹罗分别与法国、美国缔结通商条约。 本年，葡萄牙始有铁路。 5 月，石达开负气离京出走，带走约 20 万太平军。 12 月，英、法联军向清政府发出最后通牒。 12 月，清军江南大营攻陷镇江，围困天京。 12 月 28 日，英、法联军开炮轰击广州，次日广州沦陷。 本年，日本设军舰教授所。 本年，美国公使求见幕府将军，议定通商条约及税

持，教众发生严重混乱。在此危急关头，杨秀清假托"天父上帝"下凡附体，传言教众，安定了人心。随后萧朝贵也假托"天兄耶稣"下凡附体，传言教众。由此杨、萧分别树立起了代"天父""天兄""传言"的形象，取得了教众信任。此后，洪、冯不得不承认杨、萧的神权地位，杨、萧二人从普通会众变成了拜上帝会的重要领导者。杨、萧的这些举措，虽然稳定了面临崩溃的拜上帝会，却破坏了洪秀全的神权独尊地位，拜上帝会的宗教神权从由洪一人独享，变成了洪、杨、萧三人分享的格局。更为严重的是，杨"代天父传言"和萧"代天兄传言"的神权地位，都比洪秀全的"天父之次子"的神权地位要高要大，杨、萧二人的神权地位完全凌驾在洪之上。代替洪秀全拥有最高神权地位的杨秀清，也顺理成章地在军政方面取得最高权力。这种内在的信仰结构，也与洪秀全的帝王思想存在着严重的内在逻辑矛盾。随着冯云山、萧朝贵的牺牲，原有的制约机制也失去了。

1851 年 3 月，洪秀全在东乡称王，建立五军主将制，杨秀清担任中军主将，对各军发号施令。同年 12 月，永安建制封王，杨被封为东王，并取得了节制各王的权力，实际上掌握了太平天国的军政大权。杨秀清本身有着卓越的军事才能，因此随着起义的节节胜利，他在太平军中建立了极高的威望，掌握了最高的宗教神权

事　件	时间

和最多的军政大权。洪秀全虽是太平天国名义上的最高领导人，却没有掌握军政大权，这种权力结构使洪秀全无法建立起与其领袖地位相符的权威，由此而产生的二元化最高领导：洪、杨之间的关系是你领导我，我反过来又领导你；你服从我，我也要服从你，这种君不君、臣不臣的关系，埋下了日后洪、杨冲突的祸根。

则，美国获得领事裁判权。本年，法国通过铁道法，鼓励私人资本修筑铁路。

随着太平军的节节胜利，特别是在定都天京以后，敌情观念逐渐淡化，他们的生活环境也发生了重大变化，原来的矛盾就公开表露出来。杨秀清能代"天父"言事，亦人亦神，集太平军的世俗与宗教权柄于一身，太平天国的一切号令、刑赏生杀，都由他做主。更要命的是，杨秀清做事张扬，不知自忌，随意凌辱百官，鞭笞诸王，所以诸王、众将对他都很忌恨。而且杨秀清对洪秀全也构成了实质上的威胁，洪要统一尊称，"奄有四海"，杨就在"东试"中出"四海之内有东王"的考试题；洪说"天下万国朕无二"，杨的衙门便公然挂出"参拜天父永为我父，护卫东王早做人王"的门联。在"天国"首都实际上存在着一个是尊称万岁而不掌实权的天王，一个是称九千岁但掌实权的东王这样两个领袖。显然，这种局面是不可能长期共存的。

1855年12月某日，杨秀清托天父下凡，以洪秀全苛责女官为借口，要打洪秀全四十大板。在场的韦昌辉等众高官一齐

时间	事件

恳求愿意代主受过，杨坚决不准，直到洪秀全俯伏在地，跪认有错并愿意接受杖责时，杨才以天父名义放过。杨秀清经常诈称天父下凡附体，令洪秀全跪在他的面前，列举他的罪状，并用木棒惩罚，让洪秀全颜面扫地尽失，触怒了拥戴洪秀全的众将领。杨对洪秀全的哥哥洪仁发也经常"肆行谩骂"，再加上杨妄自尊大，公开与洪秀全唱对台戏，令洪无法容忍，二人矛盾已经到了水火不相融的地步。

1856年6月，韦昌辉、石达开奉命离京之前，被洪秘密召见，表达了"东欲专尊"的愤慨。在秘密会议上，韦、石都看出了洪"本欲杀杨"，韦干脆请求勤王靖难，洪却假意不肯，尽管没有马上决定杀杨，却迈出了行动的关键一步。

洪、杨矛盾的进一步激化，是杨逼封万岁事件。1856年8月15日，杨秀清以"天父传言"的名义，传洪秀全亲自到东王府封其为"万岁"。他的这一行动彻底激怒了洪秀全，洪假意答应在8月25日杨生日那天正式晋升为"万岁"。这时恰好有东王府人陈承瑢向洪秀全告密，说东王杨秀清"欲弑天王"，篡夺最高统治宝座。在杨秀清逼封万岁和陈承瑢密告杨欲弑君之后，洪秀全如坐针毡，他要尽快实施杀杨行动。

正巧此时韦昌辉被洪秀全调回天京，但杨不许他入城，让他立功待命。洪得知此事后，立刻亲修一封"密函"派亲信送到韦昌辉手中，韦早有杀杨心思，接"密函"后立即着手准备杀杨事宜。9月4日，韦下达了入城命令，深夜由陈承瑢作内应打开城门，9月5日凌晨，率部血洗东王府，将杨及其家眷、部众尽数杀害，被杀人数达数万人。

杀杨事件爆发后，正在湖北武昌洪山前线督师的石达开知道消息后，急忙赶回天京，当他责问韦为什么杀了那么多无辜的人时，韦昌辉已杀红了眼，又计划杀石。石达开得到消息后，便趁天黑跳墙出走安庆，这时仅距他回到天京数小时。当晚夜深之时，韦率兵围翼王府，将石达开的妻妾儿女及下属全部杀害。

石达开离开京城后，立即集合忠于自己的部队实施复仇计划，他以清君侧名义，要求洪秀全杀韦昌辉及其党羽。他威胁说，如果见不到韦昌辉的人头，马上率部队攻灭天京。在这种情形下，洪秀全见韦昌辉不得人心，全体军心都向着翼王石达开，而且韦还派兵围攻天王府，妄图加害自己，于是下令除掉韦昌辉。韦并未束手就擒，他进行了顽强抵抗，但由于他杀人过多，不得人心，众叛亲离，所以只抵抗了两天，他本人化装准备逃跑，在出城时被捉，并被凌迟处死。整个诛韦之役，只杀了韦及二百余名亲信部众。洪秀全还将韦的首级割下来，派人送给石达开。自此，"天京变乱"才告结束。

事　件	时间

时 间	事 件
1858年（咸丰八年）	1月，两广总督叶名琛被俘。 1月，以巴夏礼为首的广州外人委员会开始控制广州。 4月，英、法、俄、美公使率舰陆续到达天津白河口。 4月，四国公使发出照会，提出侵略条款。 5月，英法联军攻陷大沽。 5月，穆拉维约夫率兵到达瑷珲，次日向黑龙江将军奕山提出领土要求。 5月，英法联军侵入天津郊外。 5月，黑龙江将军奕山被迫与沙俄东西伯利亚总督穆拉维约夫签订中俄《瑷珲条约》。咸丰帝派大学士桂良、吏部尚书花沙纳赴天津议和。 6月，命僧格林沁为钦差大臣，帮办京津军务。 6月，沙俄霸占乌苏里江口伯力，改名哈巴罗夫卡，1893年又改名为哈巴罗夫斯克。 6月，签订中俄《天津条约》。 6月，签订中美《天津条

洪仁玕的经历及西学认知

洪仁玕是太平天国后期重要的领导人。他于1822年生于广东花县，是洪秀全的同宗兄弟，曾在村塾中授课，与冯云山等同为洪秀全初期活动的追随者。他与冯云山同时受洪秀全施洗，接受拜上帝教教义，在家乡传教。因不敬神佛偶像和祖宗牌位，而失去私塾教职，没有生活来源，被迫去他乡谋生与传教。

金田起义爆发后，洪仁玕因故未能参加，几次投奔太平天国未遂，后为了逃避清廷迫害，辗转流亡香港。他第一次是在1852年4月底到达香港，结识了瑞典韩山明牧师，并于1853年9月20日受洗，洪跟韩学基督教教义，而韩则跟洪学习中国语言和文化。

在香港停留了半年后，洪仁玕决定再次回到太平天国统治区。他于1854年5月4日离港，拟取道上海赶往南京。在上海，洪仁玕发现，周边地区都处于交战区，根本无法从上海前往南京。于是只好住在伦敦会传教士麦都思安排的教会医院里，住了半年后，感到去天京遥遥无期，于是年底他又返回香港。之后几次想回到太平天国控制区都未能如愿，前后总计在香港停留达4年零8个月之久。在香港期间，洪仁玕在西洋牧师处帮助传教士研习中文。1855年至1858年被伦敦布道会所接受，任伦敦布道会布道师。1858年6月

事　件	时间

再次离开香港，在外人的资助下，乔装商贾，经过了粤、鄂、赣等省，历尽艰险，终于 1859 年初抵达太平天国的首都天京。由于其视野开阔、博学多才，深受天王洪秀全的赏识，被洪秀全封为干王，并总理朝政。

约》。

洪仁玕在香港的这段经历，是他能够写成《资政新篇》的重要背景。该书最早是 1859 年洪仁玕到天京后不久，以手抄本的形式呈给洪秀全，正式刊行则是 1860 年 8 月以后。该书反映了他对西学的认知。

6 月，签订中英《天津条约》。

6 月，签订中法《天津条约》。

7 月，英、法联军撤离天津。

11 月，清钦差大臣桂良、花沙纳与英全权代表额尔金在上海签订中英《通商章程善后条约》。

从《资政新篇》中列举的洪仁玕交游的 23 名西方人士来看，都是英美著名的传教士，如韩山文、理雅各、麦都思，都跟他有过十分密切的交往。他在香港还认识了容闳、黄胜、黄宽、何进善（福堂）等华人精英。由于洪仁玕长年在香港西方传教士中间工作和学习，他对于基督教、西方文化乃至当时最时兴的科技产品都很了解，是一位达到一定"西化"程度的先进人士。由于他接触的大多是西方传教士或中国有基督教背景的人士，所以他也接受了基督教的文明观。在他看来，当今世界大势，越是基督教国家便越是强盛，而越是不信基督和拜偶像，便越是衰弱。强调治国的核心，一是心灵教化，传布基督教；一是科技教育，提高中国的科技水平。

本年，英国维多利亚女王发表宣言，把印度的统治权由东印度公司转移为皇家直接管辖。

本年，美国强迫日本签订《日美修好通商条约》，随后，荷、俄、英、法四国援例强迫日本签订类似条约，统称为"安政五年条约"。

洪仁玕特别推崇西方诸国的社会制度

时间	事　件
1859 年（咸丰九年）	4月，洪仁玕由香港来天京。5月，被封为干王，总

和公共设施，如邮政交通、轮船火车、银行保险、科技专利、私人采矿、新闻报纸、公司公会、禁卖子女、禁酒禁鸦片，及医院、聋哑院、孤儿院、养老院等公益和慈善事业等，主张中国应向西方各国学习。

他也特别羡慕西方各国科学技术的发达，主张要积极引进火车、新式船舰和各种日常需要的工业品。强调要中国人自己去学习制造火车和新式船舰，鼓励自主学习掌握先进的科学技术，力图拥有自己的近代化科技。他还提倡开设私人银行票号，保护私有财产，承认贫富差距，这与太平天国最开始的"有田同耕、有饭同食、有衣同穿、有钱同使、无处不均匀、无人不保暖"的理想社会已经有些背道而驰，但明显带有对过去农民阶级特有的局限性进行修正的意图。

洪仁玕对西方也有许多认识误区，他对西方国家的侵略性认识不足，认为只要都信上帝，都信仰了基督教，彼此都成了上帝的儿女，彼此就应能互助。他还天真地认为，只要中国内修国政，示以信义，就能使西方国家改善对华关系。他还推举了不少在华英、美传教士，相信他们能够帮助中国改革。

西方人眼中的太平天国

近代来华的西方人，主要有传教士及英、美驻华外交官员及经商等人员。在西方人士中，对太平天国运动评价最有代表性的，应该是英国人呤唎（即呤道莱）。因为他曾在太平军中工作过 4 年，有亲身经历和体验。

呤唎 1840 年 3 月 3 日出生在伦敦，是英国海军舰长的长子。1859 年，这一年他十九岁，作为英船"埃缪号"的一名乘员来到香港。1860 年秋天，他到太平天国统治地区去收购生丝做买卖，乘外国船进入太平天国境内。不久，他在苏州见到了忠王李秀成，两人相谈融洽，使他对太平军的印象大变，决定帮助太平军。呤唎从忠王那里得到了可以在太平天国境内自由往来的通行证，他还接受了忠王的委任，到上海及清朝统治地区，从事购买欧洲制造的武器和采购粮食、征招欧洲士兵等工作，他还率领忠王的炮兵队参加远征。

最重要的一次活动是 1863 年 11 月 14 日，他同 6 名欧洲人和 5 名广东人集体行动，在上海附近俘获了由欧洲军官指挥的清常胜军的蒸汽船"飞而复来"号，运往无锡献给忠王，并用"太平号"命名。他在太平军中 4 年之久，做了不少工作，直到 1864 年返回英国。1873 年 3 月 29 日，他在伦敦因心脏病发作而离世，年仅三十二岁。呤唎的结婚证和死亡证上的职业栏中，都填写着"前太平军上校"字样，可见他对太平天国运动富有感情。

呤唎回国前，苏州已经陷落，太平天国已现灭亡征兆。太平天国起义失败

事　件	时间
理朝政。不久，他提出革新建议，颁布《资政新篇》。	
6 月，借口交换《天津条约》批准书，英海军上将何伯率舰队到达大沽口外。	
6 月，英、法、美舰队轰击大沽炮台，被守军击退。	
6 月，沙俄新任公使伊格那提也夫到达北京。	
8 月，美公使与清政府代表在北塘互换《天津条约》批准书。	
本年，英国生物学家达尔文正式出版《物种起源》，提出生物进化论学说。	
本年，日本允许长崎、箱根、神奈川三港自由通商。	
本年，日本遣外国奉行新见正兴赴美国换约。	
本年，暹罗与葡萄牙重订通商条约。	
本年，瑞典颁布准许完全宗教自由令。	

时　间	事　件

后，他将在太平军中多年的所见所闻，写成《太平天国革命亲历记》一书。该书对太平天国的作战、阵法、婚姻、税收、法庭等内容，以及太平天国的人物自领袖到士兵群像，都进行了认真描叙。在他的笔下，太平天国妇女摆脱了缠足的恶俗，男子不用剃发垂辫，禁止吸食鸦片，禁止崇拜偶像和祖先，其他如饮酒、赌博、迷信、巫师巫婆、娼妓、人口买卖、买卖婚姻等全部在禁止之列，所展现的是一幅新社会图景。

美国人罗孝全，1802 年生于田纳西州，为浸信会最早来华的传教士之一，是一位比较同情太平天国运动的传教士。他视太平军为"革命军"，认为太平军反清，推翻偶像崇拜，是为宗教自由而斗争。如果太平军胜利了，不仅能在全中国推翻偶像崇拜，甚至还会使福音传播中国。预料"革命军"成功后会对基督教传教持容忍态度，而且"革命军"成功后，更会大开海禁，便利传教、通商，及输入种种科学。认为太平军是进步力量，主张西方列强对其加以支持，所以对于太平天国抱着某些期许。

西方外交人士的看法也有代表性。在太平天国运动早期，他们对太平军普遍持好感。后来随着对其了解的深入，态度上发生了很大转变。1853 年，乔治·濮亨致塞尔的信函中，认为太平天国革命运动乃是中国人反抗满洲人暴虐政治的民族运

事　件	时间

动，清廷在中国南半部的势力已经完全丧失，难以恢复。过了不久，在 1853 年 7 月乔治·濮亨致克拉兰登伯爵的信中，则指出洪秀全创立的一种新宗教，是一种伪造的启示。该宗教以《旧约》及传道小册子为基础，并且已经掺杂中国迷信及谬误成分，不过是几个首领利用它作为政治势力的工具。在该政权统治期间，商业完全停滞，不认为它是一个具有近代性的政权。

西方人士对太平天国的评价，也存在着认识角度问题。在莱文·包令看来，太平天国以《十诫》作为政府体制的基础，好像并未颁布过任何法典，民政方面显然还没有任何确定的制度。1860 年，吴士礼中校访问南京时感叹道，太平天国完全是仿效清朝制度的君主制政体。西方传教士及官员大部分认为，太平天国政体是神权与政治的合体，或是军事政权组织。政治是宗教的，宗教也已政治化。

英、法、美等主要西方国家在太平天国建立初期，对其关注度加大，更是派官员公使和传教士等组织舰队前往太平军统治区观察交流。这一举动是由各国所谋求的在华利益所决定的，西方各国都想从这场革命中分一杯羹。那么，对其外交政策方面的认识和了解，也自然成为西方人刺探太平天国政治的重要部分。

从《天津条约》到《北京条约》

英国和法国分别借口"亚罗号"事件

| 2 月，英、法政府再派额尔 | 1860 年（咸 |

时间	事　件
丰十年)	金、葛罗为特使，率军侵华。 6月，美国人华尔（Frederick T. Wade）组建洋枪队，保卫上海。 6月，英、法政府通告欧美各国，对华宣战。 7月，英、法军分别自大连和烟台进往天津，英军约11000人，法国约6700人。 8月，英、法军由俄人引导在北塘上岸。清廷派恒福照会英、法，应由北塘进京换约，免开兵祸，被拒。 8月，曾国藩被授两江总督兼任钦差大臣，督办江南军务，大江南北水陆各军皆归其节制。 8月，英、法联军占领塘沽。 8月，李秀成率军三面包围上海，被英、法军击败，次日再攻再败。 8月，英、法军攻占大沽北岸炮台，直隶提督乐善阵亡，僧格林沁退出南岸炮台。 8月，英军占领天津及大沽

和马神甫事件，发动了侵略中国的第二次鸦片战争。1857年12月29日，英法联军攻陷广州并实施占领。次年4月到达天津大沽口外，照会清政府派全权大臣举行谈判。提出了各项侵略要求，如公使驻京、内地游历等，并照会清政府同意，否则将扩大战争，清政府表示绝不让步。

英、法等列强从逼签《天津条约》到逼签《北京条约》，其间共发动了三次大沽海陆战役。为了获取更多的侵略权益，他们蓄谋攻占大沽炮台，然后进犯天津、北京。1858年4月底5月初，英、法等国舰队11艘舰船，火炮164门，士兵600人，此外还有美国舰船3艘，炮100门，俄轮船2艘，炮6门，陆续到达白河口。当英、法联军做好准备后，于1858年5月20日趁涨潮时发动进攻，清军防御工事，被炮火尽数摧毁，清军仅勉强支撑了两个小时左右，就被彻底击溃。英、法联军夺取大沽炮台后，随即逆河上驶，占领天津，并扬言进攻北京。5月29日，咸丰帝慌忙派大学士桂良、吏部尚书花沙纳赶往天津，与英、法进行谈判。6月6日，英国全权专使额尔金的译员李泰国通知清政府代表，必须允许英国公使"进京驻扎，方能在津议事，否则仍直带兵入都"。英、法对他们自己所拟定的全部条款，"非特无可商量，即一字亦不令更易"。清政府的钦差大臣桂良慑于英、法的压力，于1858年6月26日和27日分别与英、法签订《天津条约》。中英《天津条约》共五十六款，附约一款；中法《天津条约》共四十二款，附约六款。条约的主要内容包括：准许外国公使驻京，允许外国人内地游历、内江通商，赔款、修约的相关规定等。在与英、法签约之前，清政府于1858年6月13日和18日分别与俄、美签订了《天津条约》，并定于一年后换约。

但英、法侵略者远不满足于从中国攫取的权利，企图再通过战争手段获取更多权益。清政府对条约更不满意，咸丰帝最不满意外国公使驻京及外人进入内地游历、传教这几条，指示在上海与英人谈判的桂良，以全免进口税为交换条件，取消经他批准的"以派员驻京、内江通商及内地游历、赔缴兵费始退还广东四项"，其中取消公使驻京更被称为"第一要事"，要求桂良等务必做到。但英国代表声明，"条约以外之事，均可商量，条约既规定之说，万不能动"。因此，清政府难以实现改约目标。

预定换约时间已到，清政府还希望英、法公使能在上海换约，但英国公使普鲁斯（额尔金之弟）、法国公使布尔布隆态度十分蛮横，拒绝与桂良在上海会面，也不愿照清政府意图办事，坚持按照他们自己决定的办法进京换约。清廷吸收了上次大沽海战失败教训，咸丰帝于1858年8月任命僧格林沁为钦差大臣，到大沽加

事 件	时间
南岸炮台。	
9月，交涉破裂，咸丰帝下诏宣战。同日，巴夏礼等人被截获拘留。英、法大败僧格林沁，僧格林沁退至通州八里桥。	
9月，英、法再败僧格林沁于八里桥。咸丰帝授恭亲王奕䜣为钦差大臣，督办和局。奕䜣照会英、法，请求暂停军事行动，商议和局。	
9月，咸丰帝自圆明园北逃热河。	
10月，英、法军败僧格林沁于北京城外，法军进占圆明园，大肆抢掠物品，焚毁宫殿。次日，英军亦入圆明园，加入抢掠，焚圆明园。	
10月，释放巴夏礼等人回英营。	
10月，清廷批准中英、中法《北京条约》。该条约较《天津条约》更为苛刻，英国索九龙司及准华民赴英，法国则还提出要求天主教合法，准军民学习，还各省之学堂、坟墓、房屋、	

时　间	事　　件
	土地等。
	11月，恭亲王奕䜣与伊格那提耶夫订立《北京条约》。
	11月，容闳在南京见干王洪仁玕，提出七项建议，主要有组建现代军队；设立武备学校，培养军官；建设海军学校；优化政府组织；创设银行制度，及厘定度量衡标准；颁定各级学校教育制度，以耶稣教《圣经》列为主课，设立各种实业学校。然无果而终。
	12月，僧格林沁在山东被捻军击败，曾国藩大营被三路太平军合围。

强海防，重建了大沽防御体系。1859年6月25日下午2点左右，英、法联军再次进攻大沽炮台，遭到清朝守军的坚决回击，英、法损失惨重，狼狈撤走。英军1100名士兵参战，被击毙91人，受伤345人，司令官何伯也身受重伤，多艘军舰被击伤击沉。这次大沽口之战的胜利给清廷最终毁约决定提供了信心，咸丰帝最终决定毁约、用武力反击英、法侵略。

英、法联军败北的消息传回英、法两国后，两国政府决定对华再次用兵。1860年2月，组成2.5万余人的联军卷土重来。7月29日，英、法联军在大沽海面集结，英国派出了舰船79艘，输入士兵的民船126艘；法国派出舰船65艘。8月1日，英、法联军在北塘登陆，被清军击退。8月12日，英、法联军兵分两路进攻新河，清军惨败，联军占领新河。8月21日，联军进攻大沽炮台，双方交战3个小时，清守军死战，全部阵亡。英、法联军长驱直入，24日攻陷天津。再攻通州进犯北京。9月18日，英、法联军进攻张家湾清军，21日又发动对通州城西八里桥的进攻。清军全线崩溃，咸丰皇帝于9月22日率后妃及亲信大臣仓皇出逃热河，留下他的异母弟弟恭亲王奕䜣全权负责讲和谈判。英、法联军于10月13日占领安定门，控制了北京城，洗劫圆明园。

谈判期间，奕䜣在英、法逼迫和沙俄恫吓挟制下，全部接受了对方的要求。

1860 年 10 月 24 日、25 日，奕䜣分别与英、法公使交换了《天津条约》，同时另行订立了中英《北京条约》共九款，中法《北京条约》共十款。这两个条约除承认《天津条约》继续有效外，还规定：1、开放天津为商埠。2、准许华工出洋。3、割让九龙司地方归英属香港界。4、赔偿归还法国在华天主教教产，听任法国传教士租买田地、建造房屋。5、赔偿英、法两国军费皆增至 800 万两。沙俄借口调停有功，要求订立新约，同年 11 月 14 日，与俄国订立了《北京条约》。美国虽没有订立新约，但是依据"一体均沾"条款，同样可以得到其他列强获取的权益。至此，历时 4 年之久的第二次鸦片战争宣告结束。

事　件	时间

第三章　自强运动：近代化开端

　　自强运动，即洋务运动。在清王朝中央，恭亲王奕䜣、桂良和文祥等人在长期与西方办理条约交涉的过程中，目睹了洋人的"船坚炮利"，非"天朝"所能抵挡，认识到中国面临着千年未曾有过的"变局"，西洋人已非昔日的"夷狄"，中国已不能再自外于世界体系，洋人的征战志在"通商"，并非单纯地掠夺土地与人民，枪炮轮船也绝非长矛大刀所能匹敌。因此主张对列强妥协，以便维持与外国和平的国际环境，加紧学习西方先进武器，加强防卫力量，强化封建国家机器。

另一方面，不平等条约也规定清王朝必须打开国门，面向世界，与各国进行通商贸易。外国公使驻京，可随时与清政府进行交涉，这些都逼迫清政府时时刻刻留心洋务，在体制上适应与外国打交道的要求，适时成立了总理各国事务衙门，总揽外交事物。在第二次鸦片战争之后，办洋务成为清王朝生存与发展的头等大事，从而在清中央形成了以奕䜣为核心，在地方由曾国藩、李鸿章、左宗棠等封疆大吏积极参与的自强运动。曾国藩、李鸿章、左宗棠、沈葆桢等人是洋务运动的具体实施者，他们是在镇压太平天国农民起义过程中崛起的南方汉族地主武装湘军、淮军的首领，都有与外国洋枪队共同作战对付太平军的经验。曾、李、左、沈等人深感洋枪洋炮是镇压农民起义的锐利武器，从长远观点上来看也只有学习西方的声光化电、坚船利炮，才能抵制外国侵略、维护清王朝摇摇欲坠的统治。从而"求强""求富"，已成为清朝实权派统治阶层的共识。

自强运动作为中国近代化的开端，取得了一些成就。主要有兴办新式军事工业和民用工业，设江南制造总局、金陵机器局、福州船政局、天津机器局、湖北枪炮厂等，创办轮船招商局、开平煤矿、湖北大冶铁矿、天津电报总局、汉阳铁厂、上海织布局；兴办洋务教育，设京师同文馆、上海广方言馆、广州同文馆，培养急需的外语人才；兴办福州船政学堂、天津水师学堂、湖北武备学堂等，培养军事人才；选派留学生，从1872年起清政府连续4年向美国派遣了4批120名官费留学生，从1877年起福州船政学堂共向英、法、德、比派遣4批留学生，学习驾驶及工程制造；翻译西方科学技术书籍，江南制造总局设有专门的翻译馆，京师同文馆也设有翻译和印刷机构，大量翻译西方科学书籍；在军事上，编练陆军，配备新式武器，建设广东水师、福建水师、南洋水师、北洋水师等四支舰队。

洋务运动期间，清政府对外采取"外敦信睦"维持中外和局，对内采取"借师助剿"，镇压起义者，维护封建专制统治的方略。在核心价值上奉行"中体西用"，在保持原有体制不变、不触动统治集团核心利益的前提下，允许有限地向西方学习。然而，即使如此，在统治者内部仍然存在着顽固派与洋务派的激烈争论。中国近代社会，就是在这种争论中缓步地向前迈进的。

梳两把头、戴大拉翅的慈禧太后像

养心殿垂帘听政处

总理衙门

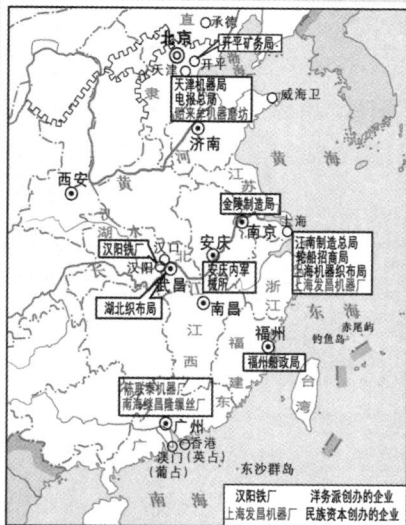

洋务运动时期创办的主要企业分布示意图

京师同文馆旧址

同文馆总教习、美国传教士丁韪良翻译的《万国公法》

北京西什库天主堂

第一批留美幼童启程前合影

清代（1878）的大龙邮票

清末西装革履的纽约中国留学生与清朝使馆人员合影

辛酉政变与"两宫垂帘"

第二次鸦片战争中，咸丰皇帝见败局已定，命恭亲王奕䜣留守北京，全面负责与英、法等列强谈判议和之事，同时命郑亲王端华、户部尚书肃顺等人护驾，于1860年9月23日从圆明园出发，带着皇后钮祜禄氏、懿贵妃和五岁的儿子载淳仓惶外逃。9月30日，咸丰帝逃至热河避暑山庄，住进了"烟波致爽"殿。1861年8月22日，咸丰皇帝病死，终年三十一岁。临终前立遗嘱，一是立皇长子为皇太子，二是托付载垣、端华、景寿、肃顺、穆荫、匡源、杜翰、焦佑瀛等八大臣辅佐，办理一切政务。然而，咸丰的遗诏激化了清政府统治集团内部以肃顺为首的官僚，与以恭亲王奕䜣为代表的官僚之间争权夺利的斗争。

肃顺等人从清朝统治阶级的最高利益出发，为了维护清王朝统治，主张重用汉人，动用他们的力量镇压各地的农民起义。在对外国列强的态度上比较强硬，属于顽固派。他们对"外夷"使"天朝"丧威的余怒仍未平息，不愿接受外国列强的援助，唯恐外援再变外患，主张依靠自己的力量镇压太平天国。在《北京条约》签订前，清政府对英、法忽战忽和，一面议战一面议和，就是这种政策的体现。此外，在列强提出的议和条件中，他们最害怕的是带兵换约，因此难以满足列强的要求。

事　件	时间
1月16日，以英人李泰国为海关总税务司，帮办各口税务。	1861年（咸丰十一年）
2月26日，第一届意大利议会召开，萨地尼亚王改称意大利王，意大利成为统一王国。	
3月3日，俄罗斯颁布废除农奴制命令。	
3月11日，总理各国事务衙门正式成立，并照会英、法各国。	
6月6日，代办海关总税务司赫德到京上任（李泰国因病回国）。	
6月29日，赫德建议购置枪炮，递上洋药各口情形及各关开办新章清单七件，奕䜣、文祥等同意委赫德办理。	
8月22日，咸丰帝病死热河，皇子载淳（即同治皇帝）继位。	
8月28日，允恭亲王赴热河行在叩谒梓宫，实为前往热河与太后合谋对付载垣、肃顺等人。9月5日，恭亲王到热河。	

时间	事 件
	9月3日，定年号为祺祥。
	9月10日，御史董元醇奏请皇太后垂帘听政。
	9月15日，皇太后召赞襄政务大臣议行垂帘，载垣、肃顺等人力持不可。
	10月4日，大学士桂良等奏拟崇上母后皇太后徽号曰慈安，圣母皇太后徽号曰慈禧。
	10月26日，太平天国忠王李秀成攻杭州。
	11月2日，两宫皇太后抵北京，与恭亲王发动祺祥政变。
	11月3日，授恭亲王为议政王，在军机处行走；命桂良、沈兆霖、宝鋆在军机大臣上行走，曹毓瑛在军机大臣上学习行走；以醇亲王奕谅为阅兵大臣，以醇亲王奕𡊨为御前大臣。翌日以恭亲王奕䜣兼管内务府大臣，并管宗人府银库。
	11月7日，诏改年号"祺祥"为"同治"。从此之后，内有两宫皇后垂帘听政，外有议政王奕䜣主持，开始

恭亲王奕䜣是咸丰皇帝的异母弟。1860年，咸丰帝逃往热河之前，命他留在北京负责与列强谈判，代表清政府同英、法等国签订了《北京条约》。与列强谈判过程，让他对西方列强有了新认识，了解到列强并不是要推翻清朝政权，而是要取得在华权益，因此在保证清王朝核心利益的前提下，尽量满足列强的要求，也因此颇得西方列强的赏识。清廷的对外办事机构总理各国事务衙门也成了奕䜣势力的主要阵地，在他周围逐渐形成了一股强大的政治势力，其核心人物有文华殿大学士桂良、户部左侍郎文祥及满汉大员沈兆霖、宝鋆、胜宝等。由于他们主要办洋务与外国打交道，与肃顺一派在对外认识上也产生了一些差别，两派还存在着权力划分问题，这些都构成了清政府统治集团内部尖锐的矛盾。

在肃顺与奕䜣两派之上，还存在着以慈禧为代表的新的政治势力与肃顺一派的矛盾。慈禧，即懿贵妃叶赫那拉氏，在咸丰年间比较受宠，生皇子载淳后更是身价倍增。咸丰皇帝懒于政务，常令其"披览各省章奏"。懿贵妃本就热心政治，这些都为她参与国政提供了绝好的机会。因在热河行宫住烟波致爽殿西暖阁，又称西太后。同治帝载淳即位后，懿贵妃与皇后钮祜禄氏一同被尊为皇太后。慈禧是一个权力欲极强的女人，咸丰死后，她想趁同治帝载淳年幼夺取最高权力，以"垂帘听政"，但肃顺等人却不允许太后干预政务。慈禧把东宫慈安太后拉到自己一边，暗中联络在京的奕䜣为后援。因为奕䜣为近支皇族，在权力的争夺上有急迫的使命感，又与慈禧太后们走得比较近，为了各自的利益，两宫太后与奕䜣一派很快结成同盟，共同对付肃顺一派专权。

奕䜣以"奔丧"为名前往热河，1861年9月5日上午赶到，与两宫太后进行了约一个小时的面谈，双方谈了如何迅速回京，以及确保外国方面不干涉，力保无事等关键问题，秘密部署了政变的计划。1861年9月10日，御史董元醇在慈禧、奕䜣的支持下奏请皇太后垂帘听政，并派近支皇族辅政，结果引起肃顺等人的强烈反对，要求明发上谕痛驳董元醇。双方互不相让，针锋相对，争论激烈。肃顺等八大臣声称他们是赞襄皇上，不能听太后之命，以"本朝无太后垂帘故事"为由驳回御史董元醇的奏议，双方进行了第一回较量。9月11日清晨，奕䜣离开热河，赶回北京谋划政变。在两宫太后的催促下，八大臣被迫同意回銮北京。10月26日，两宫太后偕同治帝载淳启程回京，肃顺护送咸丰帝灵柩在后。两宫太后于10月31日下午抵达京郊，立即召见恭亲王密谋。11月1日慈禧等人抵京，两宫太后又立即召见恭亲王奕䜣，为发动政变做了最后的部署。在此之前，手握重兵的胜保、僧格林沁都明显站队在奕䜣集团一边，僧格林沁

事　件	时间
了"同治新政"。慈禧太后也以此事件为开端，正式登上了中国历史舞台，成为左右晚清政局和近代中国命运的人物。	
11月8日，下诏杀肃顺，令载垣、端华自尽。	
11月11日，皇太子载淳即皇帝位，即同治皇帝。	
11月20日，清廷命曾国藩统辖江苏、安徽、江西三省并浙江全省军务，所有四省巡抚提镇以下各官悉归节制。	
11月28日，两宫皇太后懿旨宣布垂帘，自12月2日在养心殿垂帘听政。	
本年，各国在北京开设大使馆。	
本年，英国伦敦教会在北京开设医院，是为北京协和医院。	
本年，日本禁止穿戴西洋衣冠，允许各国设立使馆，并遣使赴西洋。	

时间	事件
1862 年（同治元年）	1 月 7 日，太平天国忠王李秀成分兵五路，开始第二次进攻上海。 1 月 20 日，传教士罗孝全与干王洪仁玕龃龉不和，离开天京。 1 月 26 日，命总理衙门与英、法使臣商议借助兵力防守上海。 2 月 8 日，清政府批准上海成立"中外会防局"。 2 月 10 日，华尔连败太平军于松江附近。

明确反驳了肃顺的要求，表示以后给朝廷写奏折，直接写给两宫太后。外国列强也主动配合"顺从恭亲王的意思"，八大臣大势已去。奕䜣把一切布置妥当后，11 月 2 日即发动政变。早晨，两宫太后和奕䜣在养心殿召集群臣，当众宣读了早在热河行宫就拟好的上谕，宣布了载垣、端华、肃顺等八大臣犯有"专擅""欺蒙"等大罪，将其职务解除，同时宣布"两宫太后垂帘听政"，11 月 7 日改年号"祺祥"为"同治"。对八大臣的处理，其中核心人物肃顺"斩立决"，载垣、端华"令自尽"，其他全被"革职永不叙用"，慈禧从此掌握了清朝中央大权。此次政变史称北京政变，又称"辛酉政变"或"祺祥政变"。

总理各国事务衙门的设立

为了适应列强的要求，清政府于 1861 年 1 月 20 日设立"总理各国事务衙门"（简称总理衙门）。该衙门独立于原有的六部之外，是一个专门办理对外交涉事务的新式行政机构。总理衙门的体制和大臣的品级类似军机处，由亲王总领，地位较尊，官员分大臣、章京两级。总理衙门大臣由军机大臣、大学士、尚书、侍郎中指派兼任；章京则由内阁、部院、军机处司员中挑取。入职办事等规则，仿照军机处办理。按照这一原则，咸丰皇帝谕令总理衙门由恭亲王奕䜣总领，同时担任总理衙门大臣的有大学士桂良、户部左侍郎文祥。该衙门总揽一切涉外事务，以下又设英国、法国、美国、俄国、海防五股。总理衙门的职权，从最初的专门外交之外，还广泛参与通商、海防、军务、关税、传教等凡涉及"洋务"的所有职能活动等，说明自第二次鸦片战争之后，对外交涉已成为清政府的头等大事，自此之后清政府有了一个专门的办理外交总机构，有了一个在传统政治框架中新产生的具有一定近代管理职能的中枢机构。

总理衙门设立后，又于 1862 年设立了直属的"京师同文馆"，内设有英文馆、俄文馆、法文馆、德文馆等。1865 年冬，海关总税务司署由上海迁设北京，作为总理衙门的一个直属机构，通过其统一领导全国海关工作。再加上设在上海和天津的南、北洋大臣，这样就在传统的文官系统以外另形成了一个新系统。南、北洋通商大臣由南方五口通商大臣和北方三口通商大臣演变而来，1870 年以后北洋通商大臣由直隶总督兼任，负责直隶、山东、奉天三省通商、交涉、海防及官办军事工业等事物；南洋通商大臣一直由两江总督兼任，管理南方各口通商、交涉及各项洋务事宜，即南、北洋通商大臣负责督办各种利用西方知识和人才的新事业。自从总理各国事务衙门建立后，为妥善办理中外交涉，在办事规则上进行了调整。此时，明确规定南、北大臣所办一切事务必须随时咨报总理衙门，并且还要和督、抚们互相

事　件	时间
2 月 22 日，李鸿章于安庆招募淮勇，曾国藩为其定营制，与湘军章程相类，建立淮军，成为继湘军后的又一军阀武装。	
2 月 24 日，江苏巡抚薛焕将华尔洋枪队命名为"常胜军"，并且添募兵勇，交予华尔训练。	
3 月 1 日，英、法军及"常胜军"在上海南桥及闵行击败太平军。	
3 月 27 日，美商旗昌洋行轮船公司在上海成立。	
4 月 8 日，李鸿章所部淮军，自安庆乘英轮抵达上海。	
4 月 27 日，英、法军及华尔"常胜军"进攻嘉定，为忠王李秀成所败。	
5 月 24 日，美国林肯总统颁布《宅地法》。	
9 月 24 日，林肯发布《解放黑人奴隶宣言》，宣布从 1863 年 1 月起，叛乱州的奴隶全部获得自由。	
本年，清政府在北京设京师同文馆。	

时间	事 件
	本年，李鸿章在上海设立三所洋炮局。 本年，清政府在天津成立第一支洋枪队，聘用外国教练。 本年，日本国内攘夷风潮正盛。幕府派遣学生赴荷兰留学。 本年，法国强迫越南阮氏王朝签订《西贡条约》，将南圻六省变为法国殖民地。 本年，普鲁士威廉一世任命俾斯麦为普鲁士首相。

咨会，做到"声息相通"，"以规划一"。此外，还规定各地按月向总理衙门咨送新闻纸，以便于了解外情；简化办事手续，提高工作效率，以利于迅速协调中外关系。由此，总理各国事务衙门独立承担起了愈益繁复的涉外事物，把从前分散在各部的涉外事务全部集中起来，把从中央到地方的对外交涉统管起来，完全适应了外国公使驻京后国际交往遵循国际惯例的需要。

在国际交往方面，涉及外交礼仪与交涉方面的内容归总理衙门办理。如外交礼仪的拟议与办理，最重要的是关于议定觐见礼节问题，以及一般的酌定各部院大臣与各国驻京大臣的往来体制等内容，议定各国使节的会见办法，负责外交国书的收受与掌拟，办理往来庆贺事项；掌管各国盟约，缔结与修订条约，勘定疆界，遣使设领，协调地方对外交涉等等。甚至海关税项的拨付，采购战舰军械，创设电报邮政等，都由总理各国事务衙门主持。

总理各国事务衙门对洋务运动的开展发挥了巨大作用，某种意义上讲，它是洋务运动的总策划和总实施机构。以"师夷"为内容的洋务运动，因有总理衙门作为后盾得以广泛开展，"求强""求富"不仅是洋务运动的总体目标，其实也是清王朝的现实目标。

总理各国事务衙门是应列强的要求而设立的一个专门外交机构，它的设立使中国与西方各国第一次有了国与国交往的正式平台，构建起了中国近代的外交程式。1864 年，总理衙门翻译出版了《万国公法》；1873 年，清朝皇帝首次接纳了外国驻华使节；1876 年，清王朝开始向外国派驻外交使团。由总理衙门开始的近代外交，终于使中国缓慢地融入到世界体系之中了。

赫德主持总税务司

中国近代海关一开始就被英国人控制。自 1853 年小刀会起义，海关遭到破坏，英、法、美擅自成立了一个以英国人威妥玛为首的管理关税委员会，搞所谓的"领事代征制"之时，中国海关的行政管理权就旁落到西方人手中，此为外国人窃取中国海关行政管理权的开端。1858 年，中英《通商章程善后条款》明确规定了"英人帮办税务"，致使外国人窃取中国海关管理权"合法化"。总理衙门成立后，海关由隶属于两江总督改为直接隶属总理衙门。1865 年，总税务司署由上海迁到北京，正式设立，并成为管理全国海关税务行政的总机关。

中国近代海关一直由英国人独霸，特别是自 1863 年 11 月，英国人赫德担任总税务司，直至 1908 年退休离职为止，由他把持中国海关长达 45 年之久，对近代中国影响深远。

赫德在海关做了很多建章立制方面的创始工作，确定了海关对于中国政府的隶

事　件	时间
1 月 3 日，因胜保平乱不力，被革职。授多隆阿为钦差大臣督办陕西军务，1 月 16 日多隆阿抵同州。	1863 年（同治二年）
1 月 20 日，多隆阿败陕回，同州围解除。	
3 月 4 日，云南回兵马荣等占据省城，杀云贵总督潘铎、知府黄培林。	
3 月 19 日，多隆阿败陕西东路回，克同州之王阁村、羌白镇等回乱根据地。	
3 月 20 日，捻军首领张乐行被俘。	
3 月 25 日，英人戈登接手"常胜军"。	
3 月 28 日，李鸿章在上海设立广方言馆。	
4 月 23 日，西宁新、旧回教教派互相攻杀。	
4 月 26 日，西宁新教回首	

时间	事件
	马桂源、马本源劫杀旧教回民与汉人。
	5月19日，多隆阿克仓头镇，肃清陕西同州朝邑回乱。
	5月29日，陕回攻西安。
	6月11日，石达开部在四川大渡河紫打地全军覆灭。
	6月13日，翼王石达开在四川被擒。8月6日，在成都被杀。
	7月11日，西宁新教回首马桂源围攻西宁城。
	9月21日，上海公共租界成立（由英、美租界合并而成）。
	9月24日，固原回占领平凉府。
	11月15日，赫德接任海关总税务司。
	12月3日，曾国藩委派容闳出洋购置机器，准备在上海建立机器厂。

属关系。赫德在财务稽核专家英国人金登干帮助下，建立了一套严密的、近代的会计制度。在用人方面采取利益均沾的原则，洋员的合用数目，大致和有关国家对华贸易的规模相当。

在总税务司工作的基本上都是洋员，在他任内，欧、美各国的应聘者到中国成为海关洋员的达2000名以上。洋员办理海关事务，必须要懂得汉语，所以赫德严令洋员学习汉语，甚至定期巡视各地海关口岸，了解洋员对海关业务知识、中国事务以及汉文写作及口语的熟悉程度，把这方面作为洋员晋升的条件。1869年11月，他针对部分洋员对学习汉语的抵触情绪，多次颁发《通令》，一再强调学习汉语的重要性，因为任何政府部门的雇员均应讲雇佣国语言，强调不学习汉语不得担任税务司职务，只能留任原职。在其后所规定总税务司遴选洋员的7个任职条件中，就有两条涉及汉文知识和语言能力方面的要求。

京师同文馆的发展，与赫德有着密切的关系。他是同文馆的监察官，直接参与同文馆的管理。同文馆的许多洋教习都是他帮助总理衙门聘用的，如总教习丁韪良就是由他推荐的，天文学教习方根拔和化学教习毕利干也都是他推荐聘用的。他在《万国公法》的翻译和出版方面，也做了大量工作。赫德从英国驻华公使卜鲁斯处借来了惠顿的《国际法原理》，开始着手为总理衙门翻译急需的部分。后来丁韪良全部译出《万国公法》，赫德也给予了很多帮助。赫德还主持一个庞大的西学翻译计划，仅 1886 年由总税务司署出版的由赫德选辑、由艾约瑟翻译的格致启蒙 16 种丛书，就涉及化学、物理、地质、天文、动植物、经济、哲学、历史等学科的知识介绍。

赫德还参与中国军事。1874 年，受日本侵台事件刺激，清廷开始筹建近代海军。在赫德的倡议下，清政府在 1875 到 1880 年间，从英国阿姆斯特朗造船厂陆续订购了两批共 8 艘"伦道尔式炮艇"。这些舰艇在吨位及作战能力等配置上，都无法与英舰相抗衡，不会对英国构成威胁。他还建议清政府改革军队的武器装备，为了提高士兵的作战水平，他建议在京城设立武备学堂，培养军官。

在中日甲午战争期间，赫德还积极参与备战、调停以及为中、日议和献策。他支持中国抗击日军，积极帮助清政府筹措战争借款，从汇丰银行获 1300 万两借款，帮助清政府向国外购买了 10 万支来复枪和 2000 万发子弹。此外还支持洋员参战，为清廷传递情报与战况。如运用海关系统，将日军准备自荣城湾登陆的电报立即转告清政府。当战况发展不利时，赫德亦积极策动英国调停，但由于日本拒绝英国调停，使他的努力未能成功。他与英国驻华公使欧格纳关系密切，使清廷能够

事　件	时间

时间	事　件
1864 年（同治三年）	2 月 28 日，清军攻陷天京钟山要塞天保城。 3 月 2 日，曾国荃进军金陵太平门及神策门，天京被合围。 3 月 25 日，淮军提督程学启、洋教习贝雷（Bailey）克浙江嘉兴。 3 月 31 日，清军攻陷杭州。 4 月 10 日，甘肃提督陶茂林、固原提督雷正绾破陕西陇州回，陕西全境肃清。 4 月 12 日，李鸿章辖部及戈登大破太平天国军于江阴、常熟间。 5 月 11 日，清军攻陷常州。 5 月 31 日，"常胜军"在昆

随时了解到英国对战争的态度。由于赫德是英国人，与英国政府的对华政策存在着一致性，其本身也是为了维护英国在华利益。

总之，中国海关总税务司在赫德的主持下，清政府的海关税收呈逐年上升状态。关税成为清政府开办京师同文馆、办军事工业、派留学生、设驻外使馆、编练海军等的重要经费来源。他还在测量海区水道、协助清政府兴办近代邮政、为中国培养各方面的人才等方面做了大量工作。

重视"制器之器"的江南制造总局

江南制造总局，是李鸿章于 1865 年创办的第一个拥有先进技术设备的"制器之器"的近代工业。1862 年他率淮军到达上海，亲眼看到了西方武器的威力，决心学习仿造。次年，他在上海设立三所洋炮局：一所由英人马格里主持，其余二所分别由丁日昌和韩殿甲主持。1864 年，在丁日昌建议、总理衙门支持下，李鸿章着手实施设立造船厂。1865 年，他派丁日昌访购机器。同年夏天，丁日昌以 6 万两白银购下位于上海虹口美商设立的旗记机器铁厂及所存铜、铁、木料等。李鸿章又将苏州洋炮局的部分机器和容闳从美国购回的机器，以及上海洋炮局并入铁厂，成立了江南机器制造总局（简称"沪局"）。1867 年，因虹口地方狭小，遂迁至上海城南高昌庙，规模也大大扩充了，占地

400 余亩。到 1891 年，已有 13 个分厂和一个工程处。

　　该兵工厂最初计划以造船为主，后来改为制造枪炮、弹药、水雷等武器，同时也造船、炼钢以及制造简单机器。雇用工人 2000 余人，聘用英国技师。开办费共用银 54 万两，常年经费最初由李鸿章在淮军军需项下随时筹拨，后由江海关二成拨归局用，经费最多时每年达九十余万两。同其他军火工厂相比，江南制造总局经费充裕，技术力量雄厚，是近代中国第一个大型兵工厂。大批聘用洋技师、洋工匠，并给以丰厚的物质待遇，在 1905 年之前所聘洋员不少于 114 人，其中洋技师 37 人、译员及教习 12 人。

　　1868 年 6 月，江南制造总局还成立了附属翻译馆，作为引进西方科学知识及技术的专门机构。10 月，上海广方言馆并入该局，此外还有工艺学堂等机构。翻译馆集中了大量著名人物，如英国人伟烈亚力、傅兰雅、玛高温，美国人林乐知等人，中国人有徐建寅等，其中徐寿、李善兰、赵元善、李凤苞、郑昌棪、王德钧、钟天纬、贾步纬、舒高第等，很多都是近代中国第一流的科学家或工程专家。附属翻译馆主要翻译数学、物理、化学、地学、测绘、医学等自然科学以及近代工业技术等内容书籍，至清末"新政"时期，翻译馆所译"西学"书籍种类及数量，均远超京师同文馆。

事　件	时间
山解散，留洋枪队 300 人、炮队 600 人。	
6 月 1 日，太平天国天王洪秀全服毒自尽。	
6 月 6 日，太平天国幼主洪天贵福即位。	
6 月 26 日，新疆乌鲁木齐回兵集于南开礼拜寺谋乱。	
7 月 15 日，新疆乌鲁木齐回焚掠汉城。	
7 月 19 日，浙江巡抚曾国荃率部炸毁天京太平门城垣二十余丈，各部自缺口入城，金陵告破。	
8 月 7 日，李秀成在南京被曾国藩杀害。	
8 月 17 日，新疆回围攻吐鲁番、撒克逊，焚掠军台。	
9 月 15 日，新疆回占领阜康。	
10 月 7 日，中、俄签订《中俄勘分西北界约记》。	
10 月 9 日，幼天王、洪仁玕等部太平军，在江西石城杨家牌军溃，洪仁玕等被俘，11 月 23 日被杀；幼天王 10 月 25 日被俘，11 月 18 日被杀。	

时间	事件
	11月10日，新疆伊犁缠头回阿奇木伯克败官军，自立为王。 12月，捻军和西北太平军结合，推遵王赖文光为领袖。 1864年，新疆各地回族、维吾尔族相继发动暴动。 1865年，喀什噶尔的回部请求浩罕汗国增援，浩罕可汗派阿古柏率军进入新疆，史称阿古柏之乱。 本年主要大事为新疆动乱，太平天国覆灭。 本年，法国人马丁和德国人西门子同时发明平炉炼钢法，可经熔化废钢，炼成优质钢。

英国人傅兰雅于1868年5月正式进入制造局翻译馆，主要从事科技翻译工作。该翻译馆成为晚清最大的译书中心，与他的努力是分不开的。傅兰雅在中国居留35年，其中28年是在江南制造总局从事翻译工作。共译书129种，其中绝大部分是自然科学和应用科学内容，也有一部分军事科学和社会科学内容。他对近代中国科技翻译的另一贡献，是收集和制定了系统的科学翻译名词和术语。他在《化学初阶》和《化学鉴原》等书中，第一次提出了化学元素的汉译译名原则。他还收集了已有的化学、药品、矿物、汽机等词汇，分别编成了"中西名目表"，再加上他自己创造的一些术语，汇编成《翻译手册——上海江南制造局翻译馆所用中文术语集萃》一书，为后来统一科技学术术语打下了良好的基础。

徐寿父子于1865年建造了近代中国第一艘蒸汽轮船"黄鹄"号。此外徐寿父子和傅兰雅合译了7部化学书籍，将西方近代化学中的各分支学科及实验方法和仪器使用等内容，进行了系统、完整、及时地引入。

江南制造总局重视"制器之器"，不仅是当时设备最齐全、规模最大的工厂，而且还是一个机器母厂。它生产的产品种类繁多，能造枪支弹药及大炮，并于19世纪90年代研制成功自制的快利新枪。能生产的弹药种类很多，1893年又研制成功最先进的无烟火药。此外还生产地雷、水雷等。初期仅能生产旧式劈山炮和生铜炮，70 年代中期以后，开始生产熟铁前膛大炮。90 年代后期，又仿制金钢后膛快炮。至 1895 年，共生产各式大炮 300 尊左右，主要供南、北洋海防和长江沿岸的炮台使用。还能造船，1867 年设立船厂和船坞，次年造成第一艘轮船"惠吉"号，至 1885 年，共制造各类轮船十余艘。

该制造局还于 1890 年设立炼钢厂，设备购自英国。除炼钢外，还可压轧钢板、钢轴、枪坯、炮坯等，是近代中国生产的第一批熟钢和钢材，迈出了中国钢铁工业的第一步。

洋务派很重视"制器之器"，力图避免受制于洋人。容闳从美国购买的机器大多是供制造之用的工作母机，沪局因此得以生产各种机器，有车床、刨床、钻床、汽锤、沙轮机、锯床、翻砂机、起重机、汽炉、扎钢机等，还有各种机器零件和工具。除自用外，还调拨或卖给其他机器局，也有售给民间工厂的机器械具，对于晚清技术进步起到了相当助推作用。

马克思眼中俄国对中国领土的侵吞

马克思作为一位具有全球视野的世界伟人，他注意到俄罗斯对中国侵略的过程，作为见证者和记述者，为我们留下了大量俄罗斯侵略中国过程的论述。在马克思看来，俄罗斯在第一次鸦片战争中占了

事　件	时间
1 月 10 日至 15 日，阿古柏携布什尔克占领喀什噶尔回城，布什尔克称王。 2 月 26 日，阿古柏围攻喀什噶尔新城。	1865 年（同治四年）

时间	事　件
	4月2日，下诏责恭亲王奕䜣妄自尊大、目无君长、诸多挟制等，命革去一切差使，不准干预公事。
	4月11日，由于廷臣多次反对，命恭亲王奕䜣仍在内廷行走，仍管理总理各国事务衙门。5月8日，命仍在军机大臣上行走，但实权已被部分剥夺。
	4月14日，美国总统林肯遇刺身亡，副总统约翰逊继任。
	5月18日，捻军赖文光、张宗禹等在山东曹州西北高楼寨大败清军，杀死清钦差大臣僧格林沁。
	7月1日，阿古柏攻占英吉沙尔新城，杀汉人二千余人。
	7月25日到7月31日，库车、阿克苏回及叶尔羌回联军4万人进军英吉沙尔，抗击阿古柏。
	8月，海关总税务司署由上海迁至北京。
	8月7日，库车、阿克苏回及叶尔羌回联军被阿古柏

便宜。他在1858年发表的文章中指出，鸦片战争"使中国发生起义，使帝国国库完全空虚，使俄国能够顺利地由北方入侵，使鸦片贸易在南方得到极大的发展"。马克思不仅注意到了第一次鸦片战争对中、英内部的影响，而且还观察到了俄罗斯在其中的侵略动作和得到的利益。

俄罗斯在第二次鸦片战争中趁火打劫，先后与中国签订《瑷珲条约》《北京条约》，割占了中国大片的领土，马克思觉得这次战争几乎就是英国为了俄罗斯而打的，因为俄罗斯在这场战争中以最小的代价获得了最大的成果，"俄国由于最近的条约得到了一块大小和法国相等的新领土，这块领土的边境大部分只和北京相距800英里"。"俄国不要花费一文钱、出动一兵一卒，而能比任何一个参战国得到更多的好处"。俄罗斯是中国北邻，在近代，它常常利用外交方式或军事手段损害中国的国家利益，攫取最大权益。对此，马克思在1858年谈到，"约翰牛由于进行了第一次鸦片战争，使俄国得以签订一个允许俄国沿黑龙江航行并在两国接壤地区自由经商的条约"。俄国才是这两次战争的最大获利者和中国的最大威胁国。其对中国的侵略过程，是与自海洋而来的侵略相交织和竞赛的陆上侵略，是趁火打劫式的侵略。

马克思对俄罗斯的侵华动机、手段及其贪婪目的都进行了揭露。他说，俄罗斯对中国领土的侵略，"决不只限于发展这种陆路贸易"。它利用各种机会"占领了千岛群岛和与其毗邻的堪察加沿岸"。俄罗斯对中国的领土侵略，使得俄罗斯在中国的对外贸易体系中的优势得到了强化。马克思在 1858 年的《纽约每日论坛报》上的社论中指出，英、法对华的第二次鸦片战争，"帮助俄国获得了鞑靼海峡和贝加尔湖之间最富庶的地域，俄国过去是极想把这个地域弄到手的，从沙皇阿列克塞·米哈伊洛维奇到尼古拉，一直都企图占有这个地域"。从跨度更长的历史视角中，注意到了俄罗斯对中国的长期领土野心和侵略欲望，也揭示了俄罗斯具有善于趁火打劫的强盗习性。

马克思还注意到了俄罗斯对中国的经济侵略问题。指出，"俄国人自己独享内地陆路贸易，成了他们没有可能参加海上贸易的一种补偿。看来，在内地陆路贸易中，他们是不会有竞争者的。中国人方面提供的主要商品是茶叶，俄国人方面提供的是棉织品和毛织品。近几年来，这种贸易似乎有很大的增长"。这种表面公平的国际贸易，实际是它向东、向南推进的一种方式。"这种贸易在相当长的时期内从海上转向了大陆，从五个通商口岸转向了西伯利亚，从英国转向了俄国"。

在近代史上，俄罗斯作为中国的北邻和主要的陆路贸易经手国，对中国的侵略不仅仅是以战争手段为主的突进式侵略，更有以经济手段为主的渗透式侵略，可谓

事　件	时间
击败。	
9 月 7 日，阿古柏攻陷喀什噶尔汗城，杀掠 8 天，死者 4000 人以上。	
9 月 20 日，李鸿章奏请设置江南制造总局于上海。该局主要制造枪炮，修建兵轮。局内设气炉厂、铸铜铁厂、火箭（炮弹）厂，是清政府官办的最大军事企业，并且还附有翻译馆，选聪颖子弟入馆学习，培养近代化人才。	
12 月 8 日，英国汇丰银行在上海成立。该银行资本 5000 万美金，总行设于香港，后在北京、汉口、重庆等地设置分支机构，发行纸币，垄断外汇市场，是英帝国对华经济侵略的机构；但也促进了中国近代银行业、金融业的产生和发展。	
本年，英国在上海黄浦江口间架设电线。	
本年，朝鲜大院君大杀天主教徒。	
本年，越南解禁鸦片，初	

时间	事　件
	次征税。 本年，俄罗斯设土尔其斯坦行省，派兵进攻塔什干，并占领浩罕。
1866 年（同	2 月 20 日，清廷派斌椿率

是全方位的。恩格斯也说："正当英、法两国的海陆军向香港调集的时候，西伯利亚边防的哥萨克部队却缓慢地、然而继续不断地把自己的驻屯地由达乌尔山移向黑龙江岸，而俄国海军陆战队则在满洲的良好的港湾周围设立堡垒。"俄罗斯对中国的侵略，是具有世界性影响的行为。

当英国由于从"天朝上国"那里逼出了《天津条约》而感到兴奋时，他们发现，"实际上从这次海盗式的英、中战争中取得实利的唯一强国是俄国，而英国根据条约所得到的商业利益是很微小的。同时，从政治观点看来，这个条约不仅不能巩固和平，反而使战争必然重起"。一方面，俄罗斯对于中国的侵略，引起了整个欧洲和亚洲范围的政治波动。另一方面，它也更加刺激了英国通过修改条约，再次满足自己侵略要求的欲望。

马克思对中国的被侵略抱有同情，揭露并鞭挞了西方殖民列强对东方特别是中国的侵略，用确凿的证据，记录了沙皇俄国对中国领土的非法割占；认识到俄国趁火打劫式的侵略，必然更进一步刺激英国对华的侵略欲望，接着通过修改条约获取更多的权益，将是英国进一步侵略所采取的一种新方式。

中国近代第一个民营企业：轮船招商局

轮船招商局筹建于 1872 年 10 月，成立于 1873 年 1 月，是中国近代史上第一家，也是当时最大的民用企业，采用官督商办的经营方式。设立轮船招商局的直接原因，是要打破洋商对中国沿海、沿江航运业的垄断，"以渐分洋商之利"。1862 年至 1863 年间，仅上海一地经营轮船航运业务的外国洋行，即达 20 家之多，并由此孕育出一批专业的轮船公司。其中最著名的是美商旗昌轮船公司、英商怡和轮船公司和太古轮船公司，他们垄断了我国沿海、沿江的航运业，获利惊人。李鸿章对中国沿海、沿江之利尽为外国商轮侵占的状况深为忧虑，1872 年他提出军事工业兼造轮船、华商自立轮船公司的建议，并得到朝廷批准。

1872 年 8 月，李鸿章委派朱其昂筹办轮船招商事宜，并准许从直隶练饷局借用公款 13.5 万两作启动经费。朱其昂多方奔走，仅募得商股 10000 余两，又不善于经营轮船招商局航运，半年内巨亏，不得不引咎辞职。1873 年 7 月，李鸿章又委派唐廷枢为招商局总办，改组全局，并报北洋大臣批准，正式设立时间为 1873 年 1 月 4 日。招商局是采用入股的形式组建的，改组后的招商局总办、会办多达 5 人，但实权握在唐廷枢和徐润之手。1877 年，收购美商旗昌轮船公司，船只由 12 艘增至三十余艘，实力大增。

从实际经营方面，为了能与外资轮船公司和平共生，招商局还分别与怡和、太

事　件	时间
同文馆学生，前往外国游历。	治五年）
4 月，美国国会通过民权法案，规定在美国出生的任何人，都可以自动成为美国公民。	
6 月 29 日，新疆回军占伊犁，清廷命西安将军库克吉泰督办新疆北路军务，以荣全署伊犁将军。	
7 月 14 日，清廷从闽浙总督左宗棠奏请，在福州设立福州船政局，购买机器，募雇洋匠试造轮船。主要有铁厂、船厂，次年附设船政学堂。	
7 月 27 日，第一次跨大西洋电报通讯。	
9 月 25 日，因陕甘回民起义，清廷调任左宗棠为陕甘总督。	
10 月 20 日，新捻军分为东、西两支，由赖文光等率东捻军，由张宗禹等率西捻军。	
12 月 7 日，清廷任李鸿章为钦差大臣，专办剿捻事宜。	

时间	事件
	12月11日，清廷从恭亲王奕䜣等所奏，在同文馆添设天文算学馆，招收满汉举人及恩拔岁副优贡及正途身五品以下京外各官，聘请外国教习，讲授专门课程。 本年，英国在上海设立太古洋行总行，并在主要城市设分行。 本年，德国工程师西门子研制成第一台大功率发电机。

古订立了齐价合同，确定彼此份额。在1886年前，共订立了三次齐价合同。该合同是一种运费协定，主要是以约定分配营业额为主要目标的经济合同。营业份额根据各企业拥有的轮船多少与实力进行分配。

1877年，为了缓解巨额债款压力，与太古、怡和两家英商轮船公司订立了第一次齐价合同，为期3年。合同规定长江航线营业额，招商局占55%，太古45%；在北洋航线上，招商局在60%，怡和占40%；上海至宁波航线，招商局占55%，太古占45%；上海至福州航线，招商和怡和各占50%。当时招商局实力最大，无论是轮船数还是吨位，都明显超过其他两家。比如在北洋航线上同怡和的谈判中，招商局拥有的轮船数是怡和的近3倍，却只按了三比二的比例来划分两家企业的营业额，在利润方面做出了让步。尽管这样，第一次齐价合同只维持了一年半左右，就因怡和、太古的主动竞争而遭到破坏。

1882年，轮船招商局又与怡和、太古订立了第二次齐价合同。到1881年，招商局欠旗昌的120万两已全部付清，招商局的经济状况较前更好，在轮船、码头方面都居领先地位。然而招商局却没有凭借自身优势，加强管理，扩大业务，同怡和、太古展开积极竞争，而是乐于订立新的齐价合同，维持与外资企业共存的局面。

第二次齐价合同订立不久，中、法两国在中越边境发生冲突。紧接着上海也发生了一场金融风暴潮，波及到了招商局，致使它的股票值暴跌，损失惨重，企业处境更为困难。到 1883 年底，招商局资金周转失灵，只得向英资借贷，又以全局轮船和码头作抵押，向汇丰银行借款。是时唐、徐离去，盛宣怀、马建忠入局主持，在这种背景下，招商局同怡和、太古在 1886 年 3 月，订定了第三次齐价合同，有效期到 1889 年年底。在北洋航线，招商局占 44%，太古、怡和各占 28%；上海至宁波航线，招商局与太古各占 50%；上海至福州航线，招商局与怡各占 50%；唯长江航线招商局进一步缩为 38%，太古占 35%，怡和占 27%，招商局所占份额减少，反映了其在订立合同时采取退让、未图扩展的态势。

　　招商局在订立合同时不断地让步，在执行合同过程当中也显得非常被动，经常受到怡和、太古率先发动竞争的牵制。特别在 1882 年底前后第二次齐价合同订立不久，太古就暗中降价，争揽生意，合同受到破坏。1890 年合同期满后，太古、怡和更是公开减少运费，争揽客货。

　　齐价合同固然维持了招商局的生存，但对企业的发展消极影响更大。相反，怡和、太古两家外资轮船公司在订有齐价合同期间，都获得了迅速发展。

丁韪良与京师同文馆

　　京师同文馆成立于 1862 年，是清政

事　件	时间
1 月 28 日，从恭亲王所奏，	1867 年（同

时间	事件
治六年）	命翰林院编修、庶吉士等官入同文馆学习天文、算学，并推广招取进士出身之五品以下京外各官。 2月22日，清廷授陕甘总督左宗棠为钦差大臣，督办陕西、甘肃军务，以刘典帮办军务。 4月，三口通商大臣崇厚在天津设机器制造局。初名为"军火机器总局"，规模仅次于江南制造总局。 6月14日，左宗棠军分三路入陕。 11月21日，清廷派美国卸任公使蒲安臣为出使大臣，赴有约各国办理中外交涉。英人柏卓安、法人德善随同前往。 本年，瑞典化学家诺贝尔发明硝酸甘油炸药。
1868年（同治七年）	1月3日，日本发生倒幕政变，以天皇名义发布"王政复古大号令"，废除幕府将军制，政权归还天皇。 1月5日，东捻军失败，赖文光在扬州被俘，10日就义。

府总理各国事务衙门的一个附设机构，由恭亲王奕䜣奏请设立。清廷在与西方各国打交道的过程中，逐渐认识到了外语人才的重要性。特别是在签订《天津条约》时，英、法等国都要求外交文书必须用英文或法文书写，更由于最惠国待遇的条款，英、法两国所获得的特权，凡同清朝有外交关系的国家都可以同时享有。因此要符合《天津条约》的要求，就必须设立一个专门机构，以便训练一批能使用外文的翻译人员，为外交服务。同文馆的设置，其目的也在于履行这项义务。另外，恭亲王奕䜣在与西方列强打交道的过程中，深感体制的缺陷以及外交人才匮乏之苦，急需培养朝廷急用的外语、外交人才。

京师同文馆开办后，所设课程较为单一，最初只设英文馆，1863年4月增设法文馆和俄文馆，后来又相继添设了德文馆和东文馆，成为单纯的学习英、法、俄三国语言的学校。随着洋务自强运动的发展，同文馆的发展也逐渐步入正轨，决定增设天文、算学两馆，招取翰林、五品以下进士出身及举人、贡生等所谓正途人员入馆学习。天文、算学馆最终于1867年6月获准设立，西方许多自然科学都被逐渐介绍进来。同文馆的学生开始正式接受西洋近代自然科学的教育。

自1869年11月26日美国人丁韪良（1827—1916）正式就任京师同文馆总教习，直到1894年因健康原因离职，他一直担任这个职务，该馆在他任内逐渐走上正途。他就任总教习之后，开始按照西方的办学模式对京师同文馆进行改造，除了开设外语、国际法、富国策（政治经济学）、数学、格物（物理）课程外，又逐步开设了化学、生理学、医学、天文学等西学课程。他亲自制定了新的课程计划，拟订了八年制和五年制两套课程计划。八年制是供年纪较小的学生，前三年主修外文，从第四年起开始侧重学习自然实用科学知识，由文及理再至工科，文理并举。同时进行英文翻译的学习和训练，进而转入书籍翻译等。其他五年课程除外文外，还要学习数理化等课程，五年制专修数学、化学、天文等科。这使原来单纯以外语为主的教学方式，由于加入了物理、数学、化学、地理、天文等课程，形成为综合教学内容，人才的培养模式发生了很大变化。重新配备各科教习，扩大了课程范围。此外，还改进招生办法，扩大招生规模。

丁韪良又努力为同文馆设立了诸多教辅机构。如 1873 年同文馆附设印刷所，备有中体与罗马体活字印刷机各 1 台，手摇印刷机 7 部，同文馆和总理衙门印件都由其印刷，其设立后便代替了当时武英殿的皇家印刷所。1871 年设立化学实验室，1878 年增设天文馆，1888 年增设格物馆，同时设物理实验室。还设有图书馆，同文馆的藏书有汉、洋各类书籍，总理衙门常

事　件	时间
7 月 28 日，中美签订《天津条约续增条约》，即《蒲安臣条约》，实由蒲安臣与美国国务卿西华德在华盛顿签字。《蒲安臣条约》使得中、美两国之间建立正式的友好关系，是中国近代史上首个对等条约。	
8 月 16 日，西捻军在山东茌平徒骇河全军覆没，捻军起义至此失败。	
8 月 22 日，扬州士绅百姓拆毁教堂，打伤教士。英国驻上海领事麦华佗前往南京威胁，两江总督曾国藩将扬州知府撤职，赔偿损失，申明保护外国教会。	
10 月 4 日，左宗棠出京西行镇压回民起义。	
10 月 23 日，日本朝廷改元，年号明治，此后一系列改革史称"明治维新"。	

时间	事件
1869 年（同	1 月 2 日，四川酉阳发生反

将外国进献图书拨交同文馆以充实藏书。1876 年，设京师同文馆博物馆，其藏品多为新式的机器（包括模型）、矿石、动植物以及医学标本等。这些藏品多从外国采购或来自外国友人捐赠。其展览也不过是将这些藏品按一定的学科或知识体系分类陈列，主要供同文馆学生参观学习，进行一些直观性、实践性的现场教学。

出于教学需要以及外语学习的笔译与口译实践，组织师生共译书二十余种，涉及经济学、外语、历史及理工等学科。如《万国公法》《格物入门》《化学指南》《英文举偶》《汉法字汇》《各国史略》《化学阐原》《星学发轫》《格物测算》等。这些工作对于提高同文馆学生的知识学术视野、传播近代自然科学知识，起到了重要作用。

同文馆学生还得到了参与中国近代外交实践活动的机会。选派同文馆凤仪、德明、彦慧三名学生参与由斌椿父子率领的西欧考察团，经历英、法、比、荷、瑞典、丹麦、芬兰、俄、普鲁士九国，是近代中国首次主动派遣官员、学生出国，在外交近代化方面具有历史性意义。总之，京师同文馆兴学四十年，是中国近代历史上第一所官办近代新式学堂，是洋务运动向西方学习的一个重要标志和象征。

《万国公法》传入与影响

《万国公法》一书由美国传教士丁韪

良翻译，于 1864 年由崇实馆刊行。《万国公法》依据的原著，是美国法学家亨利·惠顿的著作《国际法原理》（1855 年美国波士顿出版的英文第六版）。这部著作在当时西方国家研究国际法方面具有权威性，丁韪良的翻译基本上是忠于原著。第二次鸦片战争失败后，与列强直接打交道的奕䜣已很清楚地认识到以中国传统的对外交往方式很难得到国际社会的承认，亦难以摆脱中国在当时所处的不平等国际地位。于是清政府试图通过引进《万国公法》，来了解和熟悉西方各国对外交往的一些基本准则、法规、制度等，以便从国际法的角度去处理与各国的关系。

当时已在京师同文馆任总教习的丁韪良翻译惠顿这部《国际法原理》，得到清政府支持，总理衙门给予 500 两白银的资助，首次印刷 500 册，分发给各省督、抚大员，作为办理外事时的参考。可见，清廷当政者对该书也非常重视。《万国公法》自出版后传播不广，除了第一版刊印的颁发给各省督、抚备用外，少有重新刊行。直到 1869 年，丁韪良在京师同文馆开设国际法课程，在五年制的课程中，《万国公法》被安排在第五年学习，在八年制的课程中，被安排在第七年学习，"学成，则习《公法》"，"以毕其业"。至此，《万国公法》正式在中国传播开来。《万国公法》自出版之后便受到了社会各界的广泛追求和热捧，销行颇佳。该书先后印制有同文馆

事　件	时间
洋教斗争。	治八年）
4 月 27 日，中、俄改订《陆路通商章程》。	
6 月 14 日，贵州遵义府居民打毁教会礼拜堂、学堂、医馆等，并传知府属，不准再行习教，境内全行反教。	
9 月 16 日，山东巡抚丁宝桢将出京招摇之慈禧亲信太监安德海正法。	
11 月 3 日，安庆武举生王奎甲，带领考生集中拆毁英、法教士住所。本月 6 日，法国驻华公使罗淑亚与法国水师提督率兵船 6 艘武装抗议，要求中方查办。清廷命两江总督马新贻查办教案，最后赔偿损失，惩办"肇事首犯"，出示申明条约，保护教士。	
本年，苏伊士运河正式通航。	
本年，俄国化学家门捷列夫发现了化学元素周期律，奠定了无机化学基础。	
2 月 12 日，英国传教士李提摩太（Timothy Richard）	1870 年（同治九年）

时间	事件
	抵华。 2月23日，蒲安臣卒于俄国圣彼得堡。 6月21日，天津教案发生。 6月28日，清廷派崇厚为出使法国钦差大臣。 11月4日，天津机器局建成。 11月12日，裁撤三口通商大臣，改设北洋通商大臣。 本年，比利时人格拉姆发明了用于工业生产的电动机，电力开始成为动力的新能源。

本、石印本、西学大成本等好几种版本，形式有刻印本、铅印本和石印本，也曾出现过许多私刻版与盗印版。该书传播了近代国际关系中的一些原则，如尊重各国主权、国与国之间平等往来、遵守国际公约和双边条约等原则，也强调了条约或公约一旦缔结，缔约国就应严格遵守。同时该书中一些法律术语都是丁韪良在翻译《万国公法》时创造出来，并一直流传下来作为现代汉语意译术语。

《万国公法》对晚清外交产生了积极影响。郭嵩焘在英、法公使任上就曾建议清政府依据《万国公法》，废除西方在华领事裁判权。曾纪泽曾与巴西驻英国公使白乃多就双方通商谈判时，打算依据国际法撤销最惠国待遇这一条款。清政府与英国订立通商续约时，要求英国放弃治外法权，得到了回应。中美、中日通商续约亦达成了同样的协议。这是中国政府最早的修约尝试。中法战争期间，李鸿章就曾多次运用国际法的常识维护国家利益。其中，运用国际公法保护轮船招商局财产就是很好的例子。谅山冲突发生后，法国军舰在中国沿海肆意骚扰，为了保护轮船招商局的船舶"惧遭不测之险"，他授意马建忠以及在受聘于招商局的英国律师但文的具体操作下，招商局暂时转售于美国旗昌公司，挂上美国旗帜，保证了航运正常。中法战争结束后，1885年8月1日，轮船招商局重新收回，改换旗帜，从而起到保护轮船招商局的目的。在中法战争期间，清政府还运用国际法通告各国严守中立，不得接济法国。由于法舰所用煤炭多由日本购运，李鸿章要求日本公使"严禁长崎煤商，不得私运法船"。中法战争结束后，清政府处理战俘问题上也成功地运用了国际法相关原则与法方交涉，使法国将俘获弁兵及澎湖商民共802人全数释放。这都可以看成是中国外交官员对《万国公法》的熟知和运用。

汉译本《万国公法》在中国出版后仅一年，日本人就把一个抄本带到京都。第二年，就出现了幕府学校开成所的翻刻本。明治初期，《万国公法》的各种节译、全译的日译本多达数十种。日本朝野如获至宝，形成了研究和学习高潮。1872年，日本还把《万国公法》指定为教科书。该书不仅对中国朝野产生了影响，对日本朝野同样也产生了影响。

容闳与留美幼童的派遣

公派幼童留学美国始于1872年。1872年8月，第一批官派留学生詹天佑、梁敦彦、容尚谦等幼童30人赴美国；第二批30名，于1873年6月12日赴美国；第三批30名，于1874年11月17日出国；第四批于1875年10月14日出国。

中国近代第一位留学生容闳对于留美幼童的派遣发挥了巨大作用。他自1855年回国后，就一直为官派留学积极奔走。

事　件	时间
	1871年（同治十年）
1月6日，清军攻陷宁夏金积堡，回教新教头领马化龙降清。	
3月18日，巴黎发生无产阶级革命，建立了巴黎公社。	
4月18日，上海、香港间海底电缆修成。	
7月4日，俄军占领伊犁。	

时间	事 件
1872 年（同治十一年）	9 月 1 日，因俄罗斯占领伊犁，清廷命伊犁将军荣全前往经营收复，并派大臣收复乌鲁木齐。 9 月 3 日，曾国藩、李鸿章奏请选派聪颖子弟出洋赴泰西学习技艺，并上奏《幼童前赴泰西肄业章程》。 9 月 13 日，中日议定《中日修好条规》十八条和《通商章程》三十款。 3 月 12 日，大学士、两江总督曾国藩死于金陵，一等侯为其子曾纪泽继承。 4 月 30 日，英商美查在上海创办《申报》。 8 月，第一批赴美留学幼童出国。 12 月 23 日，李鸿章奏请试办轮船招商局。 本年，日本颁布学制，改用阳历，制定礼服。

1871 年 4 月，容闳、陈兰彬受命初步拟定了幼童留美章程。9 月 9 日，清政府正式批准曾国藩、李鸿章所奏幼童留美计划，由陈兰彬、容闳分别担任出洋肄业局正、副监督，常驻美国，以管理幼童留美的日常事务。

为了选派赴美留学幼童，特意在上海设立留学事物所，由通商大臣在上海、宁波、福建、广东等处挑选聪慧幼童，送往美国留学，但必须得到家长同意，并签订委托手续。当时考试主要是看孩子们的中文水平以及基础知识，看其能否胜任留学美国后的继续学习，考试并不严格，难在上海的培训选拔，所有学生的学费、食宿和零用钱完全由政府供给。

从这 120 名留学生看，年龄普遍偏小，尽管规定招收十二至十六岁的童子留学，但其中也有十岁入学的。这些学生出身微贱，且只有一人为山东省籍，其他主要集中在南方沿海一带，而且没有一名满族子弟，说明当时在招收出洋幼童方面遇到了相当大的困难。当时信息传播范围有限，不能使各地人们普遍知道这一消息，更主要的还在于当时社会风气未开，对留学的认识不像后来那样认为是"镀金"、是学习先进文化的途径。在当时，学习西学尚为人们所鄙视，出洋留学更是前所未闻，稍有体面的家庭即使知道这一消息，也不屑为之。更主要的是如此幼小的孩童远涉重洋，经历风涛艰险，到一个遥远陌生的国度长年居住，音信难通，生死未卜，加上人们对外国情况十分隔膜，难免会产生一些可怕的推测，说西方野蛮人，会把活人剥皮，再把狗皮移植到他们身上，当怪物展览赚钱等等，因此往往使有些家长闻而却步。所以在第一批留美幼童中，多半来自上海和广东开放地区。他们的家庭多是对洋人已有了解，或者有通晓洋务的亲属鼓励家长送子弟去美国留学。由于报名者不足，容闳只得回广东香山老家，以自己的亲身经历动员家乡亲友，又往香港西式学堂设法招揽，总算凑足了第一批 30 人。以后三批幼童的情况也类似，这就是为什么南方人多、下层贫寒子弟多的原因。首批留美幼童是一批先驱者，他们破除了旧有的迷信恐惧，为中国后来的留学生铺路，使中国良好家庭也愿意送他们的子弟赴欧、美留学。

这些留美幼童到美国后，在容闳的积极奔走下，康州当局决定，将幼童三人一组，分散到康涅狄格河谷的美国人家中。消息传出，愿意接受中国幼童的美国家庭踊跃报名。当第一批幼童到达时，已有122 个家庭表达了意愿。幼童以二人为班分住在当地家庭中，随其子弟学习洋文，对学生进行监督管理。学生除学习美国课程外，还要继续学习中国课程如中国语文等。幼童以 3 个月一次集中学习中文，有读书、写字、讲解、作论，皆为一定课程。按月习作，有赏有罚。由于这批学生

事　件	时间

时间	事件
1873 年（同治十二年）	2 月 23 日，慈禧太后归政，同治帝亲政。 6 月 12 日，第二批赴美留学幼童自上海出发。 6 月 29 日，日、俄、美、英、法、荷各国使臣于紫光阁觐见，并呈递国书。 11 月 4 日，清军占肃州，马文禄被处死，陕甘回乱平。 11 月 20 日，安邺率法军占领越南河内。

年幼，所以很快就适应了美国的学习和生活，他们游泳、划船、滑冰、打球，什么运动都参加，甚至在哈城组织了一个"东方人"少年棒球队。学生们改穿西服，举止西化，见到官员，"均不行拜跪礼"，剪掉辫子，接受西方生活方式。这些留美幼童寄住在基督教家庭，每天早晚都由主人带领做祈祷，不可能不受到基督教的影响，于是信教也成了孩子们的一宗罪状。相关情况受国内守旧派反对，加之朝廷担心留美幼童全部"西化"，背叛祖国，所以于 1881 年夏秋之际全部撤回。回国的学生中只有詹天佑和欧阳庚二人自大学毕业，获得了学士学位，其余多是大学未毕业学生。留学幼童半途而废，对国家的损失极大。

号称"亚洲第一"的北洋水师

清政府于 1879 年创设北洋水师。在李鸿章的经营下，至 1881 年，北洋海军已拥有巡洋舰 2 艘、练习舰 2 艘、通报舰 2 艘，运输舰 2 艘，炮舰 6 艘。随之，李鸿章又从 1881 年起，分别向德国订造定远、镇远两艘一等铁甲舰和济远穹甲巡洋舰。中法战争后，李鸿章又分别向英、德两国订造"致远"级穹甲巡洋舰（致远舰、靖远舰）和"经远"级装甲巡洋舰（经远舰、来远舰）。加上先后购进的鱼雷艇和其他辅助船只，到 1888 年 9 月北洋水师正式成军时，累计有大小舰艇近 50 艘，总吨位约 50000 吨。

北洋水师官兵均接受过近代海军的培训，而其日常的训练也有西方的专业海军人士指导，因此其官兵的实际素质在当时海军中也是一流的。北洋水师各船管带大多出自福州船政学堂，其中刘步蟾、林泰曾、林永升、方伯谦、叶祖珪、萨镇冰、黄建勋、林履中等，均有赴英国留学学习海军并有登舰实习的经历。北洋水师的下级军官均由福州船政学堂和天津水师学堂培养，在经过了专门的上舰训练后才能任用，并按其能力水平逐级提拔。士兵加入北洋水师必须先编入练勇，经过专门训练后才能成为正式的水兵。下级官员和水兵表现优异者，也可得到提拔，如镇远舰帮办大副杨用霖就是由下级水兵提升的。北洋水师的日常训练，大体上能遵循《北洋水师章程》及西方教官的指导，因此在训练水平低下的清朝军队中，北洋水师的日常训练算得上比较正规。后来北洋水师官兵在舰艇装备实力已然处于不利地位的时候，仍然给予日军以较大杀伤，说明其素质和日常训练水平达到了一定水准。

北洋水师在维护国家主权方面发挥了应有作用，如参与平定朝鲜壬午、甲申事变，参与巨文岛事件的解决，巡视沿海维护海权。北洋水师自成军之后，在完成日常训练的同时，每年都在北至海参崴，南至新加坡的沿海地带进行巡逻，并于1886年和1891年两度访问日本。

事　件	时间
12月18日，广州法国领事照会两广总督瑞麟，要求撤回河内所辖地方的中国军队。瑞麟复，粤西防军向来驻扎该处，请勿侵犯。12月21日，刘永福黑旗军在河内大败法军，法国军官安邺战死。本年，日本颁布征兵令。允许与外人通婚。3月15日，法国迫使越南与其签订《越法媾合同盟条约》二十二款，法国成为越南保护国，否定中国对越南的宗主权。5月8日，日本侵略军在台湾琅峤登陆。清派福建船政大臣沈葆桢为钦差大臣，带海陆军到台，进行全面防御部署，兵力远胜日军。5月23日，沙俄拒不交还伊犁，清廷命左宗棠所部迅速西进。6月2日，日军三路进攻台湾。10月31日，中、日定议《台事专约三款》及凭单，给了日本兼并琉球以口实。	1874年（同治十三年）

时间	事件
	11月17日，第三批赴美留学幼童出国。

1886年，北洋舰队按例巡航，中途"定远""镇远""济远"和"威远"等4艘铁甲舰前往日本长崎，进行大修并补充给养。北洋舰队抵达长崎港，长崎市民首次目睹来自中国的龙旗高扬、威风凛凛的铁甲巨舰，充满了惊叹、羡慕和愤懑的复杂情绪。因士兵上街购物、观光，特别是嫖妓行为，与当地人发生冲突，是为"长崎事件"。这个事件在日本当局的挑动下，在日本民间形成了一股反华潮流。于是日本开始加强海军建设，先后提出了两次扩军计划，天皇带头捐款，全国贵族和富豪也争相捐款，制定了以超过北洋水师为目标的扩军计划。

1891年北洋舰队访问日本，是受日本政府正式邀请的。6月26日，由丁汝昌率北洋舰队编队，正式启程访问日本。7月5日，抵达横滨港，受到了日本官方和军方的高规格接待。北洋舰队在横滨港停留了约两个星期，随后丁汝昌率舰队前往长崎访问。北洋舰队8月4日离开日本回国，8月11日返抵威海，历时四十余天的访日行程全部结束。

北洋水师舰队两次访问日本，对日本的影响巨大。特别是第二次的正式访日，对日本朝野刺激最大。日本政府正是利用民间舆论加速日本海军投入，甚至提出建造10万吨军舰的计划。日本天皇不仅决定每年从内帑中拨出30万日元用于海军建设，还要求文武官员从薪金中拿出十分之一作为造舰费缴纳国库，加速从西方采购先进战舰，从而使日本海军迅速发展成为一支可以和北洋舰队相抗衡的海军力量。

反观中国，北洋海军自成军后，就面临经费短缺困难。原定每年给海军的400万建设费，只能拨到200万左右，从1886年起，慈禧太后为自己的六十大寿，挪用海军经费修建颐和园，从海军项下挪用军费不下800万两。由于北洋水师经费短缺，不仅不能添制新舰船，甚至连正常的维修都难以进行。1891年4月，户部干脆明确要求停购舰上大炮、裁减海军人员。北洋水师停止新增船舰，使其失去了继续补充自己武器装备实力的机会。在甲午战争前，日本海军的实力已经超过中国的北洋水师，这是中国在甲午战争中海战失败的重要因素之一。在经历丰岛海战、大东沟海战、威海保卫战后，北洋水师全军覆没，"亚洲第一海军"留下了深刻的历史教训。

第一任驻英、法公使郭嵩焘出使获罪

1877年，郭嵩焘（1818—1891）抵达伦敦，成为首任驻英、法公使，也是近代中国第一任驻外使臣。

两国建交，互通使节，本是国际交往的惯例。但清廷囿于成见，却迟迟不愿意对外派使通交。这主要可归因于清政府仍抱着天朝上国观念，对于近代外交认识不

事　件	时间
	1875年（光绪元年）
1月12日，同治帝死，年仅十九岁。光绪帝即位。	
1月15日，慈禧太后再度垂帘听政。	
2月21日，英国驻华使馆职员马嘉理被杀于云南界内，交涉起，是为马嘉理	

时间	事件
	案。
	5月3日，清廷任命左宗棠为钦差大臣督办新疆军务，以金顺为乌鲁木齐都统，仍帮办军务。
	5月17日，候补同知直隶州知州薛福成应诏陈治平六策、海防密议十条，由山东巡抚丁宝桢奏呈。
	5月30日，清廷分命李鸿章、沈葆桢督办北洋、南洋海防；准李鸿章、沈葆桢开采煤铁之请，命先在磁州、台湾试办。
	8月31日，清廷命郭嵩焘为出使英国钦差大臣，是清政府正式派遣常驻各国公使的开端。
	11月8日，清廷同意丁宝桢建议，在烟台、威海卫、登州府筑炮台，设置机器局。
	12月11日，清廷派陈兰彬、容闳为出使美国、秘鲁等国钦差大臣。
	本年3月，法国公布宪法，标志法国成为资产阶级共和国。

足，因而对外国以及中国政府向国外派出使节问题一直拖延不决。到1876年，清政府才正式决定向英国派遣常驻使节。这时距西方国家公使入驻北京，已有15年之久了。

在当时去担任这个使节，是一件很不讨好的工作，因为没人愿意担任此任，确定郭嵩焘后，朝中还有人善意地阻止他上任。因为出使英、法的第一个任务，是作为清政府派遣钦差大臣前往英国为1875年春发生的"马嘉里事件""道歉"，这是个屈辱的使命，他的一些朝中好友都劝他要设法保住自己的名声，有的劝他坚辞使英之命。慈禧太后认为这项任务艰巨，只有郭才胜任，要求他"须为国家任此艰苦"，甚至劝他不要在意别人的闲话。随后，郭嵩焘奉命出使英国。郭嵩焘于1876年12月与副使刘锡鸿、参赞黎庶昌、翻译张德彝等人由上海乘英轮出发，于1877年1月到达英国。1878年4月，郭嵩焘又奉旨兼驻法国，随后开辟驻法使馆。郭嵩焘出任英、法公使共两年时间，在外交方面所做贡献极大。

从登上航程起，他就不顾年老体弱病痛折磨，在船停泊之处，除进行礼节性的应酬之外，就抓紧时间进行参观访问，将所观察到的每一事物都详细地记入日记。抵达伦教后，又将由上海到伦敦这50天的航程日记进行整理。任公使期间，他还做了很多工作。他提出建立领事馆，保护华人商民，了解国外形势动态。此外还有交涉喀什噶尔事件。奏请禁止鸦片，力争为厦门被戕渔民讨回公道，同时积极交涉盐船赔偿案件，并努力帮助华工减轻税收负担等等。使英期间，郭嵩焘参观各种科学实验，考察邮电局、铸钱局、军工厂、天文台、水族馆、各级学校、文化机构等，主动与英国各界人士交往，他把这些出使见闻与各项事宜，写成了近 50 万字的《使西纪程》日记，呈寄总理衙门，希望能作为办理洋务的参考。

在《使西纪程》中，郭嵩焘承认西洋也有二千多年政教文明，不应当以夷狄看待，突破了传统"华夷之辨"的观念。他还认识到工商业是导致泰西富强的主要事业，用国家力量扶植支持民间力量从事于工商业，趋事兴工，日增富实，人民普遍富裕。高度礼赞其科技文明，强调要引进学习，发展中国的科学技术。

正是这部《使西纪程》中的言论，给郭嵩焘带来了灾难。承认西洋也有二千多年政教文明，这在当时就是妖言惑众，大逆不道，引起了满朝士大夫的公愤，朝野掀起了一片讨伐声，义愤填膺，口诛笔伐，视他为洋人的走狗、中国的叛徒，痛骂"大清无此臣子"。时任副使的刘锡鸿更是落井下石，出于个人野心，攻击郭嵩焘，全面列举了郭嵩焘的"十大罪状"：如崇效洋人披洋人衣；"擅议国旗，谓黄色不当"；用伞不用扇；让小妾学英语、听

事　件	时间
本年，法国实现了成年男子拥有普选权。 本年，日本勒令琉球停止向中国朝贡请封；与俄国订立库页岛、千岛交换条约。	

时间	事件

戏;"效洋人尚右";到处应酬,"握手为礼"等"用夷变夏"的种种"罪行"。现在看来,这些都是外交基本礼仪,也都是些微不足道的鸡毛蒜皮的小事,却被无限上纲上线,在当时都是不能容忍的,被指为"汉奸之人",其结果郭嵩焘本人受到打击和迫害。不仅《使西纪程》被毁版,郭本人1878年被免职召回后,便被弃置不用。

郭嵩焘卸任后于1879年返抵上海时,获准休病假,未进京复命便溯江而上回到长沙家乡,从此结束了仕宦的生涯。这还没完,他一踏入湖南后就受到守旧势力的攻击,当地官员没人用礼遇待见他,骂他勾结洋人、败坏世风,甚至有洋人到湖南游历也说是他引来的,对他大加鄙视和声讨。郭嵩焘死后还不准"立传赐谥",甚至在义和团运动期间,刑部郎中左绍佐还向慈禧建言要对郭嵩焘开棺戮尸,恶毒到非把醉心洋务的官员弄到遗臭万年而不肯罢休的地步,可见办洋务在当时的阻力之大。

第四章　体制崩溃：从中法战争到甲午战争

晚清时代的中国被打开国门、卷入近代世界体系的过程，其实就是藩属体制崩溃的过程，也是清王朝由所谓的天朝上国被迫接受近代国际条约秩序的过程。其中尤以中法战争到甲午战争最为明显。越南和朝鲜曾是中国古代藩属体制中两个最重要的藩属国，在近代遭到法国、日本侵略者的侵略，经过这两次战争，清政府与越南、朝鲜藩属国间的宗藩体系瓦解，并导致整个传统华夷秩序的彻底崩溃。

马尾海战油画

清军与日军在牙山激战绘画

图右为袁世凯和大鸟圭介谈判现场

平壤战役绘画

致远舰官兵合影

日本人绘黄海海战

日军攻占旅顺后连续三日实施屠城

甲午战争时期的威海卫军港

李鸿章与日本谈判代表伊藤博文等人会面图

法国杂志所绘列强瓜分中国图

《马关条约》签订现场
（日本明治神宫藏画"下关讲和会谈场景"）

左宗棠抬棺西征

　　新疆自古即是中国领土。该地区古称西域，西汉时便设立了西域都护府，清朝时得名"新疆"。19世纪50年代后，随着太平天国农民起义爆发，在它的影响下，各地农民也纷纷响应起义。1864年，新疆地区少数民族建立了许多反清政权。清政府此时内忧外患，在新疆的势力有限，无力收拾这一局面。

　　浩罕汗国临近中国西部边疆，这一时期派出了阿古柏对我国新疆地区进行侵略，他们组织了共计约6万人的武装力量，数倍于驻扎在南疆的清朝部队。阿古柏采用中世纪式政教合一的封建制度，给予宗教上层以各种封建特权，疯狂迫害所谓异教徒，被害者数以万计。与此同时，阿古柏的罪恶行径刺激了沙皇俄国的侵略野心。1871年六七月间，沙皇俄国以帮助清政府为借口，大肆出兵，强行占领新疆伊犁，并有继续吞并新疆的动向，从而形成了西部边疆危机。

　　就在西北边疆狼烟四起之际，东面海防台湾警报告急，于是在清政府内部发生了西北"塞防"与东南"海防"的大辩论。在这次讨论中，身为陕甘总督的左宗棠力主收复新疆。他大力强调新疆在我国整体防务中不可替代的重要地位，护卫新疆就是护卫蒙古，护卫蒙古就是护卫京师，新疆不固，蒙部不安，京师危急。海防在这

事　件	时间
9月，第一个国际无产阶级革命组织——"第一国际"成立。	1864年（同治三年）
本年，著名画家齐白石、德国著名学者马克斯·韦伯出生。	
4月，美国南北战争中北军攻克里士满，南北战争结束，北军取得胜利，美国恢复统一。	1865年（同治四年）
本年，奥地利生物学家孟德尔通过豌豆实验发现遗传学定律，成为现代遗传学之父。	
3月，奥匈帝国成立。	1867年（同治六年）
3月，美国从俄国手中以720万美元的价格买下阿拉斯加。	
9月，卡尔·马克思的巨著——《资本论》出版。	
11月7日，著名物理学家居里夫人出生。	
7月，美国国会通过第十四条宪法修正案，是美国宪法修正案中最重要的一部，有"二次制宪"之称。	1868年（同治七年）
4月22日，列宁出生。	1870年（同治九年）
7月，普鲁士与法兰西第二	

时间	事件
1871年（同治十年）	帝国的战争爆发。 9月，法国皇帝拿破仑三世投降，法国战败。 9月，法兰西第三共和国成立。 9月，意大利完成统一。 1月，德国统一，德意志帝国成立。 2月，德、法双方签订合约，法国割让阿尔萨斯与洛林并赔款。 5月，德、法正式签署《法兰克福条约》，正式确定2月草签的合约内容，条约条款比较苛刻，引发了法国的复仇主义并为第一次世界大战埋下了种子。

一时期并不如塞防来得急切，所以应先解决西北边疆问题。左宗棠的观点得到清政府的重视，在反复权衡利弊之后，清政府采用了塞防和海防并重的方针。1875年5月3日，左宗棠受命为钦差大臣，并督办新疆军务。左宗棠，清末"咸同中兴"三大名臣之一，字季高，湖南湘阴县人。左宗棠一生参与过镇压太平天国运动等农民起义，参与过洋务运动中福州船政局等机构的创办，还抗击过法国侵略以及收复新疆，尤其收复新疆的功绩是他一生最卓著之处。

新疆此时局势复杂凶险，国际上沙俄侵略势力已经侵入，其余列强也虎视眈眈。在国内，清政府虽已确定海防、塞防并重的总体方针，但质疑塞防的声音仍不绝于耳，认为前朝盛世之时平定西北战事都绝非容易之事，此时出兵败多胜少。面对这种情况，左宗棠愤怒地说："勿论贼势强弱，且问官军真强与否！"并差人为自己打造一口棺材放在府院之内，表达出置之死地而后生的收复新疆的坚定意志。

次年春天，左宗棠率领大军进入新疆，不到6个月，便收复了新疆北部大部分地区。1877年春，在新疆南部重创阿古柏部。1878年初，除伊犁外，左宗棠已经率领清军收复全部新疆领土。左宗棠军事行动的胜利，大大增强了清政府在与沙俄政府外交活动上的主动权。经过你来我往的外交交锋，1881年初，中俄鉴订《伊

犁条约》和《改订陆路通商章程》。条约
规定，原属中国的霍尔果斯河以西、伊犁
河南北两岸由俄国占领，伊犁由中国收
回。1884 年底，清政府正式批准新疆改
设行省，标志着新疆的行政制度向内地靠
拢，乌鲁木齐取代伊犁成为新疆新的军政
中心。设行省，密切了新疆与清朝中央政
府之间的联系，对中国西北边疆防御也有
很大的积极意义，中国领土神圣不可侵犯
的主权得到捍卫。

中国不败而败、法国不胜而胜的中法战争

　　1884 年至 1885 年（光绪十年至十一
年间）中国与法国之间发生的战争，是为
中法战争。中法战争是中国近代史上中国
与列强间的第三次重要战争。其由越南问
题演变而来，不少重要战役是在越南境内
进行的，结束战争的《中法条约》中的第
一款也是关于越南的，越南是这场战争的
另一当事国。中法战争结束了中越传统的
宗藩关系，使中国西南门户大开，加剧了
边疆危机。它使越南丧失了主权，沦为了
法国的"保护国"。这场战争也使中国传
统的华夷朝贡体系或传统的宗藩体系遭受
最严重破坏，构成了传统华夷秩序崩坏的
重要一环。

　　清朝与越南的宗藩关系，是清代宗藩
体制非常重要的部分。17 世纪中后期，越
南政府与清政府正式确立了宗主国与藩属

事　件	时间
5 月 18 日，本年，英国著名学者罗素出生。	1872 年（同治十一年）
2 月 23 日，中国近代著名思想家、维新派领袖梁启超出生。	1873 年（同治十二年）
9 月，日本在朝鲜制造"江华岛事件"。	1875 年（光绪元年）
11 月 8 日，著名革命家秋瑾出生。	
1 月，中国第一任驻外使节郭嵩焘赶赴英国上任。	1876 年（光绪二年）
2 月，日本与朝鲜签订《江华条约》。	
7 月，第一国际解散。	
7 月，中国第一条铁路（由英国修建）吴淞铁路通车。	
9 月，由上述马嘉理案，清	

时间	事件
	政府与英国签订《烟台条约》，除赔款 20 万两白银外，使英国得以侵入我国云南、西藏等地区。
	11 月，美国著名发明家爱迪生发明留声机。
	本年，川东教案发生，清政府以赔款了事。
1877 年（光绪三年）	本年，丁日昌在台湾架设电报线，是中国近代电报事业的开端。
	3 月，中国第一批海军留学生出发留学，其中有严复、林永升（经远舰管带）、叶祖珪（靖远舰管带）、萨镇冰等。
	12 月 3 日，著名学者王国维出生。
1879 年（光绪五年）	4 月，日本武力强占琉球，并改名冲绳。
	10 月，爱迪生发明电灯。
	10 月 9 日，新文化运动的发起者、中国共产党早期发起者与领导人陈独秀出生。
	本年，中国第一条自办铁路唐胥铁路动工并建成。

国关系，清政府并不干涉其内政外交，一旦有事，清政府还出兵保护。太平天国起义期间，清政府与越南政府的贡道被阻隔，中、越宗藩交往有所中断，后恢复。但在这一特殊时期，法国的侵略势力逐渐蔓延至越南。1862 年 6 月 5 日，法国侵略者强迫越南政府签订了《西贡条约》，之后又继续扩大侵略。

1880 年以后，两次《顺化条约》，使越南变成法国的殖民地。同时，法军加紧对越南北圻的进攻，意在消灭黑旗军和驻守的清军。面对法国的咄咄进逼，清政府与法国之间多次谈判，均无果而散，中法战争迫在眉睫。清廷于 1883 年 5 月派遣李鸿章到广东协调办理与越南的相关事宜，滇、粤、桂等地驻军皆由李鸿章节制。至此，中法之争只在外交领域进行已成为不可能。1883 年 12 月，法军挑起事端，对驻守在越南的中国军队发动进攻，中法战争爆发。清军遭遇溃败，1884 年春，法国提出赔款要求。清政府调冯子材前往应敌，同时派李鸿章与法国代表谈判。5 月，中、法签订《中法简明条约》，法国对越南的"保护权"得到清政府承认，但未能满足法国要求。于是在 6 月 23 日又挑起北黎冲突，被驻守的中国军队击退。法国反诬中国破坏条约，以此为借口，7 月 12 日，以最后通牒的方式照会清政府，要求驻越清军立即撤出驻地，并提出巨额的军费赔款要求，还威胁将占领中国港口作为战争的赔款抵押。7 月 19 日，中、法再次进行谈判，以解决争端，但法国再次制造摩擦，将战火燃向中国东南沿海，选定台湾作为进攻目标。8 月 19 日，法国再次提出巨额的赔款要求，遭到拒绝后的第 4 天，法国向福建水师发动袭击，福建水师仓猝应战，大量舰船被击伤击沉，数百清军官兵伤亡。此后法军又对马尾船厂展开炮火轰击，清廷向法国宣战。清军东线战场，著名将领冯子材率军英勇作战，他虽年近古稀，但不惧身死，与法军激战，击杀法军超过千人，镇南关一战取得巨大胜利。在东线战场的另一侧，法军同样遭遇惨败，刘永福、岑毓英带领部队重创法军于临洮。这些信息传到法国，法国上下一时哗然，内阁倒台，已然陷入了进退两难的境地。

从总体上而言，中、法双方陆战各有胜负，而实际上清军无论在陆战还是海战中，军事上都处于劣势。马尾海战后，清政府东南沿海的制海权几乎丧失殆尽，海军力量大为削弱。镇南关大捷也只是局部胜利。于是，清王朝决定和谈，并把镇南关—谅山大捷当作和谈资本，负责对法交涉的李鸿章提出"乘胜即收"（是为"不败而败"），派员与法进行和谈交涉。1885年春战争结束，清政府与法国签订《中法停战草约》，同年夏又签订《中法新约》。《中法新约》签订以后，中国与越南的宗藩关系彻底解体，法国更加肆无忌惮地对

事　件	时间

时间	事 件
1886 年（光绪十二年）	8月，"长崎事件"发生，清政府派往日本交流的镇远舰水兵下船后与当地人产生摩擦，双方各有死伤。 本年，共产党的重要人士朱德、董必武、林伯渠出生。
1887 年（光绪十三年）	6月，中、法签订《续议商务专条》与《续议界务专条》，法国继续在我国西南区域攫取大量侵略利益。 10月31日，民国时期著名政治人物蒋介石出生。
1888 年（光绪十四年）	6月，《国际歌》正式由法国共产主义者皮埃尔·狄盖特谱曲，《国际歌》的歌词在1871年由法国无产阶级革命家欧仁·鲍狄埃作词。 12月，北洋水师正式成军，它是洋务运动的重大成果之一，成立时舰队实力位居亚洲之首。
1889 年（光绪十五年）	2月，《大日本帝国宪法》颁布，规定天皇是国家神

越南人民实行残酷剥削和压迫。另一方面，中国西南各省门户洞开。法国侵略者虽也付出较大代价，但仍较大程度上达成了侵略的战略目标，是为"不胜而胜"。

甲午战争与黄海大战

发生于1894年至1895年（光绪二十至二十一年）的甲午战争，是日本发动的旨在侵略朝鲜和中国的战争，它力图通过打败中国，获取中国权益，进而实现吞并朝鲜的目的。因战争爆发于旧历甲午年，故又称为甲午战争（日本人称为"日清战争"）。

在甲午战争前，东亚由中国主导的东亚华夷秩序正处于衰落和崩溃过程中。明治维新后，随着日本国力增强，日本遂蓄意向外扩张，图谋侵占朝鲜。1876年，日本以武力逼迫朝鲜签订了朝鲜近代史上第一个不平等条约《江华条约》，同时否定中、朝的藩属关系。1885年，清政府与日本政府签订《中日天津会议专条》，规定当朝鲜发生重大事件时，双方应互相知会，日本由此获得了与清政府在朝鲜问题上大致同等的权力。

1894年，朝鲜爆发东学党起义，朝鲜当局震恐，向清政府求救，请求清政府出兵"平叛"，于是李鸿章派军前往朝鲜协助。依据此前签订的《天津会议专条》，清政府将这一状况通知日本方面。而日本已经早早就成立了战时大本营，在不到一个月的时间内，陆续向朝鲜派出了总计5倍于清军数量的军队，仁川到汉城的重要战略基地都被日军占领，并逐渐包围了驻牙山的清军。面对日军在朝优势，清廷向日本反复交涉，建议两国同时撤兵；但日本不仅拒绝了中方的建议，反而向中方提出所谓共同监督朝鲜内政"改革"的条件。同时，日本对朝施压逐步加大。6月28日，日方质问朝方，是否承认是清国的属国。6月30日，日方再次照会朝方，要求朝方拿出"内政"改革的具体方案并规定了时间期限。7月20日，日方对朝方发出最后通牒，要求朝方废除与清政府的相关条约并驱逐清政府军队。三天后，日军向朝鲜王宫发动袭击，朝鲜国内的亲日势力在日军的扶持下成立傀儡政府，朝鲜国王高宗和闵妃遭到日军挟持。至此，日本精心准备十数年之久的侵朝计划得以实施。7月中旬，日本已经完成军事准备，清政府方才认识到战争已经不可避免，遂以英国商船"高升"号为运兵船运兵渡海。日本获悉这一情报后，截击并击沉"高升"号，船上中国官兵大部分殉国。同天，日本陆军四千多人进犯牙山中国驻军，清军溃败。1894年8月1日，光绪皇帝发布对日宣战上谕，同天日本也向中国正式宣战。

甲午战争前后历时共计二百余天，战争前期主要在朝鲜半岛及其海面进行，黄海海战是这一阶段的重要战役，是中日海

事　件	时间
圣不可侵犯的元首。同时《宪法》依照三权分立的原则，确立了日本的政体为君主立宪制政体。	
7月14日，恩格斯领导的"第二国际"成立，并规定从次年开始设立"五一国际劳动节"。	
10月29日，中国共产主义先驱李大钊出生。	
3月4日，诺尔曼·白求恩出生。	1890年（光绪十六年）
3月6日，北洋水师发生"撤旗事件"，时任右翼总兵刘步蟾在定远舰上因提督丁汝昌离开后撤下提督旗升总兵旗，这一举动引发刘与北洋水师聘任的英国被授副提督衔的总教习琅威理之间的矛盾。	
本年，近代中国钢铁工业的重要代表企业——汉阳铁厂由张之洞创办。	
本年，第一届"五一国际劳动节"开始。	
本年，德国医生贝林发现了白喉的血清疗法，并于1901年获得首届诺贝尔医	

时间	事件
1893 年（光绪十九年）	学奖。 10 月 14 日，美国著名将军、总统艾森豪威尔出生。 11 月 22 日，法国将军、总统戴高乐出生。 11 月，张之洞创办自强学堂，是为武汉大学前身。 12 月 5 日，《中英会议藏印条款》签订，英国经济侵略势力深入西藏地区。 12 月 26 日，新中国缔造者毛泽东出生。

军主力在黄海进行的海上决战，也称大东沟之役。北洋水师舰队于 9 月 17 日在黄海大东沟海面遭到日本舰队的袭击，北洋水师统帅丁汝昌令定远、镇远两艘最强之铁甲舰居中前突，排出大雁阵应敌。日军舰迅速占据优势，避开定远、镇远的优势火力区域，分割围攻清军其他小舰，定远舰也遭到炮击，致使主帅丁汝昌负伤，但他仍在甲板指挥，北洋舰队亦重创敌赤城、西京丸、比叡三舰并击毙赤城舰舰长坂元八郎太。激烈的海上战斗中，致远舰管带邓世昌为解日吉野等舰对我方旗舰定远的逼迫，主动上前迎战，舰体受重伤后仍向吉野舰猛冲，拟通过冲撞与吉野舰同归于尽，但不幸被鱼雷击中沉没，全舰二百余官兵仅有几人获救。此时经远舰也遭遇强烈炮火轰击沉没，二百余官兵也仅有十几人获救。虽然战场形势渐趋被动，但北洋水师官兵奋勇作战，日旗舰松岛舰遭到我方炮击后引发弹药爆炸受到重创，其余日舰也遭到不同程度的损伤。黄昏时刻，日方舰队先行退出黄海，北洋水师舰队返回旅顺。黄海海战中北洋水师舰队有 5 舰被击沉，日方有 5 舰遭遇重创，北洋水师舰队虽消耗大于日方，仍有一战之力。但在李鸿章等的保船制敌的保守思路影响下，黄海海战双方虽然互有胜负，但制海权最终拱手让于日本。战争中后期，经鸭绿江江防之战、金旅之战、辽东之战、辽南之战、辽河下游之战和威海卫之

战，日军之势愈战愈强，清军之势愈战愈弱。纵观整个战争，清军是胜少败多，最终由李鸿章作为代表与日方签订了对近代中国危害最大的不平等条约《马关条约》。

甲午战争的结果，改变了整个东亚格局。甲午战争的战败，使清朝势力彻底退出朝鲜半岛。中国几千年在东亚构架起来的藩属体制或曰华夷秩序彻底崩溃，也标志着长期以来的中国宗藩外交时代的结束。战败也给中华民族带来了严重的民族生存危机。北洋海军在这次战争中覆灭；日本侵略者血洗旅顺等城，屠杀我数以万计人民；日本逼签《马关条约》，从中国勒索白银 2 亿 3000 万两，割占台湾及澎湖列岛，由此直接刺激了列强进一步疯狂瓜分中国领土的野心，中国成为列强任意宰割的对象，民族灾难日渐深重。

甲午战事因由朝鲜而起，战争对朝鲜也产生了巨大的影响。甲午战争导致景福宫被占、东学党起义军被残酷镇压、明成皇后惨遭杀害，最终朝鲜被日本吞并，自壬辰倭乱以后，这可以说是朝鲜民族史上的最大灾难。

日本逼签《马关条约》

《马关条约》是甲午战后中国与日本签订的不平等条约。在日本取得战争胜利已成定局的背景下，为了最大限度地获取在中国的权益，日本政府企图通过扩大战争威胁的方式，逼迫中国代表答应日本的

事　件	时间
4 月 17 日，苏联党和国家领导人赫鲁晓夫出生。6 月，国际奥林匹克委员会成立，并选定雅典作为首届奥运会的举办城市。	1894 年（光绪二十年）

时间	事　件
	10月，法国政府逮捕涉嫌泄露情报的犹太裔军官德雷福斯，是为"德雷福斯事件"，引发社会巨大讨论浪潮，后德雷福斯平反。在这一过程中，法国的民主与人权斗争获得一定进步。 11月，孙中山成立了兴中会，是为中国近代历史上第一个以资产阶级革命为目标的团体。 11月27日，日本著名企业家松下幸之助出生。

无理要求。首先要求中国派出"全权代表"方才同意谈判。清政府为了对日媾和，任命张荫桓、邵友濂为全权大臣，于1895年1月31日到达会议地点广岛。此时，日本政府认为媾和时机尚未成熟，在没有彻底打败中国之前，就难以捞到更多的好处，于是就以谈判代表"全权不足"为借口进行刁难。

在广岛，中国谈判代表共与日方进行了两次会晤。一次是2月1日上午11点，一次是2月2日午后5点。在第一次会晤中，日方代表认为中方代表权限不足，拒绝开议，并要求中方代表用书面语答复。同时拒绝中方代表拍发密码电报向政府汇报谈判进展情况；第二次会晤一开始，伊藤博文又老调重谈，再次强调中方代表"全权不足"。他说："中国政府虽做出此项保证，但贵公使的委任权很不完备，足见中国政府尚无真正求和的诚意，这使我深感遗憾。……鉴于此种形势，我方不可能再继续进行谈判。"伊藤讲话后，陆奥宗光随即宣布会议结束，并要求中国代表"必要离开这个国家和立即离开这座城市"。2月5日，中国议和全权使臣一行被日本政府由广岛逐往长崎，实际处于软禁之中。2月12日，中国议和使节不得不乘船回国。

1895年，随着北洋舰队的覆灭和威海卫的陷落，以及辽东半岛清军的溃败，逼得清政府走投无路，焦灼万状，只好将"商让土地之权"赋予李鸿章，命其东渡乞和。3 月 19 日，李鸿章带领谈判团到达日本，并于第二天开始谈判。到 24 日，双方共进行了三轮谈判，辩论甚为激烈。谈判一开始，日本代表就向李鸿章提出"须占领大沽、天津、山海关和相应区域的防御要塞，并要求上述各处的中国军队需将所有武器装备、军事日常用品交给日本国军队；从山海关到天津的铁路由日方进行管理；停战期限内造成的军事费用由中国进行负责"的停战条件。这个条件就等于把清政府置于日本军国主义刺刀之下，当李鸿章表态这样的条件过于苛刻时，日方代表伊藤博文竟以继续扩大战争相威胁："现今正在交战之中，我军进攻何地，本属我方作战之权利。"进而伊藤明确告诉李鸿章："如不听从我方之提议，或迅速撤回备忘录，或断然拒绝我方之提议，或者允许我方之条件。三者可任选其一。"逼迫李鸿章无条件签字。后李鸿章遭遇日本刺客袭击中弹，一时之间中外哗然。日本方面考虑国际影响，才对如上条件略加以修改。4 月 1 日，日方将讲和条件底稿面交李鸿章。该条约底稿作为《马关条约》的前蓝本，全面反映了日本对中国财产、领土以及其他方面权益的贪婪，是鸦片战争后危害最为严重的不平等条约之一。日方为将此付诸实施，要求中方必须以 4 月 9 日为最后期限，做出可否之明确答复，并以再动干戈、扩大战争进行威

事　件	时间

时间	事件

逼恫吓。

4月10日，中日双方举行了第五次谈判，会议一开始，伊藤博文就要求李鸿章对备忘录"但有允或不允两句话而已"，中方似已无商讨的余地。关于议和条件的争论重点，落在赔款数额及割占领土上。李鸿章对此重大问题，只得硬着头皮争辩，但均遭拒绝。比如李说："台湾全岛，日兵尚没侵犯，何故强让？"伊说："如所让之地，必须兵力所到，立刻派兵令其占领，如何？"丝毫无讨价还价余地。伊最后说："今日之事，只望阁下对我方备忘录用应诺与否之明确答复而已。"在这种背景下，李鸿章被迫签订了《马关条约》。

该条约作为甲午战争中中国战败被迫签订的城下之盟，是继《南京条约》后另一危害重大的不平等条约。共十一款，附有《另约》《议订专条》。主要内容为：（1）朝鲜的"独立"应得中国政府彻底之同意。（2）辽东半岛割与日本（后经俄、法、德干涉交还，称为"三国干涉还辽"，但中方需向日方支付3000万两"赎辽费"），台湾岛全部区域及全部附属岛屿、澎湖列岛割与日本。（3）日方向中方索要因战争产生的军费共计2亿两。（4）增开沙、渝、苏、杭四地为通商口岸并可设立领事馆。（5）日方输入机器只需缴纳进口税并允许在中国开设工厂，同时日本在华制造的一切物品均为免税，其货物可在自行设置的货栈进行寄存等。

日本割占台湾与强索"赎辽费"

随着日军在战场上的得手，日本军国主义的贪婪欲望也随之膨胀，其中最典型地表现在对清朝的议和条件上。日本政府各部门皆狮子大开口，纷纷提出了十分苛刻的以"割地赔款"为中心的各种侵略要求。比如它的海军部门一部分人主张"割取辽东半岛"，另一部分人则主张"割取台湾全岛"，还有一些人更主张不仅要割取辽东半岛，更要割取台湾全岛。管理财政的大藏省，更希望得到巨额赔偿。其中对国际事务比较熟悉的日本驻外公使更是献计献策，以乘机宰割中国为能事。其中，驻英国公使青木周藏的意见最为典型，他建议日本政府乘机割取辽宁省和吉林大部分及河北省的一部分，并在中、朝两国间设 5000 平方公里的中间地带，作为将来日本争霸亚洲的军事根据地；要 1 亿英镑的赔偿；在赔款偿清前，日军占领东经 120 度以东的山东省一部分及威海卫基地，作为偿付赔款的保证条件，驻兵费用由中国承担。他甚至转告日本政府，除了要注意协调好自身与欧洲列强的在华利益，不必担心欧洲列强的干涉，无论什么条件，欧洲各国都不会持有异议的。

与此同时，沉醉于日本胜利中的日本政党和舆论机构更是野心勃勃，纷纷提出非分的媾和条件。自由党主张割取辽宁、吉林、黑龙江三省及台湾。还有一些所谓

事　件	时间
1 月，德国物理学家伦琴发现 X 射线，该发现也使伦琴获得首届诺贝尔物理学奖。	1895 年（光绪二十一年）
2 月，刘步蟾下令炸毁定远舰以免资敌并自杀。	
3 月 19 日，李鸿章带领谈判团到达日本，并于次日开始谈判。	
4 月 10 日，李鸿章在马关代表清政府被迫签订丧权辱国的《马关条约》。	
8 月 17 日，维新派政治团体——强学会成立。	
8 月，康有为创办《中外纪闻》，宣传维新思想，产生了不小影响。	
10 月，俄国、法国、德国"三国干涉还辽"。	
11 月 8 日，中、日《辽南条约》在北京签订，"三国干涉还辽"成功。	
本年，著名哲学家冯友兰、著名历史学家、外交家蒋廷黻、著名画家徐悲鸿、抗日名将吉鸿昌出生。	

时间	事件

的强硬派，主张瓜分中国，叫嚣"日本不可不有瓜分四百余州之觉悟。此时须以山东、江苏、福建、广东四省为我领土"。上述这些侵略主张与议和条件虽有一些出入，但都主张通过谈判从中国掠取最大的权益，充分暴露了日本政府及各界的贪婪嘴脸。从中也不难看出日本侵略者发动甲午战争的真正目的所在，日本已贪婪到要把整个中国一口吞下去的地步。最终由于日本自身实力有限，忌惮列强干涉，所以它的野心也不得不有所收敛。

于是，正式谈判时，日本把攫取巨额战争赔款、割占台湾及辽东半岛作为谈判的重中之重。由于台湾地位的重要性，日本觊觎已久。中国战败，日本把割占台湾作为议和条件之一，清政府被迫应允。关于日本催逼交割台湾，其中有一段李鸿章与伊藤博文在马关议和谈判时的对话最典型。

伊藤博文："果如此，不能不限定期限。一俟换约后一个月内，两国各派大员办理台湾交接。"

李鸿章："一月之限过促，总署与我远隔，台湾不能深知情形，最好中国派台湾巡抚与日本大员在台湾议明交接章程，其时换约后两国和好，何事不可互商？"

伊藤博文："一月足矣。"

李鸿章："头绪纷繁，两月方宽，办事较妥，贵国何必急急？台湾已是口中之物。"

伊藤博文：（哄笑一番）"尚未下咽，自感腹饥特甚。"

李鸿章："两万万足可疗饥。换约后尚须请旨派员，一月之期甚促。"

上面一段对话仅是和约谈判中的一个片断。然从伊藤博文的"尚未下咽，自感腹饥特甚"短短十个字，活脱脱地暴露了日本侵略者的贪婪嘴脸。

以上中、日之间围绕甲午战争议和条约谈判中所反映出的日本军国主义的种种贪婪表现，如日方停战条件的无理与野蛮，催逼对议和条款答复之蛮横与威胁，以及隐藏在条约字里行间、用外交辞令掩盖的无理要求等等，都从不同层面、不同角度反映了日本军国主义的野蛮与霸道。

此外，"三国干涉还辽"后，日本向中国勒索"赎辽费"也比较典型。由于日本的贪欲引起了列强的不安，尤其是激怒了同样对中国有领土野心和权益欲望的俄国，于是俄国纠集法国和德国出面干涉，要求日本"还辽"。在三国的压力下，日本不得不被迫做出让步，忍痛放弃了对辽东半岛的永久占领；但同时日本政府却确立了"对于中国则一步不让"的方针策略。其目的是借机从中国再勒索一笔巨额赔款，作为归还辽东半岛的补偿，在三国默许的标准上勒索中国。1895 年 10 月 20 日，中、日两国全权大臣李鸿章、林董，如约在北京总理衙门举行关于归还辽东半岛的两国间第一次直接谈判。谈判一开

事　件	时间

时间	事件
1896 年（光绪二十二年）	1 月 12 日，强学会创刊《强学报》，提倡维新。后强学会遭封禁。 4 月 6 日至 15 日，第一届现代奥伦匹克运动会在雅典举行。 6 月 3 日，《中俄密约》签订，这一条约全称中俄《御敌互助援助条约》，规定日本如侵犯中、俄的领土，应互相进行军事援助，中国允许俄国修建一条通达海参崴的铁路并运送军队与军需物资。条约扩大了俄国在我国东北地区的侵略势力。 8 月 9 日，梁启超担任主笔的《时务报》创刊，并发表《变法通议》，系统阐述了维

始，林董就将 3000 万两白银作为"赎辽"的费用强加给中国。当李鸿章请求日方给予适当减免时，林董强调 3000 万"此我国政府要求中国政府交付之最低数额"，"一分亦不能削减"，并以"本公使拥有要求 3000 万两之全权"的蛮横强硬态度，加以断然拒绝。从而使日本在勒索了 2 亿两白银的基础上，又让清政府付出 3000 万两"赎辽费"的代价。

瓜分狂潮兴起

瓜分危机和瓜分狂潮是有区别的。中国面临的瓜分危机，从鸦片战争后就已开始了，到甲午战争中国战败，签订《马关条约》，使清王朝的腐朽没落暴露无疑，才引发了世界列强真正合谋瓜分中国的高潮，是为"瓜分狂潮"。自鸦片战争后，列强瓜分中国的目的是相同的，手段与步骤则有所差异，有环环相逼、步步为营者；有小片侵吞，也有狼吞虎咽，如饿兽进食者大块吃下。英国割让香港，属于小片侵吞，俄国则是狼吞虎咽侵略者的典型，先后共计侵吞中国一百余万平方公里土地，超过今天法国、德国、意大利三国领土的总和。由于那时列强的侵占由表及里，从外及内，基本以外部为主，且这种割占也是列强分别与清政府进行，直截了当地表明列强瓜分中国之想法尚没有彻底显现。而甲午战争中国战败之后，由于中国在甲午战争中不敌蕞尔小国日本，彻底暴露了清王朝的腐败无能，遂激发了世界列强对中国的瓜分欲望和瓜分行动。

1895 年 11 月，在俄、德、法的干预下，中、日《辽南条约》签订，"三国干涉还辽"成功，三国以此作为对清政府的恩德，要求清政府进行报答。各国原本的侵略势力染指范围不同，法国的诉求是南方；英国作为最早对中国进行侵略的国家，要保持的是先来者的最大领先地位；俄、德两国则为强租中国海港而进行幕后策划。包括日本在内，各国纷纷照会清政府，要求清政府保证他们已经看中的区域不被他国染指。

美国此时虽还没有卷入当时列强瓜分中国的浪潮中，但美国也提出对华外交的"门户开放"政策。这一政策主要强调列强之间应机会均等、利益均沾。它一方面缓解了列强之间因在中国疯狂争夺利益而产生的矛盾，因而得到了各国列强的支持；另一方面美国作为后来者，更加名正言顺地保护自己的在华利益。虽然"门户开放"政策在一定程度上具有遏止瓜分狂潮继续发展的作用，但它至始至终所代表的都是美国自身的利益。

清朝宗藩体制的崩溃

清代的宗藩体制，其实是对中国起自汉代的"华夷秩序"的继承和发展。清末，随着西方列强的东侵，清王朝的衰落，这一维系两千年之久的传统华夷秩序（东亚

事　件	时间
新主张，产生了巨大的社会影响。	
本年，美国工程师福特发明了福特系列的一号汽车。	
本年，著名桥梁学家茅以升、著名文学家茅盾、著名军事家贺龙、叶挺以及俄国著名军事家朱可夫出生。	
1 月，新式学堂——时务学堂创办。	1897 年（光绪二十三年）
10 月 26 日，《国闻报》在天津创刊，刊登国内各地要	

时间	事件
	闻并译国外政论与名著。
	11月1日，巨野教案发生，德国派军舰强占胶州湾。
	本年，谭嗣同写成宣传自由平等、批判封建专制制度的重要著作《仁学》。
	本年，中国出版业最知名的机构——商务印书馆在上海成立。
	本年，英国物理学家汤姆逊发现电子，并于此后获得诺贝尔物理学奖。
	本年，著名诗人徐志摩出生。

朝贡贸易秩序）即宗藩体制，最终陷于崩溃。华夷朝贡秩序或曰宗藩体制，实质上是强大的中原华夏王朝通过征战以及纳降等多种方式，强迫周围的少数民族国家以及其他国家屈服于中原王朝的体系之下，而形成的以中原王朝为核心的传统国际秩序。这种秩序的维系程序是，臣服国家遇重大政治变动如指定继承人等，需要中央王朝的承认，需要按期朝贡，或每年或每数年按期派遣使者、或者重要官员到中原王朝觐见。作为中原王朝，为了彰显"天朝上国"的物资丰富以及广阔的胸怀，需要给予这些小国大量的金银财宝以及其他物资作为赏赐。同时，还要给这些小国提供安全上的保证，如保证其政治稳定，阻止外来侵略及欺侮等。

清朝的宗主国地位是从原来的明帝国手中继承下来的。强盛时有二十多个藩属国，主要分布于清朝版图四周。这些国家以中国为天朝上国，受大清皇帝直接统治；中国则以周围属国为屏藩，平时由各国王分别统治。这些属国依靠清廷的支持维持国内秩序，国王崩逝告讣于清廷，新王继位则请清廷册封，以示合法。当这些国家发生内乱或遭遇外敌入侵时，清廷将应其国所请出兵保护，而对其内政基本不加干涉。藩属国之间相争，清廷予以调节。中国与属国之间有疆土之争，清廷一般出手大方，慷慨相让。在经济上，中国给予藩属国很多优惠。各个藩属国在朝贡时得到的回赠和赏赐，更显示清廷的恩惠。总之，这种宗属关系不同于帝国主义时代宗主国与殖民地的掠夺关系，它在封建时代满足了清朝统治者"天朝上国"的虚骄心理，并不贪图这些国家的土地和民户。

自道光朝之后，西方殖民列强以及日本势力，严重地破坏了"天朝"的宗藩属国体制。英、法、俄等国在中国西部、西南部边疆的侵略，造成了相关属国被侵占，并脱离中国；日本、俄国在中国东北部、东部的侵略和扩张，琉球、朝鲜等属邦被占，亦脱离中国。清王朝为了保卫属国及自身安全，维护传统的宗藩体制，也与西方和日本等列强进行过激烈抗争。如中法战争因越南而引起，就是为越南而与法国开战的，最后失去了越南属国；甲午战争因朝鲜而引起，是为了朝鲜而与日本开战，结果战败，不仅朝鲜属国不保，连自身也受到致命创伤，割地赔款，丧权辱国。总之，在经历了两次鸦片战争，经历了日本吞并琉球，再经历中法战争、中日甲午战争，最终使清王朝的属邦或被列强殖民吞并，或纷纷离去，传统华夷秩序即宗藩体制彻底崩溃。与此同时，清朝本土也开始遭受来自各殖民势力的侵犯。

华夷朝贡秩序的形成，有其客观原因。中原王朝文化先进，经济发达，国土辽阔，面积广大。而周边小国，或文化落后，或经济不甚发达，或国土狭小，独立

事　件	时间

时间	事件

生存艰难，从而形成了以中原王朝为中心、以四周小国为边缘的国际体系。国力的悬殊对比，以及中国封建制度的不断加强完善等一些综合因素，最终促成了华夷体系的形成。但是，这种华夷体系是建立在宗主国中国文化先进、国力强盛基础上的，一旦某些因素发生变化，这种体系也将发生剧烈的变动。近代华夷秩序（宗藩体制）的崩溃，便是随着清王朝持续地遭受到近代西方资本主义列强的冲击和侵略而衰落解体的。另一方面，当中国国力衰弱，在西方列强面前表现出颓势时，也势必助长周边属国的离心倾向。特别是经过了两次鸦片战争、中法战争、中日甲午战争后，随着时代的进步发展，周边各个国家近代民族意识的逐渐觉醒，建立独立自主的民族国家已经成为时代的潮流。同时期的中国也随着国力的削弱，在世界当中的传统霸主地位，已经被完全取代。清王朝遭受着来自西方列强的猛烈冲击，根本无力维持传统的宗藩体制。伴随着西方资本主义列强对东亚的侵略和扩张，近代国际秩序亦必然代替传统以华夷秩序为特征的宗藩朝贡体制。

第五章　戊戌变法与义和团运动

　　本章主要介绍甲午战后中国各阶层的奋起救亡图存运动，其中比较典型性的有代表新兴资产阶级的戊戌变法运动，以及与中外矛盾交织在一起的农民阶层的义和团运动，八国联军侵华等事件，演变成中国近代半殖民地半封建社会的最终形成。

康有为（中）梁启超（左）和光绪帝

ÉVÉNEMENTS DE CHINE

法国画报 1900 年 8 月 5 日刊义和团攻打教堂图

谭嗣同（左二）与部分维新成员

PRISE DE PÉKIN PAR LES ALLIÉS (15 août 1900)

法国画报 1900 年 8 月 15 日刊八国联军进攻北京

1900 年八国联军攻占北京图

LE MONITEUR DU PUY-DE-DOME

SUPPLÉMENT ILLUSTRÉ DU DIMANCHE

La prise de Pékin

法国画报 1900 年 9 月 9 日刊
八国联军的旗帜在故宫城门上方飘扬

光绪帝接见外国使者（出自 1901 年德国版图书《中国志》）

ÉVÉNEMENTS DE CHINE

法国画报 1900 年 11 月 4 日刊
挂在墙上的义和团头颅

紫禁城鸟瞰图

1900 年庚子国难后的北京前门大街

1903 年 5 月 14 日，两江总督张之洞
奉旨入京陛见途中，在保定府与英军高官合影

《辛丑条约》签订现场

"公车上书"推动维新运动

甲午战争中国的惨败造成了举国震动，直接导致了当时知识分子的"公车上书"活动。1895 年 4 月，正当北京会试期间，中日签订《马关条约》的消息传至国内，举子们愤慨万分，康有为联络举人们在达智桥松筠庵集会，讨论上书请愿，会后由康有为起草《万言书》，因为当时把进京考试的举人称为"公车"，因此称"公车上书"。传统干支纪年中，这一年是乙未年，因此也有"乙未上书"之称。"公车上书"影响巨大，反映出国家前途命运处于危难时期，知识分子群体对家国天下的深深关切，同时也标志着在深重的民族危机下，中国知识分子民族意识的进一步觉醒。在整个"公车上书"的过程中，代表性最强的是由康有为主持的《上清帝第二书》，其中提出拒绝议和、改迁新都、变法革新等建议。该上书准备递交都察院代奏，但力主议和签约的军机大臣孙毓汶闻知后，立刻派人到举人居住的各会馆进行威胁、阻挠，一些举人害怕了，退出上书，结果《万言书》未能递交都察院，但已在社会上广为传抄。虽然参加者均是举人，社会阶层狭窄，但联系广泛，对社会的震动和影响很大。

康有为是"公车上书"的代表人物。康有为在甲午战争前六年就曾上书一次，当时康有为科举未第，但上书中一些关系

事　件	时间
2 月，美国与西班牙爆发争夺殖民地的美西战争。	1898 年（光绪二十四年）
3 月 5 日，新中国的主要领导人之一周恩来出生。	
3 月，中、德签订《胶澳租界条约》，德国取得胶州湾的租借权，并借机将侵略势力染指到山东半岛一带。	
3 月 27 日，中、俄签订《旅大租地条约》。	
5 月 7 日，中、俄签订《续立旅大租地条约》，该约与上约规定，俄国获得旅顺与大连湾及附近海域的租借权。	
6 月 9 日，中、英签订《展拓香港界址专条》，强租区域称为"新界"。	
6 月 11 日，光绪帝下"明定国定"诏，变法开始。	
7 月，居里夫妇发现放射性元素钋。	
9 月 21 日，慈禧太后发动政变，囚禁光绪帝，变法失败。	
11 月 24 日，新中国的主要领导人之一刘少奇出生。	
12 月，居里夫妇发现放射性元素镭。	

时间	事 件

时政、力求变革的想法已使康有为获得了相当的声誉。从此，康有为开始了他倡导维新变法的政治活动。公车上书后不久，康有为中进士，清朝廷授其工部主事一职。同年第三次上书，主要提出了富国强兵建议。6 月 30 日（农历闰五月初八日），又上清帝第四书，主要针对君臣与百姓隔绝之弊的情况，提出应设立能够沟通上下的机构。1897 年，康有为上清帝第五书，表达了他所主张的必须通过变法才能达到国家不受侵犯的想法。1898 年初，康有为上《应诏统筹全局折》，力陈必须变法的道理，要求大集群臣，宣布变法，诏定国是，在内廷设制度局，是为第六次上书。此后，康有为向光绪皇帝陈述俄国之所以走向发展之路，是因为俄国皇帝彼得大帝坚决果断进行改革的决策，当下清朝正处于变法改革的时机，应当学习俄国的经验，这是第七次上书。这些都是在民族危亡关头提出的挽危自强方案，具有时代进步意义。七次上书内容，也集中反映了康有为的维新变法思想。

康有为虽被授为工部主事，但他并没有去就职，仍然致力于变法活动。5、6月间，他的上书活动引起了帝党的注意，光绪皇帝的师傅翁同龢（时任户部尚书、军机大臣）曾亲自会见他，并多次和他商讨变法事宜，因此双方联合起来，共同推进变法。

从 1895 年夏至 1898 年春，维新派积极创办报刊、组织学会、开办学堂，为变法制造舆论、培养人才。

1895 年 8 月，在康有为、梁启超推动下，由文廷式出面组织强学会，每十天集会一次，以"自强之学"为主题进行讲读宣传。与会人士来源甚广，包括洋务派中的开明分子、传教士等都有所参与。张之洞、袁世凯、徐世昌等都列名加入，并出资赞助。1896 年 1 月 12 日，《强学报》创刊。1896 年 8 月，汪康年、黄遵宪等在上海创办《时务报》，以梁启超为该报的主要编写力量，发表了产生重大影响的多篇论文，《变法通议》便是其中最具代表性的一篇。该报专注于批判封建专制制度，宣传变法维新，鼓吹"兴民权"，主张君主立宪，文章观点新颖，议论风发，产生了很大影响。《时务报》在几个月中销量达上万份，风行一时。1897 年 10 月，严复等人主持的《国闻报》在天津创办，宣传变法，成为维新派在北方的中心。1897 年 12 月，他翻译的《天演论》在《国闻报》上连载，次年出版单行本。该书的进化论学说，很快风靡思想文化界，产生了深远影响。

维新派和开明官绅在湖南先后创办了《湘学新报》（后改名《湘学报》）、《湘报》，提倡西学，批判旧学，鼓吹民权；组织南学会，联络官绅士商，开办时务学堂，培养变法中坚力量。整个戊戌时期共有 78 个各种学会组织，创办了 30 多种报刊，形成了维新变法思想的传播高潮。

事　件	时间

时间	事　件
1899 年（光绪二十五年）	7 月 20 日，康有为在加拿大成立保皇会。

光绪皇帝"不欲为亡国之主"与百日维新

百日维新，即戊戌变法。时间从 1898 年 6 月 11 日光绪皇帝下诏"明定国是"，到 9 月 21 日慈禧太后发动政变止，共 103 天，因此又称"百日维新"。

《马关条约》签订后，光绪帝深知"非变法不足以救国"，"不欲为亡国之主"，促使他树立了改革图强的决心。外患日深，"国将不国"，固然是其决心变法的主因之一，更重要的是，甲午战后各地人民反抗日烈，朝廷经济危机日深，使光绪也感到"非变法不足以图存"，不足以"固结人心"。光绪的无权受制，客观上也使他感到"诏定国是"的必要。光绪皇帝与慈禧太后长期以来的帝、后党争亦纠缠其中，维新变法，既是为巩固自身权力，也是为巩固封建政权。正由于如此，光绪所"爱"的"国"，是封建的旧中国，所"保"的"国"，是封建的大清帝国。他援引维新派以自固，维新派也依靠光绪以自重，但他们的主张却并不完全一致，特别是在究竟把中国"变"向何处去的关键问题上有着严重分歧。因此，百日维新所实施的新政，并不能完全体现维新派的主张，应当是体现了以光绪皇帝为代表的朝中部分主张革新人士的基本主张和维新派的一部分政治理念。

维新变法运动从持续时间上看比较短

暂，也明显地反映出维新派知识分子与光绪皇帝的急切情绪。从时间上看，各项政令的拟定、颁布节奏十分密集，完全有迫不及待之感。1898 年 6 月 1 日，由康有为代杨深秀拟定的《请定国是而明赏罚折》，便已完成，有请求"定国是，宣布维新之意"。短短一周后的 6 月 8 日，康又代徐致靖拟《请明定国是疏》，"请特申乾断，明示从违，以一众心，而维时局"。康有为自己也上了《请告天祖誓群臣以变法定国是折》，康有为接二连三地代拟或自拟上书，表达了他希望光绪帝能"请上告天祖，大誓群臣，以定国是而一人心"的急切盼望。6 月 17 日，宋伯鲁上《请讲明国是正定方针折》认为，"变法先后有序，乞速奋乾断，以救艰危"。宋伯鲁、徐致靖都是帝党，杨深秀也是资产阶级维新派联络的"台谏"，他们都在这个时候次第上书，折稿还经由维新派代拟，可见"请定国是"是帝党和维新派之间经过策划而形成的共识。

6 月 11 日，光绪皇帝决定变法。五天后的 6 月 16 日，光绪皇帝召见康有为。在两个小时破例的长谈中，康有为面陈中国的危境，指出在这个兴亡存废的关头，非尽变旧法无以自强。他特别强调，变法首先需要从改革制度、法律入手，如果只变一个个具体的"事"，仍然不能达到目的。光绪皇帝对其所陈大为赞赏。不久，陆续授予维新派人物官职，康有为被授总理衙门章京上行走（办文稿），并被授予

事　件	时间

时间	事 件

专事专奏的权力；梁启超被赐六品衔，并委任办理文化典籍译制与教育事务；谭嗣同、刘光第、杨锐、林旭授给四品卿衔，担任军机处章京，拥有了对各级官吏递上的奏折进行批阅的权力，并为皇帝颁布的诏书拟稿。这项重要工作，在很大程度上代表着光绪皇帝的决策意志。在这批新晋人物日夜孜孜不倦地操劳下，全国各地有关新政的建议顺风而起，飞入紫禁城，再经过光绪皇帝，成为一道道新政诏令发布出来。维新变法总共持续了103天，而发布的新政诏书、谕令前后共计一百一十多道，平均下来每天都有新政发布，可见光绪皇帝与维新派对于维新变法之急切。

戊戌新政的主要内容有：设立制度局，改革旧机构，撤去闲散、重叠的衙门，裁减不必要的官员；支持并促进工商业发展，设办理商、铁事务专门机构，各省也应设立专办商务的行政机构，设立商学、商报、商会各类组织；改革财政，编制预算、决算，收支情况按月公布；允许旗人自谋生计。

改变原有的八股文为考试主要形式与内容，以试策论取而代之；改革各级教育制度，派遣留学生出洋留学；设立译书局，翻译外国书籍，奖励新著作和发明，奖励创办报刊，准许自由组织学会；设厂制造军火，精练海陆军，裁汰旧军，改用西法操练。

百日维新是由清朝政府自身推行的自

上而下的政治改革，虽然仅存在 103 天，然而它在除旧布新方面却做了大量的工作。这些改革涉及到政治、经济、军事、文教等各方面。可悲的是，9 月 21 日慈禧太后发动政变，废除了光绪在"百日维新"期间所颁布的多数上谕，一些革新机构除京师大学堂外，也被全部废止。

围绕着要不要变法的新旧斗争

在戊戌时期，围绕着变法维新问题，维新派与顽固守旧派之间始终有着激烈的斗争。新政落于实处需要各地方的积极贯彻，但自维新思潮兴起后，关于要不要变法的论战始终在进行。地方督、抚中对维新变法感兴趣者少之又少，湖南地区文化知识界对维新变法反应激烈，在湖南岳麓书院的王先谦及守旧派学者叶德辉等人前后推出了《湘绅公呈》和《湘省学约》，对维新派人士大肆攻击。伴随着维新变法走向高潮，封建顽固势力展现出了巨大的惧恨。他们大肆攻击康有为等维新派人士，不顾世界政治、经济、文化之大势所趋而抨击其为歪理邪说，攻击维新派是造成困境并在以后将会酿成大祸的奸党，认为相比于西方列强，维新派更加用心险恶，要求严惩康有为，扑灭维新派。在思想上双方主要围绕着如下几个问题而展开。

要不要变"祖宗之法"。顽固派认为，三纲五常、诗书礼教这些所谓"大道"，

事　件	时间
1 月 24 日，清政府宣布载漪九岁的儿子溥儁为皇子，成为光绪帝的继承人，史称"己亥建储"。后在各方反对声浪中废止。	1900 年（光绪二十六年）
5 月 20 日至 10 月 28 日，第二届奥运会在巴黎举行。	
6 月，敦煌莫高窟藏经洞被发现。	
6 月 29 日，诺贝尔基金会成立。	
7 月，俄国制造海兰泡惨案与江东六十四屯惨案，二者并称为庚子俄难。	
12 月，德国著名物理学家普朗克提出量子理论。	

时间	事　件

都是世上最完美的东西，中国只要守住这些"祖传"的大道，就足以对付一切复杂的变故；如果改变"祖宗之法"，非但政事无可依循，而且还会"祸乱"国家。徐桐是反对变法的代表者，他甚至把数学也斥为"洋鬼子的学问"，连路遇西式建筑物也要绕道走，叫嚣"宁可亡国，不可变法"。维新派根据事物"新陈代谢"的法则，认为"祖宗之法"必须随着时代的变迁而有所改变。他们援引中国古代关于"变"的哲学观点和西方资产阶级的进化论，批驳顽固派。列举当时变化着的各种事物和各种自然现象，论证天地间的万事万物没有不变的，"变"才是"天道"，"变"才是"天下之公理"。世界各国历史都证明了，只有"变"才能强盛，不"变"只能衰亡。

要不要废"八股"、倡西学、改革教育制度。顽固派反对西学，坚持八股取士制度，因此维新派在宣传变法的过程中，对科举制度进行了尖锐批判，他们指责八股取士是导致中国贫弱落后、不文明的一大根源。严复更指出八股文有"锢慧"、"坏心术"、"滋游手"三大害，而且认为其中的任何一害都足以亡国。维新派敏锐地意识到变法的关键是"变人"，而教育则是"变人"的关键。上自官僚下至民众，他们的思想知识、他们具备怎样的理念，决定了维新变法将往何处去，决定了中国命运将往何处去。

既然是政治变革，那么政治权力的划分与归属，则是双方论战的核心问题。维新派变法主张的一个基本内容，就是废专制，行立宪，用议会制度引入民权限制君权，形成民主制度，使他们得以参与政权。这是使国家走上富强的根本途径，因此他们曾提出过开议院的主张，也有人提出过兴民权的意见。这样就必然要否定君权，否定"君权神授"的说教，顽固势力所不能容忍的也以这一点为甚。顽固派认为，封建君主专制制度，是最完善、最美好的政治制度，万万不可更改。他们诅咒提倡平等、民权是"禽兽之行"，诬蔑民权之说"无一益而有百害"，胡说主张民权就会引起天下大乱。

袁世凯和维新派的微妙关系与变法失败

袁世凯，晚清、民国时期的政治风云人物。因朝鲜壬午兵变与甲申政变时在朝鲜发挥作用而崭露头角，在甲午战争过程中对清军表现有所感悟，遂萌生编练新军的想法。甲午战后，各阶层奋起救亡图存，袁世凯亦是其中一员，提出诸多改革措施和方案，涉及军事、教育、经济、外交等方面，其编练新军的主张逐渐得到当政者重视。因为他在这段时间持赞同改革的立场，其主张虽以练兵为主但涉及领域广泛，因而袁也曾加入强学会，并与康有为和梁启超有一定交情，被维新派大体视

事　件	时间
8 月，哈尔滨松花江大桥完工。	1901 年（光绪二十七年）
9 月，西奥多·罗斯福就任美国总统。	
10 月，山东大学堂成立，是为山东大学前身。	
12 月，意大利发明家马可尼第一次收到跨大西洋的无线电讯号。	

时间	事件

作同道之人。实际上，此时的袁世凯已经得到慈禧亲信荣禄的赏识。

维新变法开始后，住在颐和园的慈禧太后就着手部署，极力控制局势。1898 年 6 月 15 日即维新运动开启后的第 4 天，慈禧即对光绪展开反击，迫使光绪免去翁同龢的职务，以孤立光绪。同时限制了光绪任用新人的权力，并使军权牢牢掌握在自己的亲信荣禄等人的手中。从 6 月 16 日到 24 日，慈禧又迫令光绪任命崇礼为步军统领，怀塔布掌管圆明园八旗、包衣三旗及鸟枪营，刚毅掌管键锐营，从而使顽固派完全控制了京城防卫。此后慈禧静观事态发展，伺机而动。到 8 月，变法触及到官制改革，直接危及到一部分当权者的现实利益，新、旧党争迅速加剧。特别是 9 月初由礼部主事王照引起的"礼部六堂官事件"之后，由于光绪一怒之下将礼部尚书和侍郎共 6 人全部罢免，使顽固派震恐异常，人人自危，此后新、旧党争便表面化。内务府总管大臣立山率领内务府官员数十人以及太监李莲英等，环跪在慈禧太后面前，痛哭流涕，请求太后废掉光绪，重新训政，太后笑而不答。

8 月 24 日，光绪谕知将在 10 月（阴历九月）间与太后一起到天津阅兵。此后风传在天津阅兵时将废掉光绪，维新派不辨真伪，非常紧张，几经筹商，决定建议光绪皇帝亲自掌握军权，以防不测。9 月初，康有为上密折，认为有兵权的袁世凯是武力保驾最合适人选，他一面请徐致靖奏保袁世凯，一面亲自上密折，"请抚袁以备不测"。光绪心领神会，于 9 月 12 日传谕袁世凯觐见并于 16 日召见。此举引起后党惊惧，荣禄立即调动军队，以防他变。他制造谣言，说英国和俄国将在中国海开战，所以调聂士成军驻天津、董福祥军进北京，命令袁世凯迅速回防，京津一带气氛顿时紧张起来。18 日，林旭交给康有为两道光绪帝从颐和园发出的密诏，一道是 15 日交给杨锐带出的，一道是 17 日交给林旭带出的。前一道是写给杨锐、刘光第、谭嗣同、林旭的，内容是说他已感到皇位要保不住了，要求杨锐等迅速筹商一个既可以使旧法"渐变"，又不违背太后"圣意"的两全之策。后一道是写给康有为的，内容是叫康有为迅速到上海去督办《时务报》，暂避风头。康有为接到密诏后，忙找谭嗣同、梁启超、康广仁等商议，一时束手无策，最后决定铤而走险，由谭嗣同游说袁世凯，要他举兵勤王。当晚，谭嗣同秘密到京郊法华寺去见袁世凯，要他亲自率领敢死将士数百名，拥光绪皇帝登上午门，杀荣禄，除旧党。袁世凯慷慨表示誓死效忠皇上，但又表示立即举兵勤王有困难，建议到天津时再做定夺。谭嗣同无奈，只好同意等到天津阅兵时再做计议。20 日，袁世凯向皇帝辞行，然后乘火车回天津，并立刻向荣禄告密，荣禄大惊，急商对策。傍晚，御史杨崇伊

事　件	时间

时间	事件
1902年（光绪二十八年）	*2月，梁启超在日本创办《新民丛报》，继续宣扬维新*

从北京赶来，报告太后已于当日宣布垂帘训政了。原来，18日那天，杨崇伊写了一道请太后"即日训政"的密折，请庆亲王奕劻呈给慈禧太后。密折攻击光绪帝和康有为、梁启超的变法是向太后夺权，自然不为太后所容。慈禧太后并不很担心维新派上书言事，却害怕他们掌握武装，更怕他们与外国势力勾结起来。而光绪皇帝将于20日会见伊藤博文，袁世凯也将于同日陛辞出京。慈禧对此不能不严加防范，于是决定乘时政变。在接到密折的第二天即9月19日，慈禧带领随从，匆忙从颐和园赶回皇宫，严密控制光绪。20日，光绪帝会见伊藤博文和召见袁世凯时，已在太后的监视之下。21日，光绪皇帝已经失去人身自由，慈禧以光绪的名义发诏，表示请太后监督朝政。之后，慈禧又下令捉拿康有为和他的弟弟康广仁。24日，清廷谕令捕拿谭嗣同、林旭等。28日，处决谭嗣同、林旭、刘光第、杨深秀、康广仁、杨锐。一场轰轰烈烈的变法运动就这样失败了。

此后，大部分新政被推翻，被裁撤的衙门又恢复了，八股取士也恢复了。但也保留了一部分新政，如京师大学堂继续筹办，其他领域新政措施也有一定程度的保留。

"戊戌六君子"之死

"戊戌六君子"是指因参与"戊戌变法"而被清廷处死的谭嗣同、林旭、刘光第、杨深秀、康广仁、杨锐等 6 人。

康有为、梁启超都是维新派的代表人物，是清王朝捉拿的首犯，但二人都成功逃脱。戊戌变法未过百天，光绪就已经感到了危险，但他改革的理想没有破灭，而保留火种的唯一办法就是尽快让康有为逃出北京，逃往上海，这个时间是 1898 年的 9 月 18 日晚间。从北京去上海，在当时只能先坐火车去天津，然后在塘沽乘坐轮船到上海。当康有为在塘沽码头登上英国轮船"重庆号"的时候，慈禧突然发动政变，3000 精兵严密布控京城，九门提督关闭各城门，全程搜捕维新党，缉拿首犯康有为。荣禄向沿线烟台道、上海道发出"截搜重庆号，密拿康有为"的密电。上海道台蔡钧接到密电后，不敢怠慢，立即致电英国驻上海代理总领事白利南，要求英船"重庆号"配合缉拿康有为，但白利南直接派出快艇将康有为接走，最终在英国人的保护下康有为出逃日本。

梁启超也成功出逃。9 月 21 日（政变的当天），慈禧对维新党已经下达抓捕令。梁启超先是到日本驻京公使馆，向日本驻华代理公使林权助求助。傍晚，梁启超再次闯进日本公使馆，在中国访问的日本前首相伊藤博文决定将梁启超送到日本。25日下午 3 点，他让梁启超剪掉了辫子，与正好在京城办事的日本驻天津领事郑永昌打扮成猎手，坐火车赴天津。到天津后，梁启超等人乘坐的小船被天津警部巡逻士

事　件	时间
思想。	
4 月，蔡元培等创立中国教育会，宣传开发民众智识，推进国家观念。	
5 月，山西大学堂成立，是今天山西省诸多高校的前身。	
5 月，古巴独立。	
8 月，清政府颁布《钦定学堂章程》，促进了新式教育的发展，也为之后学制改革奠定了基础。	
本年，著名军事家罗荣桓、著名生物学家童第周、著名物理学家周培源、著名数学家苏步青、著名文学家沈从文出生。	

时间	事件

兵发现，但恰巧碰上日本军舰"大岛号"出手营救，最终梁启超在日本人的保护下，东逃日本。

谭嗣同本来也有机会出逃，但他情愿为变法就死，表示："各国变法无不从流血而成，今中国未闻有因变法而流血者，此国之所以不昌也，有之，请自嗣同始！"决意以自己的鲜血警醒、启蒙、激励国人，直到 24 日，清兵才在湘粤会馆将其捕去。谭嗣同是顽固派亟欲除之而后快的"首恶"，其思想最为激进，他要改革，要变法，"保中国而不保大清"。之前在湖南积极推行新政，后直接参与维新变法，毅然决然地进入各派权力与国家命运前途斗争的巨大漩涡，力求在拯救民族危亡上贡献出自己的全部力量。即便当维新运动遭遇重创之时，也绝无悔意，一心为天下之大利奔走。他对于已经失去人身自由的光绪皇帝挂念至深，在宣武门外菜市口刑场，谭嗣同临刑前奋力高呼："有心杀贼，无力回天；死得其所，快哉快哉！"刽子手用钝刀砍谭嗣同三十余刀，方才气绝。

相继被捕的还有康广仁、林旭、刘光第、杨深秀、杨锐，六人在北京菜市口被处决，称为"戊戌六君子"。9 月 29 日（十四日）诏书历数康有为、梁启超等滔天罪过，其中"谋围颐和园，劫制皇太后"是最主要罪状。

康广仁是康有为胞弟。六人中，康广仁排第一，其实不难解释。在慈禧看来，戊戌变法的罪魁祸首无疑是康有为，康有为跑掉了，只好拿其弟康广仁顶罪，何况康广仁也是戊戌变法的参与者。康广仁曾经在澳门办过《知新报》，写过一些鼓吹变更科举的文章，不过态度较为温和。

杨深秀作为一名监察官，深知自己肩上的职责，面对顽固保守冥顽不灵的势力从不退缩，对他们进行大力弹劾。被捕后仍不屈服，诠释了维新变法仁人志士至死不渝的决心。

刘光第，被押赴刑场后始终不肯下跪，昂首挺胸，慨然赴死。

杨锐，四川绵竹人。1889 年，任内阁中书。后入两广总督张之洞幕，受张敬重。1895 年，参与发起强学会。1898 年 3 月，创办蜀学会，开设蜀学堂，兼习中西学业。4 月，列名保国会。7 月，由湖南巡抚陈宝箴疏荐受光绪帝召见，加四品卿衔军机章京，与谭嗣同等参预新政。杨锐被捕入狱后，张之洞曾谋划营救，但营救不及时即被害。

林旭，福建侯官人。维新思潮起，拜康有为门下。康有为在京组织保国会，他为该会"始倡董事，提倡最力"。被授予四品卿衔，在军机章京上行走，参预新政事宜。许多变法上谕由他具体条陈书写。被杀害时，年二十三岁。

义和团运动的兴起

义和团，也称义和拳，这一运动是

事　件	时间
5 月，邹容在《苏报》发	1903 年（光

时间	事　件
绪二十九年）	表宣传民主革命的小册子《革命军》，提出建立"中华共和国"的口号，并反对帝国主义干涉中国，产生巨大影响。 5 月，章太炎发表《驳康有为论革命书》，与维新派的保皇立宪立场针锋相对。 6 月，上海租界的工部局抓捕邹容、章太炎，是为"《苏报》案"。 6 月，美国福特汽车公司成立。 7 月，中东铁路通车。 12 月，莱特兄弟完成首次飞机飞行试验。 本年，日本著名文学家小林多喜二出生。

中国历史上一次大规模的、自发的农民反洋教排外运动，19 世纪末期发轫于直隶、山东两省交界地区。到 1900 年春天时，直隶的义和团运动迅速高涨，在芦保铁路、京汉官道和大运河沿岸地区发展极为迅速。这不仅因为在这些地区教堂比较稠密，还因为修筑铁路以后，造成许多农民破产，许多车夫、船夫、贩夫失业。这些衣食无着的人们，痛恨一切带"洋"字的人和物。1900 年 4 月中旬到 5 月中旬，义和团运动在直隶中部如火如荼，接连攻打清苑县姜家庄教堂，攻杀涞水县高洛村教民，攻击定兴县仓巨村教堂。直隶总督裕禄接到涞水县令祝芾的奏报后，立即派道员张莲芬和练军分统杨福同率军驰往镇压。义和团在石亭镇设伏，大败清军，击毙杨福同等七十多人。然后，乘胜夺占涿州。涿州迅速成为直隶义和团的一个重要据点，为义和团大规模进入北京创造了条件。

北京早在 1899 年，就有义和拳活动。1900 年春天，随着邻近州、县义和团流入北京，北京也到处出现义和团组织——坛口，练拳的"几至遍地皆是"，不仅有青年参加，也有"肩担负贩者流"，甚至王公府第中的仆役侍从、兵营中的官兵也有参加的。1900 年夏天，曹福田、张德成先后率领义和团进入天津，天津的义和团运动遂走向高潮。当义和团进入京、津，并把运动推向高潮时，引起列强的恐慌，他们决定进行武装干涉。于是义和团的打击目标就不只限于攻打教堂、打杀传教士、教民，而是直接打击帝国主义武装侵略者，由此揭开义和团运动最悲壮的一页。

义和团的"灭洋"，不仅仅打击教会势力，还包括一切带"洋"字的东西，也包括先进的东西，如铁路、电线、西药等。要消灭一切带"洋"字的东西，这就造成了更大范围的滥杀滥烧，针对洋人、教民的暴力活动也开始殃及普通民众。义和团放火烧毁教堂和教民的房屋时，有时由于"法术失效"会殃及周围无数房屋，祸及四邻，伤亡极多，损失极大。

成千上万人参加到义和团运动中，虽然打着"灭洋"的旗号，但也还有"扶清"的提倡，在义和团民的心目中，这个"清"既是祖国，也是清政府，他们在保卫祖国的同时，也要保卫清政府和封建制度。在他们所发布的一些揭帖中，明显表达了驱逐杀灭洋人、大清天下得太平的愿望。由于义和团有以上的严重缺陷，所以它得到了封建统治阶级中最保守、最顽固分子的同情、支持，并被怂恿和利用。同情和支持义和团的，在清中央政府中主要有载漪、刚毅、徐桐、崇绮、启秀等，在地方主要有三任山东巡抚李秉衡、张汝梅、毓贤和直隶总督裕禄、直隶布政使廷雍等，这是一批最顽固的亲贵、重臣。徐桐，汉军正蓝旗人。官至大学士，是个理

事　件	时间

时　间	事　件

学家，人称徐老道，他"恶新学如仇"。刚毅，满洲镶蓝旗人。官至协办大学士。载漪，袭封端王，其子溥儁在"己亥立储"时被立为大阿哥。他和徐桐、刚毅、崇绮、启秀等都积极参与了废光绪、另立溥儁为皇帝的废立活动，但因遭到外国人的反对，未能得逞，所以他们更加痛恨外国人。他们同情和支持义和团，正是同情和支持它落后的东西，并使之恶性发展，从打杀教士到围攻使馆，从打杀"二毛子"到杀害开明官绅，从焚烧教堂到排斥一切现代文明，把这场本来就有缺点的反帝爱国运动引向了邪路。

中国民间秘密结社，通常都有迷信色彩，其中习武的也常有练所谓刀枪不入、金钟罩铁布衫的，特别是神拳一系，这个特点就更为突出了，义和团则将它发展到极致。在义和团运动高潮时期，北方各省尤其在京、津地区，与义和团运动一起发展起来的宗教迷信，已弥漫整个社会，成为社会生活的重要内容，不由人不相信，也不敢不相信。男人练的义和拳，妇女组织有红灯照、蓝灯照、黑灯照等，也都有"上神"仪式。无论他们所练的哪一种功夫，都宣传能制住敌人的枪炮，刀枪不入。

但是大清王朝的各级官员，特别是负有全局责任的高层统治者，他们也相信和依靠这些迷信的法术，甚至以之作为决策的根据，则极为荒唐，结果只能是祸国殃民。从 5 月 27 日数万义和团民进入涿州后，接连发生义和团拆毁涿州至琉璃河铁路、烧毁丰台火车站、袭击黄村火车站等事件。有鉴于此，清廷派人前往涿州"宣布晓谕"，解散义和团。但第二天，在五大臣会议上，由于载漪、刚毅、启秀等的坚持，又要招抚。但慈禧太后还觉得把握不准，又加派刚毅去涿州察看义和团情况，再做最后决定。赵舒翘、何乃莹、刚毅去涿州察看义和团后，回京复命，在刚毅的影响下，都说义和团"可恃"，使慈禧太后终于下决心招抚义和团。6 月 17 日，清廷决定向列强宣战。清廷明令招抚义和团，义和团得以迅猛发展，同时也成为慈禧等顽固派手中可悲的工具。

八国联军侵华与清政府宣战

义和团运动的兴起引起列强的恐慌，对清政府在镇压义和团问题上的暧昧态度极为不满。1900 年 4 月，英、美、德、法四国公使联合照会总理衙门，限令清政府在两个月内将义和团一律剿除，否则他们将派海陆军进入山东、直隶，"代为剿平"。5 月，驻华外交使团发出通牒，要求清政府严厉镇压义和团，撤换对义和团镇压不力的地方官员。28 日至 30 日，外交使团几经磋商，决定调"卫队"到北京来"保护使馆"。为此，驻华公使代表在 30 日向总理衙门提出交涉，要求清政府为"卫队"进京提供方便，并且威胁说

事　件	时间
2 月，日俄战争爆发，东北成为日俄战争战场。	1904 年（光绪三十年）
2 月，民主革命组织华兴会成立，黄兴任会长。	
7 月，科学补习所成立，以"革命排满"为宗旨，借科学研究之名在学校和新军中发展力量。	
11 月，资产阶级革命团体光复会成立，蔡元培任会长。	
本年，新中国党和国家领导人邓小平出生。	

时　间	事　件

如果不迅速按照他们的要求办理，将产生严重后果。在列强的威逼下，清政府于次日答复，同意"卫队"进京，但限定每个使馆只能派卫队二三十人。于是，俄、英、美、日、德、法、意等国侵略军 400 多人，于 5 月 30 日和 6 月 2 日分别乘清政府提供的火车从天津开赴北京，同时各国军舰在大沽口外集结。列强增兵北京不只是为了保护使馆，而是要借机扩大侵略。1900 年 6 月 10 日，英、俄、法、德、日、美、意、奥八国组成侵华联军从天津向北京进发。俄国从旅顺派军队 2000 人赶往参加，但到达天津时，西摩尔联军已乘火车出发，他们就暂时留在租界内。西摩尔计划两天内进入北京，但沿途受到义和团和清军的阻击，进展极为缓慢。义和团拆毁了铁路，迫使侵略军只能边修路，边前进。18 日，董福祥的甘军从北京赶来，也参加了打击侵略军的战斗。董福祥在听到西摩尔联军向北京进发的消息后，立即控制北京火车站，然后分兵 3000 人向天津方向进发，迎击八国联军。战斗进行得很激烈，手执大刀、长矛、抬枪的义和团伤亡惨重，但表现非常勇敢。西摩尔被困在杨村，与天津失去联系，给养断绝，不得已，率军向天津逃窜。从 19 日到 26 日，经过 7 天，才逃回天津租界，共死伤 300 人，占联军的七分之一。当西摩尔联军被围困在廊坊时，聚集在大沽口外的各国海军司令正策划攻取大沽炮台，

控制津沽通道。6 月 15 日，300 名日军首先登陆。次日，各国海军司令联合向大沽炮台守将罗荣光发出最后通牒，罗荣光严词拒绝。17 日凌晨，联军向大沽炮台发起进攻，经过 6 小时激战，炮台失守，罗荣光退至天津，仰药自尽。进攻大沽炮台，标志着八国联军侵华战争正式开始。

面对列强的增兵和进攻，义和团和部分爱国清军进行英勇抗击，清政府也不得不就对外的和战问题作出决断。1900 年 6 月 16 日到 19 日，清廷讨论和战，主战派的意见占上风。21 日，对外宣战的谕旨发布。同时招抚义和团，妄图把义和团变为清政府的御用工具。

清廷在"宣战"前后，还进一步煽动盲目排外和仇杀，尤其是端王载漪、刚毅顽固派集团惟恐天下不乱。正是在这帮顽固、愚蠢的野心分子们的煽动、挑唆下，把北京地区的爱国官兵和义和团的正义的反侵略斗争引入歧途，使问题更加复杂化。6 月 11 日，甘军在永定门外截杀日本使馆书记生杉山彬；20 日，虎神营军人恩海在东单牌楼击杀德国公使克林德，遂使局面更加严重、复杂起来。当天下午 4 时以后，西太后命荣禄指挥武卫军向东交民巷使馆发起总攻，由义和团配合行动。荣禄则阳奉阴违，以其亲军妥布使馆四周，而不许义和团攻打，甚至还乘间击杀义和团。他密嘱其部将："不可力攻"，以"作将来转圜地步"。表面上炮声隆隆，实则

事　件	时间

时间	事件

虚张声势，或者只放空炮而无实弹。在荣禄这种"明攻暗保"的策略保护下，被围长达 56 天的英、俄等五国使馆，终被保留了下来。

起初，西太后支持攻打使馆，同样是出自报复之心（外人干涉其废立）。但围攻不及 10 天，便饬令清驻外使臣向各国解释说："现仍严饬带兵官照前保护使馆，惟力是视"，而实际上却不肯撤围。他们"围而不攻"的目的，是以此作为向帝国主义列强谋求妥协的讨价还价的筹码。在围攻使馆的前五天（6 月 15 日），端、刚集团已鼓动义和团攻北京西什库天主堂（即北堂）。但围攻长达两个月之久，亦未攻破。围攻北堂是义和团主动发起的，是他们把长期烧教堂、杀教士、教民的活动推到了顶点。这和围攻使馆的情况是不同的，但是端、刚集团乘机利用，调兵配合，起了推波助澜的作用，从而大大助长了义和团盲目仇杀的情绪，扩大了事态，恶化了局面，把义和团反帝斗争的方向偏向了仇洋仇教、毁灭一切西洋事物的方向。

8 月 4 日，八国联军二万余人，以俄军与法军为右路，以日军、英军和美军为左路，从天津沿运河两岸向北京进犯。惊慌失措的慈禧太后加紧向侵略者求和，于 8 月 7 日正式任命李鸿章为议和全权代表，并禁止京郊义和团继续进城，又把京城内外一部分义和团调往前线，让团民和侵略军互相攻杀。然而，京东前线的部分清军出于爱国义愤，仍与义和团合力阻截八国联军。联军于 13 日进抵北京城下。8 月 14 日，北京失陷。慈禧太后带着光绪皇帝和她的亲信臣仆，于当天早晨仓皇出逃离京。

主张"和洋"的五大臣被杀

　　1900 年庚子被祸五大臣，为徐用仪、许景澄、袁昶、联元、立山等人，又称"庚子五忠"，后在《辛丑条约》中平反。甲午战后，内忧外患，中国的民族危机空前严重，朝廷中以载漪、刚毅为代表的顽固派，在仇洋情绪的刺激下，决定"以拳御洋"，义和团在朝廷剿抚不定政策的空隙中迅猛发展。新进总署的徐用仪、许景澄、袁昶、联元、立山等势单力薄，且资历不深，与满族官僚的对外态度上有很大的差异，与列强的交涉如履薄冰。

　　随着义和团向北京发展，清廷中关于剿、抚之争越来越激烈。西方驻华公使对清政府的剿、抚不定政策十分不满，向清政府蛮横地提出由各国增派使馆卫队并派兵"代剿"的主张，于是剿、抚之争演变为和、战之争。

　　6 月 16 日至 19 日的 4 天里，清廷连续召开有王大臣多人参加的御前会议。在会上，五大臣慷慨陈词，反对"以拳御洋"。在以后的几天会议中，顽固派决定利用义和团对洋人开战，21 日发表"宣战上谕"。五大臣与东南督、抚主张"剿拳

事　件	时间
5 月，詹天佑开始对京张铁路的建设进行勘察测量。	1905 年（光绪三十一年）
8 月，中国同盟会成立，纲领为"驱除鞑虏，恢复中华，创立民国，平均地权"，机关刊物为《民报》。	
9 月，日、俄在美国签订《朴茨茅斯条约》，日俄战争结束。	
11 月，孙中山在《民报发刊词》中正式提出"民族、民权、民生"的三民主义，成为中国民主革命的重要纲领，产生了巨大影响。	
12 月，清政府派户部侍郎戴鸿慈、兵部侍郎徐世昌、湖南巡抚端方、商部右丞绍英、镇国公载泽等五位大臣前往欧、美和日本考察政治，探讨中西政体优劣。	
12 月，中国首部电影、由京剧艺术家谭鑫培主演的	

时间	事件
	《定军山》问世。 本年，爱因斯坦连续发表多篇论文，这些论文对物理学发展影响十分深远，在科学界被称作"奇迹年"。

和洋"，许景澄认为"攻杀使臣，中外皆无成案"，因忤逆慈禧太后等人，主和的许景澄与袁昶同时被处死。不久之后，徐用仪、联元和立山也遭到戕害，主张"和洋剿拳"的五人被杀。

许景澄有十余年外交事务经验，能够比较清醒地认识到当时清朝与列强之间的差距，也能认识到列强对中国的侵略既狼狈为奸又矛盾重重。正是他对国际形势和国际法的了解，使他反对开战，强调"奸民不可纵，外衅不可启"。认为要严罚肇事的义和拳民，并与八国联军议和。主战派认为其是奸邪。7月28日，许景澄与袁昶先被杀害；8月11日，徐用仪与立山、联元一同于菜市口被处死。过了3天，联军就进入北京，而慈禧太后与光绪帝则向西逃离京城。

袁昶是光绪二年进士，有比较丰富的地方与中央机构工作经验，对时务也颇有个人见地。在联军侵华前，就对于甲午之战与维新变法发表过比较开明的看法，认为当下的努力方向应当是管理好国内的政治事务并谨慎地对待与列强的外交事宜。同时他也是一名敢于进谏之人，正是由于他坚持"剿拳和洋"的立场，在庚子事变期间御前会议上大胆直谏，侃侃直陈，太后不悦而退后，7月28日（七月初二日），将其与许景澄同时被杀害。

徐用仪曾先后担任清廷的总理各国事务衙门大臣、吏部侍郎等官，并于光绪二

事　件	时间

十年（1894年）7月起担任军机大臣行走，正式进入军机大臣的行列之中。他京官生涯近40年，本是后党的重要成员，但也因清醒的认识而遭到杀害。甲午战前他便在举国上下一片盲目自信的氛围中，疾呼应当谨慎对敌。八国联军侵华前又旁引甲午战败之例，认为连后起之国日本尚不能敌，何况如此众多的老牌列强组成的联军？坚决主张不可轻易挑衅开战，与主战派意见相左，招致杀身之祸。8月11日，与联元、立山同时被杀。

联元，满洲镶红旗人，崔佳氏。也对义和团的真实情况与联军有着较为清醒的认识，在慈禧已经表明态度的情况下仍然坚持反对开战，故与徐用仪、立山等同时被杀。

立山（杨立山），字豫甫，土默特氏。本是太后的宠臣，但他没有因为党派势力而不顾清廷面对的真实状况，因而反对开战，后因未完成和谈使命而被革职下狱，听候发落。最终于8月11日，与徐用仪、联元同时被杀。

总之，五大臣都主张"经世致用"之学，对当时的清廷内政、义和团运动与列强环伺的国际环境有一定清醒认识，又提倡洋务，同情或主张变法，对列强侵略中国的行为有深刻的体会。因此，他们的主张比较接近。联军侵华后期，西太后逃往西安，转向求和，清政府最终被迫接受了丧权辱国的《辛丑条约》。条约的第二款

时间	事　件
1906 年（光绪三十二年）	1 月，李伯元（字宝嘉）著晚晴著名批判现实主义著作《官场现形记》。 4 月，京汉铁路通车。 8 月，出洋五大臣归国。 12 月，同盟会领导第一次武装起义——萍浏醴起义，以失败告终。 本年，清朝末代皇帝溥仪出生。
1907 年（光绪三十三年）	1 月，提倡女学、宣扬妇女解放的《中国女报》创刊，秋瑾为编辑。 7 月，《日俄密约》签订，双方从仇敌走向同盟，并进一步侵害了中国的利益。 本年，著名军事家粟裕出生。

即规定为被杀五大臣平反。

《辛丑条约》订立与"洋人的朝廷"

农历辛丑年，清政府与八国联军签订条约，是为《辛丑条约》。早在北京陷落以前，慈禧太后为了勾结帝国主义列强对付义和团，便任命李鸿章为议和全权大臣，从广东进京与列强谈判。8 月 24 日发布上谕，允准李鸿章便宜行事，会同庆亲王奕劻迅速办理"和局"。李鸿章和奕劻先后被任命为议和大臣，凭借他们多年与列强打交道的经验，提出欲想议和必须做到几件事情：其一，增派张之洞、刘坤一为议和大臣。其二，朝廷应下罪己诏，并在开议和之前通电各国，向列强政府"自行引过，赔礼道歉"。其三，朝廷要明降谕旨，认真剿办义和团。其四，"惩办支持义和团的王公大臣，以平列强公愤"。对于奕劻和李鸿章的这些要求，落荒的朝廷全部答应，也都一一照办了。慈禧太后为求得帝国主义列强对她的"宽恕"，9 月 7 日发布"剿匪"上谕，正式宣布"痛剿"义和团。9 月 25 日，又宣布惩处放任义和团的载漪、载勋、刚毅、赵舒翘等亲贵重臣，并加派亲英国和日本的刘坤一、张之洞参与谈判。12 月 24 日，11 个国家（除武装入侵的 8 国外，还有比利时、西班牙、荷兰）联合提出《议和大纲》十二条。逃亡在西安的慈禧太后，见"大纲"并未把自己当作"祸首"惩办，喜出望外，马上表示："所有十二条大纲，应即照允。"慈禧太后这一系列作为，就是向帝国主义列强表示"悔过"。西方列强终于决定，仍然让她继续维持这个"懦弱"的政府，最终奕劻和李鸿章代表清政府，与11国的代表在最后议定书上签字。

《辛丑条约》正约十二款，附件十九个。主要内容包括：（1）中国向各国赔偿白银4.5亿两，但本息折算后超过10亿两，因侵华发生在1900年为农历庚子年，因此又称"庚子赔款"。列强按照所谓"损失"多少分赃。沙俄得款最多，有1.3亿两。此外，《条约》规定清政府以"关余""盐余"和"常关税"作为担保，清政府对内和对外的财政税收机构，已成了替帝国主义列强收款的代办机关。（2）各国获得在北京以及北京到山海关铁路沿线的12个战略要冲驻兵之特权；从大沽到北京沿线的炮台一律削平，中国军队不得驻扎在天津近郊区域，禁止输入中国各色武器装备与原料两年以上。帝国主义侵略军由此完全控制了京、津地区。（3）北京东交民巷一带辟为"使馆区"，各国可在使馆区内驻兵并禁止中国人出入这一区域，使馆区成为事实上的"国中之国"。（4）清政府惩办"首祸诸臣"。（5）改总理衙门为"外务部"，"班列六部之前"，指定由皇族亲贵担任大臣。（6）德国公使克林德（K.A.Ketteler，1853—1900）、日本公使馆书记生杉山彬在义和团运动中被击

事　件	时间

时间	事　件

毙，《条约》规定为二者行相应祭奠之事，并派遣人员赴德、日"谢罪"。

《辛丑条约》的订立，使列强勒索到巨额赔款，加剧了中国人民的负担和社会的衰败。外国军队在中国京、津地区长期驻扎，使馆区则以武力为后盾，使列强随时可以向中国发号施令并进行各种利益勒索。同时，对于中国境内发生的一切反对列强的事件严加惩治，保证列强作为侵略者可以永远地凌驾于中国人民的头上。《辛丑条约》着眼于更加"稳固"的军事占领与对清政府的控制。两次鸦片战争及其相关不平等条约，标志着"不平等条约体系"基本确立；中法战争与中日甲午战争及其相关不平等条约，标志着"不平等条约体系"进一步确立；而《辛丑条约》的签订，则标志着"不平等条约体系"最终确立。这一切进一步强化了清王朝与列强的沆瀣一气，为了在中国攫取更多利益，列强极力维护清王朝的统治；为了延续自身的统治，清王朝将越来越多的权益给予列强，以期获得列强的"支持"。所以，以慈禧太后为首的清政府全盘接受了《辛丑条约》。她甚至宣称："今兹议约，不侵我主权，不割我土地，念列邦之见谅，疾愚暴之无知，事后追思，惭愤交集。"还保证今后要"量中华之物力，结与国之欢心"。这是愿意做帝国主义列强在中国的忠实奴才的表白，从此朝廷成了"洋人的朝廷"。

第六章　辛亥革命：以民主共和取代封建帝制

用民主共和取代封建帝制，建立中华民国，是辛亥革命取得的重要历史成果。本章主要叙述辛亥革命前后的历史进程，通过具体的历史事件，阐释这一阶段的历史走向。甲午战争后，内外交困的清王朝内部产生分裂，帝党及开明派，主张通过渐进的改革或改良，使清王朝能够不断地适应外部世界和内部不同势力的挑战。然而维新变法这种温和的改革进行时日不多即被否定，清王朝自身已无革新能力，因此要使中国社会进步，除了进行革命推翻清王朝外，别无他途。在革命派崛起的过程中，孙中山与兴中会最有代表性。在推翻清王朝封建专制统治的过程中，辛亥革命志士付出了巨大牺牲。中华民国的建立，开辟了中国社会进步的新纪元。

Supplément Littéraire Illustré du "Petit Parisien"

UNE MISSION CHINOISE A PARIS
UN CHINOIS A LA TRIBUNE DU CONSEIL MUNICIPAL

法国画报　1906 年 5 月 20 日刊中国使团
在巴黎，一名中国人站在市议会的主席台上

1907 年 12 月，孙中山、黄兴与镇南关起义领导者合影

武昌起义军政府旧址

Le Petit Journal
SUPPLEMENT ILLUSTRE
DIMANCHE 5 FEVRIER 1911

LA CHINE SE MODERNISE

法国画报 1911 年 2 月 5 日刊现代化的中国，
在上海，一些中国人当众剪掉长辫

清帝退位诏书

清帝退位号外（1912年2月13日《京师公报》上的"号外"头版)

1912 年 1 月 1 日上海各界人士欢送孙中山
赴南京就任中华民国临时大总统

清代晚期外国银行在中国发行的钞票

1912 年 1 月 28 日临时参议院成立，孙中山与参议员合影

英国驻宁波领事馆

孙中山主持中华民国临时政府第一次内阁会议

孙中山与兴中会

20世纪初期，中国的民主主义革命步入了新阶段。其时代的闪光离不开民主革命的伟大先行者孙中山先生。1866年，孙中山出生于广东省香山县翠亨村，亲身体验过农民的苦难境遇。广东富有反对资本主义列强侵略、对抗清朝封建压迫的历史传统，对孙中山产生较大影响，他曾以"洪秀全第二"自居，表现出崇拜英雄豪杰的革命气质。从1879至1883年，在檀香山从事农垦业的长兄资助他进入英国教会学校读书，孙中山开始接受到资本主义文化教育。1883年起，他先就读于香港书院，1892年又以优异成绩毕业于香港西医书院，受到学校领导和教师的赞赏，成为一名新型的知识分子。

系统的资本主义文化教育和日益严峻的民族危机形势，使孙中山产生了强烈的救国热望、无私无畏的革命抱负。中法战争失败后，他主动结交进步青年，共同议论时局，探索救国之道，抒发报国之志。然而，一个人思想的成熟并不是直线发展的，当时的知识界维新思潮占上风，孙中山也想在和平改革之路上一试身手，遂于1894年带着他的《上李鸿章书》经上海北上天津，希望通过李鸿章的影响力实现改革愿望。《上李鸿章书》中主张全国的资源都能得到合理利用，货物能够畅通，借以实现强国富民理想。但是，李鸿章没有

事　件	时间
5月，朝鲜国内东学党起义爆发。	1894年（光绪二十年）
7月，日本和英国签订了《日英通商航海条约》，取消了英国在日本的领事裁判权，提高了英国商货进口的关税，反映出英国对日本侵略中国的支持。	
7月，日本海军在丰岛海域突袭清朝军队，挑起侵华战争，中日甲午战争正式爆发。	
9月，日军进攻平壤，清军奋起抵抗，清军将领左宝贵牺牲，统帅叶志超弃城溃逃，日军随后占领平壤。	
9月，中、日海军在黄海展开主力决战。由于清政府实行"保船制敌"的方针，造成北洋舰队被动挨打的局面，将海战主动权让给了日本。	
10月，孙中山持郑观应为他申请的护照抵达檀香山。	
11月，日军进攻辽东半岛，由于清军抵抗不力，接连溃败，日军占领大连和旅顺，并在旅顺展开疯狂的	

时间	事件
	屠杀。 11月，孙中山在檀香山联合当地20多名华侨，举行兴中会成立大会，建立了中国近代第一个资产阶级革命团体兴中会，开始走上武装推翻清朝统治的革命道路。

接见他，他的建议也未被采纳。当时中日甲午战争在即，北上投书旅途满目苍凉，孙中山的思想受到很大冲击，彻底看清楚"满清政府积弊重重，无可救药"，于是放弃改革方案，决心走暴力革命之路，用武装斗争推翻清王朝的统治。

1894年10月，孙中山到达檀香山，联合当地二十多个华侨，于11月24日成立了兴中会，中国第一个资产阶级革命团体正式建立。会员必须都得填写入会盟书，盟书的内容是：联盟人某省某县人某某，决心推翻满清政府的统治，为创立合众政府而奋斗。

兴中会有以下特点：盟书不仅提出了反清，即推翻清朝的统治，还主张建立合众政府。这个"合众政府"有明确的政治内涵，它是孙中山长期生活在海外，接受西式教育，耳濡目染西方资产阶级民主共和模式而形成的崭新政治理念。孙中山将推翻清王朝与建立民主共和国密切联系在一起，形成了近代相对较为完整的民主革命纲领。组织的成员包括5名工人，1名农业家，1名银行家，3名公务员，1名报界人士，13名商界人士。很显然，这个团体中，中小资产阶级占据多数。除孙中山外，其他成员均为华侨。它的《章程》具有鲜明的民主精神，规定："凡会内所议各事，当照舍少从多之例而行，以昭公允。"根据这个原则，兴中会内部的领导干部实行"公举"；经费使用，"由会友集议妥允，然后支给"；对《章程》的内容不断加以修正完善。秘密誓词中明白宣示，以"驱除鞑虏，恢复中国，创立合众政府"为革命目标。这是中国历史上最早的资产阶级革命团体，标志着带有民主共和意义的革命斗争从此开始。兴中会成立后，孙中山发展会员百余人，募集到1300美元捐资，于1895年春回到香港，与志同道合的好友陈少白、陆皓东等联合辅仁文社的杨衢云、谢缵泰等志士成立兴中会总部，修改了会章和誓词，发表宣言，进一步深刻揭露清朝政府吏治败坏、民不聊生的境况，扩大了队伍。会员中以新型知识分子、绿林会党成员为主，决定立即着手筹备武装起义，立志推翻清政府，建立资产阶级国家。

兴中会成立后，先后于1895年、1900年谋划与发动两次武装起义，虽均遭镇压而失败，但影响很大。两次起义不同于以往农民的反清斗争，抛弃了反清复明的狭隘民族观念，具有正确的斗争目标，即坚持武装斗争的思想，以暴力革命形式推翻封建统治。特别是1900年惠州起义后，孙中山"鲜闻一般人之恶声相加"，有识之士多为之扼腕叹惜，恨其事之不成。资产阶级革命正逐渐得到广泛的理解和支持，全国革命形势日趋高涨。

陆皓东：为共和革命牺牲的第一人

陆皓东于1868年出生于广东省香山

事　件	时间
1月，日军进攻北洋海军基	1895年（光

时间	事件
绪二十一年）	地威海卫军港，清军战败，主帅丁汝昌自杀，北洋水师全军覆没。 2月，孙中山返回香港，与当地的辅仁文社合作，成立了兴中会总部，并在入会秘密誓词中提出"驱除鞑虏，恢复中华，创立合众政府"的革命纲领。 3月，李鸿章抵达日本马关与日本首相伊藤博文展开谈判，最终签订了《马关条约》。该条约是自《南京条约》以来最严重的丧权辱国的条约，日本通过该条约获得了巨大的侵略权益。 4月，俄、法、德三国为了各自的侵略利益，联合起来，要求日本将辽东半岛退还给中国，促成了三国干涉还辽的行动。 5月，康有为联合在京参加会试的1300多名举人，发动了"公车上书"运动，上书朝廷，提出变法的主张。 6月，日军进攻台湾，台湾人民纷纷组织义军，以徐骧为首领，抗击日军侵略。

县翠亨村。在十一岁时，他的父亲陆晓帆病逝于上海。1878年，陆皓东回到了家乡翠亨村，在此定居下来。不久，他去村塾冯氏宗祠念书，与孙中山成为同窗。他们志同道合，有着共同的志趣，成为了终生的好友。陆皓东经常向村子里的小孩讲述在上海等大城市的见闻，激发起孙中山对外部世界的热烈向往。孙中山与他经常在村子里进行讲演宣传、修筑道路、组织青年联防等相关乡村建设试验活动。不久，孙中山去香港继续求学，而陆皓东则去往上海电报局学习英文和电报知识。后来他与孙中山筹划广州起义，由于消息泄露，不幸被捕，不久英勇就义，年仅二十八岁。孙中山称颂他是为共和革命而牺牲的第一人。

陆皓东为民主革命事业作出了巨大的贡献：积极参与孙中山创办的香港兴中会总部。1893年，孙中山、陆皓东、陈少白等人经常在广雅书局评论时事。1895年1月，孙中山到达香港，与陆皓东等一起组建了香港兴中会总部。3月，他们又到广州建立了兴中会分会，准备发动广州起义。

倾其家产支持革命。陆皓东的父亲陆晓帆，在上海从事商业活动，积累了一定的资产。他把父亲的资产全部捐献给革命事业，充作革命活动的经费。他以做生意为借口将自己的田产变卖，同时捐献家人的金银首饰，以此用作广州起义的经费。

陆皓东常驻在广州负责筹划起义的联络点，负责联系各方起义的同志。

为革命党设计了青天白日旗。陆皓东还是中国第一面民主共和国国旗的创制者。1893年秋，陆皓东设计了青天白日旗，以此作为革命党人的旗帜。1895年3月16日，孙中山等兴中会会员在密谋广州起事时，陆皓东正式提议用青天白日旗代替清朝之黄龙旗。参与这次起事的兴中会会员谢缵泰，也记述"我们采用青天白日旗作为标帜"。

青天白日旗作为兴中会的革命旗帜，有其特殊的象征意义。晚清政府在革命党的话语里，是专制、腐朽、黑暗的政府，革命党也常借西人讥笑黄龙旗为"病蛇旗"来贬低清国之"国旗"黄龙旗。而"青天白日"则有光明远大、清新希望等正面意象。革命旗帜象征意义的进一步建构，是在中国同盟会成立后，需要确定统一的革命旗帜时进行的。同盟会成立以后，曾开会谈论未来的旗帜，孙中山提议继续使用青天白日旗，"谓乃陆皓东所发明"，以此纪念兴中会的革命先烈以及惠州起义牺牲的将士。后来在青天白日旗的基础上制定了蓝、白、红三色的国旗。红色象征着鲜血，含义是为了国家的独立自由而流血牺牲；蓝色象征着天空，表示平等；白色象征"人心皎洁而互爱"，表示圣洁，象征博爱。此旗因为是青天白日旗的发展，所以仍被习惯地称为"青天白日

事　件	时间
刘永福也率军坚守台湾，抵挡日军进攻。	
8月，恩格斯逝世，国际共产主义运动失去了一位卓越的领导人。	
10月，日军占领台南，义军首领徐骧牺牲，刘永福退守大陆，台湾陷落。	
10月，兴中会组织在广州发动武装斗争，由于计划泄露，起义失败，陆皓东等人牺牲，孙中山流亡海外。	

时间	事件
1896年（光绪二十二年）	5月，沙皇尼古拉二世举行加冕典礼。 6月，李鸿章出席尼古拉二

旗"，也叫"三色旗"。同盟会后来发动的起义中，青天白日旗被普遍作为革命旗帜。在武装起义中，爱国志士们高擎着陆皓东手创的旗帜，英勇作战，留传下许多可歌可泣的事迹。例如，1908年春，钦廉上思起义时，起义队伍以青天白日旗为前导，"高吹洋号，列队过东兴附近之大路村，四处张贴中华国民军总司令黄（兴）告示，民纷燃爆竹迎之"。后来中国国民党的党旗和中华民国的国旗上面也采用了青天白日图案。

广州起义失败以后，在撤退的时候，陆皓东发觉革命党人的名册还留在机关里，于是便置个人安危于不顾，返回机关予以销毁，他因此而不幸被捕。被捕以后，清政府官员对他施以各种酷刑，他严守秘密，不愿透露革命党人的半点信息。1895年11月7日，清政府杀害了陆皓东。孙中山对此悲痛万分，后来在回顾广州起义的时候，他说：广州起义本来准备得很充分，可以产生广泛的社会影响；但是由于运输枪械的时候疏忽大意，被海关截获了六百多杆手枪，导致了广州起义消息的泄露，和陆皓东不幸殉难。他是为中国共和革命牺牲的第一人。

清末新政与预备立宪

《辛丑条约》签订以后，清王朝危机四伏，为了挽救危亡，清廷决心改革，实行新政。1901年1月29日，逃亡在西安的清廷下了一道变法更新的上谕，要求各地官员依据现在的情势，参考中西的政治，对于当前的吏治、教育、军事、财政等方面提出相应的改革措施，并限定两个月内奏报中央。随后，督办政务处成立，作为推行"新政"的机构，派奕劻、李鸿章等人为督办政务大臣，负责"新政"各项事宜。此后，清政府逐步出台了涉及政治、军事、经济、教育等方面的各项政策。

为了提高行政机构的办事效率，清廷对一些机构进行了改革调整。将总理衙门改为外务部，位列六部首位；增设商部、学部、陆军部、民政部等部门；裁撤冗衙，整顿吏治。

1901 年，清廷下令停止武举，命令各省开始创建武备学堂，裁剪部分绿营防勇，建立采用西方国家军队制度的新式军队。1904 年，清廷要求在全国范围内建立 36 镇的"常备军"，但是除了袁世凯编练的北洋军队 6 镇外，其他各省限于社会条件，未能完成。

振兴商务实业，发展工商业。1903 年，清廷设立了商部，先后颁布了《公司注册试办章程》《商律》《商会简明章程》，以及《试办银行章程》《矿务章程》等，管理和奖励工商实业的发展。1905 年，商部又在北京创办了户部银行，设立了高等实业学堂、劝工陈列所等。

1901 年，清廷要求将各省、府、州、

事　件	时间
世的加冕仪式后，与俄国政府签订了《中俄密约》。	
1 月，谭嗣同完成了《仁学》这部重要著作，全面论述了他的哲学思想和政治思想。	1897 年（光绪二十三年）
8 月，德皇威廉二世访问俄国，与沙皇尼古拉二世就侵占中国胶州湾问题举行会谈。	
1 月，康有为上《应召统筹全局折》，这是他的第六次上书，提出了维新变法的大纲。	1898 年（光绪二十四年）
4 月，美国为夺取西班牙在美洲和亚洲的殖民地古巴、波多黎各和菲律宾，对西班牙宣战，美西战争正式爆发。	
6 月，光绪帝颁布"明定国是"诏书，宣布实行维新变法。	
9 月，慈禧太后宣布训政，发动戊戌政变，囚禁了光绪皇帝，杀害了戊戌六君子，维新变法运动失败。	
11 月，赵三多等人在山东冠县竖起"扶清灭洋"的大	

时间	事　件
	旗，揭开了义和团运动的序幕。 12月，美西战争以美国的胜利而宣告结束。通过战争，美国将侵略权益扩大到了亚洲，而西班牙则遭受致命打击，丧失了最后的殖民地，从此退出了争夺殖民地的历史舞台。

县的书院改为大、中、小学堂，选派留学生出国。1902年，任命张百熙为管学大臣，制定了《钦定学堂章程》，但是该学制未实施。1904年，又制定了《奏定学堂章程》，这是近代中国制定并实施的第一个学制系统。1905年，清廷要求自明年停止一切科举考试，至此延续一千多年的科举制度正式宣告结束。

此外，清政府还发布了禁止缠足、严禁鸦片、废除酷刑以及允许满、汉通婚等命令。

清末"新政"是清朝为了维护自身的统治而采取的改革，客观上虽有利于推动近代社会各项事业的进步，但是改革未能从根本上改变封建体制，因而难以挽救清朝走向覆亡的命运。

随着"新政"各项措施的逐步推行实施，清朝社会的有识之士开始要求清廷改革专制体制，实行君主立宪制度。立宪思想作为一种思潮开始兴起。在这种形势下，清廷开始逐步进行政治体制的改革。1905年10月，清政府派遣载泽、戴鸿慈、李盛铎、端方、尚其亨等五位大臣出国（因出发时遭到革命党人吴樾的袭击，徐世昌、绍英罢行，改派山东布政使尚其亨、顺天府丞李盛铎随载泽出国），考察日本和欧、美各国的宪政制度。1906年8月，五大臣归国，向清政府秘密陈述实行立宪政体有巩固皇位、减轻外患、消除国内动乱三大好处，主张诏定国是，仿行宪政。经过清廷中央的商议，9 月 1 日，清政府正式宣布"预备仿行宪政"。但是由于国内的体制尚不完备、人民的民主意识淡薄，先改革官制，作为实行宪政的基础。11 月，清政府制定了官制改革方案，设立民政、陆军、邮传、理藩等 11 个部，并改革合并其他一些中央机构，继续保留军机处。官制改革试图建立起三权分立的政治体制，使行政权操之于内阁，立法权由资政院掌管，司法权由法部掌握，审判权归大理院。

1908 年 9 月，清廷宣布以九年作为预备立宪期限，并颁布了《钦定宪法大纲》。该《大纲》规定行政权、司法权相互独立，君主不能用诏令改变法律，从而使君主的权力受到一定的限制。此外还对臣民的权利和义务作了相应的规定，这样在历史上第一次肯定了人民所享有的部分合法权利和相应的政治地位。同时，《大纲》又规定在议院未开设之前，先在中央设资政院，在各省成立咨议局。1909 年 10 月 14 日，全国 21 个省的咨议局同日开幕。各省咨议局中，立宪派占有很大比重。立宪派以咨议局为阵地，提出各种具体主张，积极地开展立宪派的政治活动。随后，他们便发动了要求清政府从速召开国会的三次请愿运动。

清末的预备立宪是清末"新政"的一部分，是一场为挽救清朝统治而进行的宪政改革，有浓厚的政治功利色彩，是我国政治、法律近代化的开端。

事　件	时间

时间	事件
1899 年（光绪二十五年）	9 月，美国国务卿约翰·海伊照会英、法、俄等国，提出了一个关于中国问题的"门户开放"政策。该政策表面上看似"维持中国完整"，实质上是在承认列强在华既得利益的前提下，保证各国机会均等、自由贸易，使整个中国市场对美国商品开放。
1900 年（光绪二十六年）	6 月，为扑灭义和团的运动，扩大对中国的侵略，英、法、美、俄、德、意、日、奥八国组成侵略联军，由英国海军中将西摩尔率领，从天津出发，向北京进犯。
	6 月，面对列强不断进犯的局面，清廷中央经过激烈争论，慈禧太后正式强行宣布对外宣战。
	7 月，八国联军攻占天津。
	8 月，八国联军攻陷北京，慈禧太后带着光绪皇帝仓皇出逃。
	10 月，革命党人郑士良率会党在惠州三洲田发动起义，由于弹尽粮绝，惠州

同盟会成立与三民主义

随着全国革命形势的不断向前发展，迫切需要建立全国统一的资产阶级革命政党来集中革命力量、指导全国斗争。1905 年夏，孙中山到达日本，不断联络各革命团体的领导人，建议成立全国统一的政党。7 月 30 日，孙中山、黄兴、宋教仁等人在东京开会，商谈建立统一革命组织的问题，孙中山提议建立中国同盟会的主张得到会议的同意，同时又将孙中山提出来的"驱除鞑虏，恢复中华，创立民国，平均地权"作为同盟会的政治纲领。8 月 20 日，正式召开了同盟会的成立大会，以孙中山为总理，并确立了同盟会的政治纲领和组织形式。中国同盟会是第一个全国统一的资产阶级革命政党，结束了各革命团体分散斗争的局面，使民主革命有了统一的领导机关和明确的奋斗目标。同年 11 月，同盟会又创办了机关刊物——《民报》。在《民报》的发刊词中，孙中山将同盟会的政治纲领阐述为"民族、民权、民生"三大主义，正式提出了三民主义。

民族主义，就是"驱除鞑虏，恢复中华"，即用革命的手段，推翻清王朝的统治，变半殖民地的中国为自主独立的中国。民族主义只是驱除压迫奴役各族人民的少数满族统治者，而不是驱除满族人民，抛弃了带有封建色彩的种族歧视主义，以后又发展为汉、满、蒙、回、藏

"五族共和""五族平等"的政治主张。同时，孙中山与当时一些激进的资产阶级革命分子也认识到，清政府已沦为帝国主义统治中国的工具，要挽救中国就必须推翻这个卖国专制政府。由此可见，孙中山的民族主义，也具有反对帝国主义的性质，它是资本主义上升时期世界资产阶级革命的一部分。

民权主义就是"创立民国"，即以国民革命推翻封建君主专制主义的统治，建立一个资产阶级民主共和国。还政于民，确立人民主权原则，这是三民主义的核心。孙中山说，中国几千年来实行的都是君主专制政体，这是国民所不能忍受的。为彻底结束君主专制政体，他公开号召人们，"敢有帝制自为者，天下共击之"，一定要铲除封建主义孽根，树立起民主共和国的政治观念。鉴于资本主义国家议会制出现的弊端，为保障民主共和制度在中国完全建立起来，孙中山在资产阶级三权分立政治理论的基础上，提出了制定五权宪法，即立法、行政、司法、考试、监察分立的宪法，防止重演西方国家在选举、委任中的营私舞弊现象，发生议会滥用弹劾权利的行为。孙中山依据中国"数千年专制之毒深中乎人心"的国情，认为建立资产阶级共和国不可能一蹴而就，提出一个三期建国构想：第一期为"军法之治"；第二期为"约法之治"；第三期为"宪法之治"。只有这样"循序以进"，国民才能

事　件	时间
起义最终失败。	
本年度，义和团运动不断高涨，势力发展到京、津地区。清政府对待义和团的态度经历了镇压到招抚再到剿灭的转变，最终义和团在清政府和帝国主义列强的联合镇压下失败。	
4月，清政府成立督办政务处，作为规划"新政"机构，"新政"改革的各项措施开始逐步推行。	1901年（光绪二十七年）
9月7日，英、法、美、俄、德等11个帝国主义国家胁迫清政府签订了《辛丑条约》。这是帝国主义列强强加给中国的一个严重不平等条约。从此，清政府完全成为列强统治中国的工具。	

时间	事 件

"养成自由平等之资格"，民主共和国才能"有磐石之安，无飘摇之虑矣"。

民生主义就是"平均地权"，中心是解决中国的土地问题。平均地权的办法是"核定天下地价，其现有之地价，仍属原主所有，其革命后社会改良进步之增价，则归于国家，为国民所共享"。意图在地价上涨时，国家以较低价格购买私人土地，使国家掌握全国土地，然后收取地租，实行土地国有。将来中国人"永远不用纳税，但收地租一项，已成地球上最富的国"。于是中国就可以"预防"出现欧、美那种"贫富不均"，避免社会分化和对抗而引起社会革命。

孙中山确立的革命目标十分明确。实行民族革命，推翻少数满洲人的民族压迫；实行政治革命，推翻君主个人专制；实行社会革命，推翻少数富人的剥削压榨。这三种革命类型缺一不可。在当时的社会历史条件下，三民主义是一个比较先进的政治纲领。此前，人们认为推翻清政府的目的在于恢复汉族帝国，或者在清政权统治下实行立宪来救中国。孙中山则完全抛弃了这些陈旧的观念，指出当时中国革命的前途，不仅要推翻满族贵族的统治，建立一个独立的"民族的国家"，而且要摧毁二千多年的封建专制制度，建立一个民主的"国民的国家"，并且提出了"改良社会经济组织"的理想，希望中国能够成为一个幸福平等的"社会的国家"。

秋瑾：妇女解放的先驱

秋瑾，字竞雄，号鉴湖女侠，1875 年生于浙江绍兴。她是中国近代史上的杰出女性，集诗人、革命家、女权运动先驱于一身。她深受西方民主思想的影响，为中国广大女性的解放而不断奋斗。她积极倡导女子教育、婚恋自由以及经济的独立，从而实现广大女性的解放自由。

1904 年夏，秋瑾离家去往日本，积极寻求救亡图存的真理。在日本，她受到革命思想的熏陶洗礼。次年回国后，加入了光复会。同年 7 月，又再次去往日本，加入了同盟会，并被推举为同盟会的评议员和浙江省的负责人。1906 年回国后，在上海参加了创建中国公学的工作。1907 年 1 月，秋瑾创办了《中国女报》。该报刊是我国第一份关于妇女的报刊，呼唤广大妇女为争取自身解放而奋斗。1907 年 2 月，她又返回浙江，主持绍兴大通学堂，并担任督办。大通学堂是由革命志士徐锡麟等人创办的，是光复会的据点，浙江革命党的大本营。为发动革命，徐锡麟打入清政府内部，担任巡警学堂的会办。秋瑾接办大通学堂以后，积极联络武义、平阳等地的会党首领，吸纳浙江新军士兵、军官和军事学堂的人员参加光复会。经过秘密筹划，秋瑾和徐锡麟决定在浙江、安徽同时发动起义，"以安庆为重点，以绍兴为中枢"。为了组织起义的武装力量，秋瑾调

事　件	时间
4 月，清政府与俄国订立了《中俄交收东三省条约》，规定俄军在一年半内分三期撤出我国东北。但是，沙皇尼古拉二世企图夺取"满洲"，根本没有履行条约、真正撤军的打算。	1902 年（光绪二十八年）
8 月，张百熙等人制定了《钦定学堂章程》，这是我国近代教育史上第一个由政府公布的法定学制系统，又叫"壬寅学制"，但是该学制并未施行。	
10 月，沙俄将辽西的军队集中到中东铁路沿线。	
本年，直隶总督袁世凯练成"北洋常备军"，一镇约有 1.25 万人。湖广总督张之洞练成"湖北常备军"两翼，大约有 7000 人，成为全国练兵的"样板"。	
4 月，俄国提出了在东三省享有特殊权益的七项无理要求，以此要挟清政府作为撤军的前提条件。	1903 年（光绪二十九年）
6 月，清政府勾结上海租界的工部局，派巡捕到《苏报》馆逮捕了章炳麟和	

时间	事件
	邹容，制造了震惊一时的"《苏报》案"。 8月，日、俄两国为瓜分我国东北举行了多次谈判，但是始终未能达成分赃协议，从而导致了日俄战争的爆发。 8月，英国派遣麦克唐纳率领军队进入西藏，开始发动侵略西藏的战争。至次年9月，英军强迫西藏地方官员签订了《拉萨条约》，企图将西藏变为其独占的势力范围。西藏军民坚决抵制这一条约，清政府也不敢在条约上签字，最终英国独占西藏的图谋没有得逞。 10月，依据之前清政府与俄国签订的条约，到了第三期，俄军非但没有撤兵，反而继续增兵占领奉天省城，并要求各家各户悬挂俄国国旗，收缴各团练的武器，妄图独占中国东北。 11月，陈天华、宋教仁等人以庆贺黄兴生日的名义，举行秘密会议，决定成立

整了光复会的组织，组建了"光复军"，制定了相关的军事制度。

1907年7月6日，革命党人徐锡麟利用安徽巡抚恩铭到巡警学堂出席毕业典礼的时机，刺杀恩铭，领导学生军攻打安庆军械所。由于仓促起事，起义失败，徐锡麟被捕，不久英勇就义。安庆起义的失败，很快就牵涉到了绍兴大通学堂。7月13日，清军士兵包围了大通学堂，逮捕了秋瑾。她大义凛然，受尽酷刑折磨而不屈服，于7月15日在绍兴轩亭口就义。这次起义尽管失败了，却沉重打击了清朝的统治，鼓舞了革命党人的战斗意志，促使革命党人探索起义的新策略，推动了革命形势的高涨。

秋瑾烈士的事迹表现在多方面，其中她的妇女解放思想影响最大。她倡导女子接受教育，认为女子应当有同男子一样接受教育的权利。教育是女子获得自身解放的基础，因而她创作了多种著作文章，抨击"三纲五常"对中国女性的毒害。后来，她又创办了《中国女报》，广泛传播女性解放思想。她还创作了女权歌曲，大力倡导女权思想。

她主张女子应有健康体魄，反对女子缠足，明确要求废除这种陋习。她认为投身革命，就必须要求一个人拥有强健的身体。在大通学堂担任督办期间，她专门设立了体育课，亲自负责教授学生的体育训练技能。同时，她还开设了军事课程，组织女学生成立了革命军，积极引导广大女性参加革命事业。

　　她主张女性要实现经济独立，从而获得人身自由。在她看来，女性只有经济上获得独立，才能真正实现个人的自强自立。在《敬告姐妹们》中，她论证了女性经济独立的益处：一方面，能够使家业兴旺；另一方面，能够赢得男子的尊重，在家可以受到整个家庭的尊敬，在外能够获得朋友的帮助。如果再有高雅的志趣，那么就能够建功立业，获得巨大的荣誉。

　　她积极倡导恋爱自由，婚姻由自己做主。从她个人失败的婚姻中，她更深刻地感受到封建旧式包办婚姻的危害，因此极力主张男女平等、婚姻由自己掌握。在《精卫石》中，她指出婚姻自主的意义：一方面能够相互了解对方的人品、学问；另一方面能够知道对方的性情、志趣。只有相互了解，才能选择自己喜欢的伴侣、情投意合。她认为只有做到这样，两个人才能互敬互爱、拥有美满的爱情。

武昌起义前后：民主共和的肇始

　　武汉地区革命党人于 1911 年 10 月 10 日发动武昌起义，建树了首义之举的功勋。武昌起义的爆发不是偶然的，它是武汉地区社会形势演变、革命党人长期努力的结果。张之洞在湖北厉行新政、创办洋务企业、创设新式学堂、编练新军，在客观上推动了武汉地区的社会进步和资本主

事　件	时间
华兴会，推举黄兴为会长。本年，邹容发表了《革命军》，陈天华发表了《猛回头》和《警世钟》。这三本著作，极大地推动了民主革命思想的传播，阐明了中国必须进行民主革命的道理。本年，盘踞中国东北的沙俄军队拒绝按照条约撤军，并提出七项无理要求，引起了中国人民的极大愤慨，全国掀起了拒俄运动，尤以留日学生表现得最为激烈，他们组织了"拒俄义勇队"，表示要奔赴前线，与敌人血战。	
1 月，由张之洞等人制定的《奏定学堂章程》正式颁布，又叫"癸卯学制"。这是中国近代史上第一个制定并在全国范围内施行的学制系统。2 月，日本不宣而战，突袭	1904 年（光绪三十年）

时间	事　件
	旅顺口的俄国舰队，日俄战争爆发。 2月，华兴会正式宣布成立，由黄兴担任会长。 4月，由于英国与德国争夺世界殖民地的矛盾日益尖锐，英国与法国签订了协约，调整了两国之间的关系，协约国集团正在形成。 10月，光复会在上海成立，由蔡元培担任会长。

义文明的传播，为资产阶级革命提供了有利的社会条件。

武汉地区的革命党人，也做了长期艰苦的努力。广州新军起义失败后，宋教仁、谭人凤等人决定从长江流域、中原腹地发动起义。经过11省区同盟会分会开会商讨后，决定"组织中部同盟会以谋取长江革命"。1911年7月，同盟会中部总会正式成立于上海，并发布了宣言。规定"举义必由总部召集各分会提议"，从而在一定程度上纠正了过去仅侧重一方一地、忽视下层力量、单纯利用会党的倾向。

湖北革命党人的活动，有长期的思想和组织基础。1909年，"共进会"成员孙武等人在汉口成立分社，发展会员，从事秘密革命活动。1911年1月，"振武学社"经改组扩大为"文学社"，掩护革命组织的发展。这两个革命团体，坚持在湖北新军中进行策反工作。他们放下知识分子架子，到新军中当普通士兵，进行革命思想的宣传。他们把宣传革命思想的刊物，大量输入武汉地区，使军界、学界凡属同情革命的人，"几乎人手一册"。士兵们每读到这些刊物，即奉为至宝，爱不释手。受此影响，不少士兵加入了革命组织，约占湖北新军总数的三分之一。经过革命党人的积极活动，革命组织已经遍布湖北新军的各基层单位。

随着革命队伍的壮大，革命组织也日益严密。如文学社就把各标、营、队的革命党人，按新军编制组成代表制，标、营、队三级均设代表，代表人选由本单位革命同志推选。这样就将革命组织融入到新军的编制系统中去，便于工作联系。干部会议由标代表参加，各营、队分别按上级代表的部署行动，逐级领导，单线联系。武装起义一旦爆发，各级代表实际上成为各级建制的负责人。由于革命党人的长期努力，湖北首义之举的时机日臻成熟。同时，同盟会中部总会在两个团体组织间也做了不少协调工作，全力促成了联合，从而统一了革命力量。

四川保路风潮爆发后，文学社和共进会于 9 月 24 日召开正式联合会议，决定成立一个领导机构，由文学社的负责人蒋翊武担任机构的总指挥，共进会的领导人孙武担任机构的参谋长，并制定了详细的起义计划，积极准备发动起义。会议原定 10 月 6 日发动起义，由于准备不充分，决定推迟举义。10 月 9 日，革命机关遭到破坏，主要领导人或遭追缉或被捕遇害。在起义面临千钧一发的关头，基层革命党人和革命士兵决定按既定计划起义。10 月 10 日晚 7 时许，武昌新军第八镇所属工程第八营率先起义，打死了镇压起义的军官。革命士兵在营代表熊秉坤率领下，冲出营房，奔赴楚望台军械局。军械局的革命党人，打开库门搬出武器弹药进行战斗。枪声起后，各标、营先后响应。步兵、炮队、辎重各营及测绘学校学生也发动起义，齐聚楚望台。随后，原日知会会

事　件	时间

时间	事 件
1905 年（光	8 月，中国同盟会在东京正

员、队官吴兆麟被推举为起义的总指挥，领导起义队伍向督署展开猛烈进攻。革命士兵前仆后继，英勇奋战，经过一夜激战，占领了武昌城。湖广总督瑞澂仓皇逃往"楚豫号"兵舰。次日晚上，汉阳、汉口的新军也先后发动了起义，武汉三镇全部光复，取得了起义的胜利。

武昌起义胜利后，革命党人面临的迫切任务就是建立革命政权。由于起义的领导人孙中山等都不在武汉，革命党人与立宪派士绅经过协商，任命清军第二十一混成协协统（旅长）黎元洪担任都督，随后成立了湖北军政府。军政府成立后，首先发布了军政府公告，撤销清帝年号，建立中华民国，揭露清政府专制独裁、屈辱卖国的罪行。接着军政府又陆续发布了废除捐税、整顿财政、革除社会陋习等许多文告。10 月中旬，制定了《鄂州约法》，这是一部体现民主共和思想的资产阶级性质的宪法。湖北军政府是资产阶级革命性质的政权，它是辛亥革命所建立的第一个资产阶级地方政权。

武昌起义后，各省的革命党人纷纷响应，发动起义。各地的人民群众也掀起自发的斗争，从而汇合成了资产阶级民主革命的巨大洪流，促使清朝的统治土崩瓦解。

中华民国：一个终结了封建专制制度的新政权

武昌起义后，全国的革命形势不断高

涨，建立统一的共和政权来指导全国革命斗争的要求日益迫切。11月9日和11日，武汉与上海两地的革命党人分别先后向全国发出成立中央临时政府的通电，各省代表陆续抵达武汉。自11月30日始，会议在汉口英租界内连日举行。代表会议通过议案，制定了《临时政府组织法大纲》；如果袁世凯同意推翻清朝，应当被推选为临时大总统。12月2日，江浙联军攻占南京，江浙地区的代表们决定以南京作为中央临时政府所在地，会议迁往南京继续举行。12月25日，孙中山自国外抵达上海，他为革命奔走海内外十几载，以其才识胆略和顽强的奋斗精神，在革命党人和国民中享有崇高威望，各省代表大都同意推举孙中山为临时大总统。29日，孙中山被选举为临时大总统，为保证之前代表会议虚位以待袁世凯的承诺，孙中山致电袁世凯，表示"虽暂时承乏，而虚位以待之心，终可大白于将来"。

　　1912年元旦，孙中山在南京正式宣布就任中华民国临时大总统，宣告中华民国临时政府正式成立。改用公历纪年，以1912年为民国元年。3日，黎元洪被选举为副总统，通过了由孙中山提名的9名国务员。其中陆军总长黄兴、教育总长蔡元培、外交总长王宠惠，皆是老同盟会会员；交通总长汤寿潜、实业总长张謇是原立宪派的代表人物；司法总长伍廷芳曾任清政府官职，但他是开明人物，又被推为

事件	时间
式召开成立大会，它是第一个全国性、统一的资产阶级革命政党，有着完整的组织机构和明确的政治纲领，使得中国的民主革命有了统一的领导核心和明确的奋斗目标，推动着中国的民主革命进入新的阶段。	绪三十一年）
9月，日俄战争以俄国的战败宣告结束。在美国的调停下，日、俄两国在美国的朴茨茅斯签订了《朴茨茅斯和约》。	
9月，清政府下令从1906年起，停止一切科举考试，从而废除了延续一千多年的科举考试制度。	
10月，清政府派遣五大臣出国考察欧美宪政。	
11月，同盟会创办了机关刊物《民报》，在《民报发刊词》中，孙中山将同盟会的十六字纲领归结为民族、民权、民生三大主义，从而创立了三民主义，成为同盟会的正式革命纲领。	
本年，俄国爆发了具有世	

时间	事件
	界意义的 1905 年革命。这次革命是帝国主义时代的第一次人民革命，不仅推动了欧洲工人运动的发展，还促进了亚洲的革命运动，揭开了帝国主义时代革命风暴的序幕。 本年，爱因斯坦提出了"狭义相对论"，其核心是论证了空间和时间的统一性，从而确立了崭新的、相对概念的时空观。

南方谈判代表；内务总长程德全是颇有影响的"和平独立"代表人物；财政总长陈锦涛在清政府中任过要职；海军总长黄钟英以海军舰长起义反正。可以看出，国务员人选的确定，是孙中山等人同立宪派和旧官僚磋商分配权力的结果。孙中山、黄兴让出实业、交通、内政等席位，用意是借重立宪和旧官僚的社会影响力，达成各派联合的局面。接着，孙中山按照"部长取名，次长取实"的方法，任命了各部的次长及其他人员，这些职位大都由革命党人充任。

1 月 28 日，立法机关临时参议院成立，43 名参议员中，同盟会员 33 人，原立宪派分子 8 人，其他 2 人。南京临时政府在性质上属于资产阶级革命的政权，革命党人占据了主要的地位。南京临时政府的成立，标志着君主专制制度的覆亡，资产阶级共和国——中华民国的诞生。

孙中山在就职宣言中庄严申明，南京临时政府要实行新的建国宗旨，即推翻君主专制统治，建立民主共和制度，造福全国人民。要将专制横行的封建的中国，改造为资产阶级共和国，为人民谋福祉。他公布了临时政府实行政治统治的方针，对内要保证国家各项政策事业的统一，对外要废除清王朝与列强签订的不平等条约，要实现国家的独立自主和繁荣富强。孙中山还阐述了坚持民族团结与祖国统一的思想，强调国内各民族的平等。孙中山的建国方针，与同盟会的政治纲领和资产阶级革命思想一脉相承。临时政府成立后，颁布了各项政策法令，除旧布新，有利于推动资产阶级民主政治和资本主义经济社会的发展。主要包括以下几个方面：

保障人民拥有合法的权利。例如，人民享有选举被选举、参政议政等"公权"和出版、言论、居住等"私权"；严禁买卖人口，停止刑讯逼供；保护华侨的合法权益；保证女子享有参政的权利等。

移风易俗，在全社会树立民主新风气。孙中山自称"公仆"，实行不区分官阶职位的低薪供给制度。废除封建的跪拜礼节，采用新式的鞠躬礼。他要求全国上下自命令下达后 20 天内，必须剪断发辫，严禁赌博、缠足，禁止种植、吸食鸦片。

积极推动资本主义工商业的进步发展。临时政府颁布法令，要求保护个人私有财产和工商业经济的发展；倡导兴办实业；鼓励华侨回国投资；废除清朝政府制定的繁重捐税。

推进教育制度改革，建立新式资本主义教育体制。倡导发展公民道德，废除旧的封建忠君教育。教育总长蔡元培提出关于德、智、体等新教育思想和办法，对民国时期的教育改革发生重大影响。

所有这些政策和法令，虽然只有部分贯彻执行，但是全都反映出资产阶级的利益，体现了资产阶级政权的民主性以及革命宗旨。

事　件	时间

时间	事件
1906 年（光绪三十二年）	9 月，清政府正式宣布"预备仿行宪政"。 12 月 4 日，在湖南、江西交界的浏阳、醴陵、萍乡地区爆发了大规模的会党起义，即萍浏醴起义，由于没有克服旧式会党起义的弱点，起义最终失败。 12 月 16 日，浙江、福建、江苏一带的商业、教育界人士在上海成立了预备立宪公会，由郑孝胥担任会长，张謇、汤寿潜担任副会长。 本年，美国的德福雷斯特发明了三极电子管，这是电子学发展史上的一个重要里程碑。 本年，福特成立福特汽车公司，进行标准化和专业化生产。
1907 年（光绪三十三年）	7 月 6 日，徐锡麟领导的安庆起义爆发，由于准备仓促，势单力薄，起义失败，徐锡麟被捕就义。该起义牵连到绍兴大通学堂，导致秋瑾被捕，英勇就义。 7 月 24 日，伊藤博文强迫

清帝退位：最后一个封建王朝的终结

武昌起义后，各省纷纷响应，面对革命大潮，清政府不得不重新启用袁世凯。1911 年 11 月 1 日，清廷授予袁世凯为内阁总理大臣和军事全权。袁世凯重掌大权后，立即下令北洋军向武汉的革命党人进攻，在夺回了汉阳后，并没有乘胜追击，反而按兵不动，形成和革命军隔江对峙的局面。袁世凯一方面利用北洋军进攻武昌革命军，将战场主动权掌握在自己手中；另一方面，借用革命党的势力威逼清政府，同革命党人讲和。1911 年 12 月 18 日，议和会议在上海举行，会议除讨论双方停战问题外，主要争论国体问题，也就是在中国实行君主立宪，还是民主共和。就在谈判陷入僵局时，12 月 29 日，孙中山被选举为中华民国临时大总统，并于 1912 年 1 月 1 日正式就职。得知这一消息，袁世凯立即采取武力手段进行威胁，发出反对共和、誓死抵抗的通电。孙中山表示，"和议一破，本总统当亲统江、皖之师"，南北形势再度紧张。但此时孙中山也看到，革命军并没有必胜的把握，军权分散、军费不足等问题的存在，使南北对峙的结果难以预料。

在各方力量的协调下，革命党人表示如果袁世凯能够迫使清帝退位并赞成民主共和制度，就可以推举袁世凯来领导国家政权。孙中山复电伍廷芳，请他转告唐绍仪：如果清帝宣布退位，袁世凯赞成民主共和，那么孙中山本人则宣布辞去职务，而袁世凯则以革命的首要功臣继承职务。在得到孙中山的保证后，袁世凯加快了逼宫的步伐。1912 年 1 月 3 日，袁世凯同梁士诒等人策划鼓动各驻外公使一起致电清政府，要求清帝退位。16 日，袁世凯又以国务大臣的名义，借用政治局势的紧张和民主制度的优越，奏请清帝退位。

　　面对如火如荼的革命形势，清廷已走投无路。由于摄政王载沣已经去职，只得由隆裕皇太后不断召开御前会议，但是紧张的局势已经让清廷束手无策。1912 年 1 月 26 日，袁世凯与梁士诒一起策动段祺瑞及北洋前线将领 46 人，联名上奏朝廷，指斥载泽、溥伟等人阻碍民主共和，要求建立共和制度，并以正在商讨的优待皇室条例引诱清廷。30 日，隆裕皇太后又主持召开了第六次御前会议。这次会议上，朝廷更是一筹莫展，不知所措。最终，隆裕太后决定赞同共和。

　　经过南北双方的反复磋商，最后于 2 月 9 日通过了《关于大清帝国辞位后之优待条件》以及其他一些优待的条款，给予了清朝皇室优厚的待遇。1912 年 2 月 12 日，隆裕太后颁布了清帝溥仪退位的诏书。这道诏书为清朝 260 多年的历史画上了永久的句号。2 月 14 日，孙中山宣布解职。15 日，临时参议院选举袁世凯为临时大总统。

事　件	时间
韩国签订第三次《日韩协约》，通过该协约，韩国彻底沦为日本的保护国。	
8 月 31 日，英国与俄国订立了协约，划分了双方的势力范围，调整了两国在中国西藏地区的利益分配，由此英、法、俄三国正式构成了协约国集团，从而使得第一次世界大战两大对立的帝国主义军事集团正式形成。	

时间	事　件
1908 年（光绪三十四年）	9 月，清政府宣布"预备立宪"以九年为期，并颁布了《钦定宪法大纲》。 11 月，光绪帝和慈禧太后在 20 小时内先后去世，溥仪继承皇位，改元宣统，由溥仪的父亲醇亲王载沣摄政。 11 月 19 日，岳王会的军事骨干、安徽新军军官熊成基领导了安庆新军起义，由于起义军势单力薄，起义失败，熊成基后来被捕牺牲。
1909 年（宣统元年）	10 月，全国除新疆外，各省的咨议局相继成立。 10 月，资政院在北京召开第一次常年会，标志着资

1912 年 2 月 12 日，清廷颁布的《清帝逊位诏书》，明确了中华民国是清王朝所有疆域土地及人民的合法继承者，"仍合满、汉、蒙、回、藏五族完全领土为一大中华民国"。同时确立了中华民国的两个主题，一个是建立共和政体，一个是人民制宪，实现五族共和。最终清廷在内外压力下，不得以以逊位的方式自行终结帝制，退出历史舞台。

《中华民国临时约法》：中国历史上的第一部资产阶级宪法

在选举袁世凯担任中华民国临时大总统后，孙中山企图借助宪法来约束袁世凯独裁，捍卫辛亥革命的成果，把辛亥革命理论用宪法的形式固定下来。1912 年 2 月 7 日，临时参议院主持召开了《临时约法》起草会议，会议决定由宋教仁主持制定约法。经过一个多月的起草修订，3 月 11 日，南京临时政府正式对外公布了《临时约法》。

《临时约法》共分为七章五十六条内容。第一章是"总纲"。规定了中华民国的领土范围、主权归属和国家机构，体现了主权属于全体国民的原则。第二章是"人民"。详细规定了人民享有的权利和承担的义务，体现了资产阶级民主自由的原则。第三、四、五、六章分别是"参议院""总统""国务员"和"法院"，体现了资产阶级三权分立的原则。《约法》将国家权力分为行政权、司法权和立法权，规定由三种互相独立的国家机关分别掌握，以保证权力的制衡约束，防止专制，保障民主自由。第七章是"附则"，明确规定了《约法》的效力和修改程序，防止独裁者任意篡改。《约法》体现并确立了鲜明的资产阶级民主政治原则。

确立主权在民的原则。《约法》第一条明确规定："中华民国，由中华人民组织之。"第二条规定："国家的主权归属于全体国民。"

确立了基本人权原则。孙中山等革命党人在制定《约法》时，吸收引进了西方资产阶级的人权理念和制度。《临时约法》在第二章第五条规定："全体国民不分阶级、宗教信仰和种族，一律平等。"在第六条中详细规定了人民所享有的各种政治权利，即人民一律平等地享有人身、财产及营业、言论、著作及结社集会、书信及居住、迁徙等自由和权利；又规定了人民享有任官、考试、请愿、陈诉以及选举、被选举的权利；同时还规定了人民应当承担服兵役与纳税的义务。这些规定，明确肯定了在法律面前，全体国人一律平等的原则，直接否定了封建国家人与人之间的不平等和严格的等级制度。第一次用法律形式肯定了人的尊严，也从形式上废除了数千年来的等级身份制度。

确认了共和政体的原则。《临时约法》规定了新建立的中华民国实行资产阶级的

事　件	时间
政院正式成立。	
本年，由詹天佑担任总工程师的京张铁路正式竣工通车。这是由中国人自行设计和施工的第一条铁路干线，克服了巨大的施工难度，为中国工程界赢得了荣誉，振奋了民族自信心。	
2月12日，革命党人吸取会党起义的缺陷，在广州新军中发展革命力量，组织新军发动了广州起义，最后由于弹药缺乏而失败。	1910年（宣统二年）
8月22日，日本寺内正毅与韩国首相李完用秘密签署了《日韩合并条约》，将韩国完全并入日本，日本正式吞并韩国。	
10月，日本吞并韩国后成立了朝鲜总督府，总督由日本陆海军高级将领担任，直属于天皇，统帅朝鲜陆海军。第一任朝鲜总督是寺内正毅。从此日本在朝鲜实行殖民统治。	
本年，立宪派士绅组织了三次请求清政府速开国会	

时间	事件
	的和平请愿运动，但是清政府不断以各种理由拒绝了请愿的要求，最后国会请愿代表团被迫宣布解散。请愿运动宣传了民主宪政思想，提高了国人的政治觉悟。清政府拒绝请愿要求，暴露了真实面目，逐渐失去人心，统治危机不断加深。

民主共和制。《临时约法》的第一、二、四条中，规定中华民国是由全体中国人组成的，其主权归属于全部国民，参议院、临时大总统、国务院等国家机关代表人民行使国家权力。民主共和制度的建立，结束了君主专制统治，促使中国走向了民主共和制的新时代，无论后来政局怎么变化，中国始终坚持的是共和制。

确立了权力制衡原则。《临时约法》在规定民主共和制、分权制的基础上，又确立了权力的制约体制。其约束目标明确指向"临时大总统"：首先，《约法》突出强调了立法权，参议院有权确定国家的大政方针；有权审核行政机关的决定；有权弹劾行政机关首脑。其次，在行政机关内部也采用相互制约的形式，国务员可以制约临时大总统行使权力，临时大总统所颁布的法令、提出的法律议案，必须得有国务员副署。

确立宪法至上的原则。为防止任意修改宪法，《临时约法》制定了非常严密的宪法修改程序："本《约法》，由参议院参议员三分之二以上，或临时大总统之提议，经参议员五分之四以上之出席，出席员四分之三可决，得增修之。"

确立保护私有财产的原则。《临时约法》规定：人民的私有财产神圣不可侵犯。这是资本主义私有制的思想，这一原则的确立有利于从宪法的高度，营造保护人民私有财产不受侵犯的法律条件。

《中华民国临时约法》作为第一部资产阶级共和国性质的宪法，用国家根本大法的形式结束了君主专制制度，建立了资产阶级民主共和制。孙中山等革命党人试图通过制定《约法》，凭借宪法的理论和原则，来制约袁世凯独裁，显然是难以奏效的。由于革命党人缺乏革命武装力量，导致《临时法》必然走向夭折。1914年5月1日，袁世凯政府制定了《中华民国约法》来取代《中华民国临时约法》。1916年6月29日，大总统黎元洪又恢复了《中华民国临时约法》。1917年7月1日张勋复辟帝制后，又破坏了《中华民国临时约法》。此后以段祺瑞为首的北洋政府，再也没有予以恢复。

传教士眼中的辛亥革命

辛亥革命是中国近代史上的一次巨变。对于辛亥革命的认识，不同的阶级，不同的社会群体，受各种因素影响，认识都会有所不同。其中，传教士眼中的辛亥革命到底是什么样子的？这对于从多角度了解辛亥革命，很有裨益。通过他们的眼睛，我们可以看到辛亥革命的另一个侧面。有不少来华的传教士亲眼目睹了1911年辛亥革命的发生，他们对辛亥革命有自己的认识和思考。

在他们看来，辛亥革命浪潮的迅速扩展，仅仅不足一个月，中国18个省中有14个脱离了清王朝，而且绝大部分没有

事　件	时间
4月27日，由黄兴领导的广州黄花岗起义正式爆发，由于寡不敌众，起义最终失败。	1911年（宣统三年）
5月，清政府发布内阁官制，组成第一届责任内阁。在13名内阁大臣中，皇族竟然占了7人，而且大都担任领导职务，因此这届内阁又被称为"皇族内阁"。这是与立宪精神相违背的，表明立宪运动走向失败。	
7月31日，同盟会中部总	

时间	事件
	会在上海成立，颁布了相关的章程，从而能够有效指导中部长江流域的革命运动。 10 月 10 日，武昌地区的革命党人与参加革命组织的新军士兵发动了武昌起义，取得了胜利，建立了湖北军政府，推动了全国革命形势的高涨，促成了清朝统治的土崩瓦解。

发生流血斗争。《教务杂志》里说道：革命起义在很短的时间内，迅速从广州发展到西北的甘肃，革命的形势不断高涨，这让很多外国人感到惊奇。美国传教士明恩溥声称：从 10 月 10 日武昌起义开始，仅仅过了四个月零两天，清朝皇帝就宣布了退位；又过了不到一个月，袁世凯就任中华民国临时大总统，从而实现了政权的交接。辛亥革命迅速在全国蔓延，并且获得了民众的大量支持。美国长老会差会秘书布朗先生感慨道：在全国多数地区，人们对革命者充满着认同，清朝的军队并没有抵抗革命党人。在四川"保路运动"五个月后，武昌起义三个月后，18 个行省中有 15 个倒向了革命党人的阵营，革命胜利的风暴迅速波及到广大沿海地区。革命的胜利迅速到来，这反映出清政府统治的腐朽衰败和中国人民的文明秩序，历史上还从来没有出现过迅速、和平地完成一场如此规模宏大的革命。

在外国传教士看来，辛亥革命具有和平性质。西方传教士对辛亥革命倍加赞颂。1912 年 1 月，中国内地教会刊物《中国亿兆》刊载了传教士师学文对辛亥革命的一段认识：除了发生在太原、西安的镇压满人事件以及汉口、南京战斗中的流血事件外，大部分城市的革命都是在和平中进行的，甚至有些地方是在悄无声息中就完成了革命，而城里的传教士们是到了第二天才发觉。李提摩太对辛亥革命的看法最有代表性，他是一位与中国交往密切的西方传教士，于 1870 年来到中国，在这里度过了他一生的大部分时光，直到 1916 年才返回国内。李提摩太与孙中山有过三次会面，孙中山留给他的印象是"固执的"、"听不进理性劝告的"和"革命的煽动者"。由于他们的政见不同，他与孙中山的隔阂也在不断加深。在他看来，袁世凯才称得上是当时中国最有能力的掌权者，因为袁世凯有着丰富的政治经验。反对暴力革命、拥护和平改良，是李提摩太一直坚持的理念。他对革命党人的运动非常反感，认为它会破坏清政府长期维持下来的统治秩序，从而给整个中国带来灾难。对于辛亥革命，李提摩太曾发表过一段评论：革命党人采用暴力斗争是很有必要的。这告诉清政府的官员在革命面前只有两种选择，要么投降革命，要么就被革命消灭。如此就可以避免战争带来的残酷杀戮，辛亥革命是少见的一次流血很少的革命。这段评价表明，辛亥革命的结局，让他改变了对革命运动的恐慌，赢得了他的肯定。

在外国传教士看来，辛亥革命不排外。在各地报刊报道武昌起义的消息时，《北华捷报》明确指出：辛亥革命只是反对清王朝，并没有排外。在革命的过程中，不论是革命者、清政府，还是民间人士，对待传教士的态度都是礼遇有加的。传教士舒美生赞叹道：革命者对传教士的关心态度，贯穿革命始终。这场革命运动

事　件	时间

时　间	事　件

对外国差会的影响，与义和团运动有着截然的不同。辛亥革命虽然爆发的具有突然性，但是其扩展迅速、和平、不排外的特点，赢得了西方传教士们由衷的肯定和赞颂。

辛亥革命的理念，也得到外国传教士的肯定。《临时约法》以宪法的形式确立了宗教信仰的权利，引起了传教士们的关注。其中，《教务杂志》上说道：《临时约法》引人注意的地方，是承认了中国人民所应当拥有的自由权利。传教士丁良才也以肯定的语气写道：宗教信仰自由的权利被确认后，中国的宗教信仰迅速传播开来，追求宗教信仰的人会变得越来越多。从其评论的话语中可以看出，传教士对这一结果的肯定和欣喜，反映出宗教信仰自由对他们有着重要的意义。中华民国建立后，传教士对于辛亥革命所取得的成果感到非常震惊。麦高温说："中国实行了两千多年的君主专制制度，现在却突然废除这一制度，而采用议会选举的民主制度，这让西方人感到诧异惊奇。"

第七章　北洋时期：民国初年的政治与社会

　　民国初年，旧国体崩溃，新国体初成，呈现出新、旧交替的社会景观。在有两千多年封建专制传统的国情背景下，旧朝覆灭，新朝鼎新，在短时间内重建新社会秩序，不是件容易的事，于是在政治上出现了民主共和与封建专制的争夺战。清帝逊位了，因社会失衡，一下子又产生出了无数个大大小小的"皇帝"。各派政治力量为了实现自己的抱负，各自投靠不同的世界列强，从而形成了受不同国家控制的政治势力。然而自民国肇兴后，民主共和思想已深入人心，袁世凯复辟帝制失败了，张勋复辟帝制也失败了。新国体毕竟给新文化、新思想开辟了合法性生成的道路，最终汇集成了五四新文化运动，形成了近代中国新的思想解放运动和社会革新运动，社会新风尚、新时尚不断涌现。

英、美、德、比等国公使先后祝贺袁世凯就任临时大总统

日本公使日置益提出的"二十一条"条款（部分）

1915年9月孙中山在东京与中华革命党部分同志合影

1916 年袁世凯称帝标准像

袁世凯墓

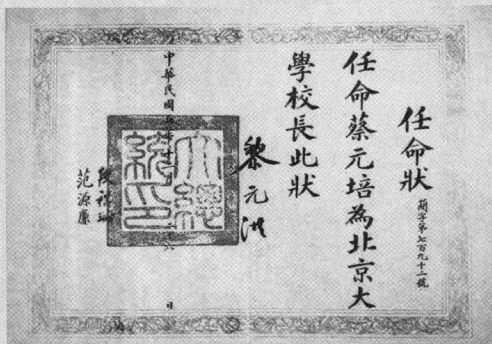

蔡元培北京大学校长的任命书

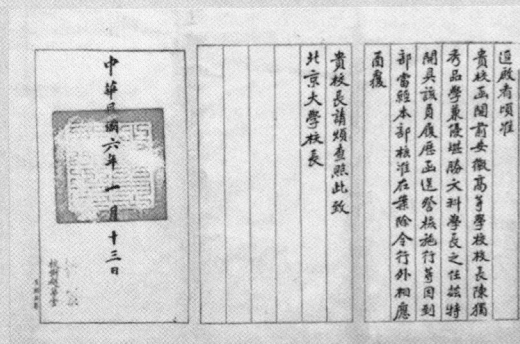

北京大学校长蔡元培发给陈独秀的聘书

《青年杂志》书影

《新青年》杂志书影

1919 年巴黎和
会中国代表团
主要成员

五四运动

1919年5月7日，五四运动中
被拘留的北京高等师范学校学生被释放返校

五四运动时期出版的进步刊物《向导》

轰动民国初年的 "暗杀宋教仁案"

宋教仁于 1882 年出生于湖南省桃源县，是我国近代著名的资产阶级革命家与政治家。青年时期，他就积极投身资产阶级革命运动。1904 年与黄兴等人建立华兴会，次年与孙中山、黄兴等人组建了中国同盟会，并担任同盟会的重要领导职务。中华民国建立以后，曾担任南京临时政府法制局局长，后来出任唐绍仪内阁农林总长。宋教仁有着丰富的民主宪政理论知识，满心期望将西方的民主政治引入中国，实现政党政治，组建责任内阁。唐内阁倒台以后，他退出内阁成员，积极从事民主政治建设活动，试图通过国会制定宪法，由国会中的多数党派组建内阁，实行责任内阁制，以保证宪法在国家政治生活中的贯彻执行，制约袁世凯的独裁专制。

1912 年 8 月，宋教仁同孙中山、黄兴磋商以后，联合统一共和党、国民促进会等几个小党派，以同盟会的组织作为基础，成立了国民党，孙中山为理事长，实际上由他本人掌管着国民党的事务。国民党成立以后，宋教仁积极投入到第一届国会选举中，试图赢得国会的多数席位，进而组建由国民党控制的责任内阁。10 月，他从北京南下，积极奔赴上海、江苏、湖南等省份，宣传自己的政治理念，指导各省国民党的竞选工作，并抓住有利时机发表演说。他在演说中积极宣传责任内阁

事　件	时间
1 月 1 日，中华民国临时政府在南京正式宣告成立，孙中山就任中华民国临时大总统。	1912 年（民国元年）
1 月 3 日，经孙中山和黄兴提名，各省代表联合会议上通过了 9 名国务员名单，与大总统孙中山、副总统黎元洪一起组成南京临时政府行政首脑。	
2 月 12 日，清帝宣布接受优待条件，正式下诏退位，标志清王朝的正式终结。	
2 月 15 日，袁世凯宣布接受 "共和"，孙中山向临时参议院辞职，袁世凯被选举为临时大总统。	
3 月 10 日，临时参议院批准袁世凯在北京宣誓就职中华民国大总统。	
3 月 11 日，《中华民国临时约法》正式公布，这是中国历史上第一部资产阶级革命法典。	
3 月，袁世凯提名唐绍仪担任国务总理，在南京组成第一届内阁。	
3 月，张汉英、唐群英、王	

时间	事　件
	昌国等发起组织成立神州女界参政同盟会。 3月，袁世凯任命黄兴担任南京留守，成立了南京留守府，这只是一个暂时的军事善后机关。 4月，临时参议院议决将临时政府迁往北京。 6月，由于袁世凯独断专行，越过国务员发布命令，使得责任内阁制遭到破坏，唐绍仪内阁宣布倒台。 6月，黄兴通电辞职，撤销了南京留守府，遣散了南京临时政府的军队。 8月，中国国民党成立。 9月，何海鸣、王宪章、顾斌、罗子常等革命党人策划发动了武汉南湖马队暴动。起义由于力量薄弱，最终失败。 9月，教育部颁布了新的教育宗旨，即"注重道德教育，以实利教育、军国民教育辅之，更以美感教育完成其道德"。 9月，教育部宣布废除清末学部颁布的教科书，颁布

制，倡导实行民主选举，建立议会政治，同时也毫不忌讳地抨击袁世凯操纵临时政府、破坏民主制度的行为。认为在当时的政治条件下，虽然袁世凯占据着大总统的位置，但可以通过议会民主选举，由占据议会多数席位的政党组织责任内阁，掌握国家权力，实现民主共和，从而有效制约袁世凯的独裁统治。1912年12月，第一届国会选举正式开始，各个党派积极投入到国会选举中，选举竞争十分激烈。由于国民党的竞选计划比较严密，宋教仁和广大党员积极准备，最后经过激烈角逐，国民党获得了参议院和众议院的多数席位，成为国会中的最大党派。因此，由国民党组织责任内阁的大局已定，而宋教仁有望成为责任内阁的总理。但是他忽略了北洋军阀背后的武力。

袁世凯系封建旧军阀出身，封建专制思想在他的心中已经根深蒂固。他虽然在表面上赞成民主共和制度，但是从内心深处还是顽固坚持独裁统治。宋教仁在全国各地发表演说，倡导建设民主宪政，组建责任内阁制，已经引起了他的不满。当国民党取得国会多数席位、即将上台组阁的时候，就已经严重威胁到袁世凯的统治，使以他为代表的北洋军阀集团感到极大恐慌。北洋军阀内部已经做好必要的时候刺杀宋教仁的准备。1913年3月20日，宋教仁在于右任、黄兴等人的陪同下前往上海火车站。在车站，突然有暴徒对其开枪行刺。宋教仁被紧急送往医院抢救，由于伤势过重，不幸辞世。

宋教仁被刺杀后，立即在全国引起强烈的反应，全国各界人士纷纷举行哀悼，并强烈要求将凶手缉拿归案。很快就将刺杀宋教仁的凶手武士英和应桂馨抓捕归案。通过对应桂馨住所的搜查，发现了他与北京赵秉均、洪述祖通信的密码和电文。随着对案件的深入调查，案情的真相显现出来，所有的证据将案件背后的主谋指向了国务总理赵秉均和大总统袁世凯。

宋教仁被刺杀的真相曝光后，全国舆论一片哗然。黄兴为此写了一副对联，愤然揭露袁世凯接连杀害革命党人的罪行。孙中山受此教训，认清了袁世凯的真面目，提出立即组织军队，武力讨伐袁世凯的主张。但是，黄兴、胡汉民等革命党人认为南方军队准备不充分，对武力讨袁没有信心，主张通过法律手段解决。国会成立后，许多国民党议员也主张运用议会合法斗争解决问题。袁世凯借此机会，从政治、军事等方面做好了镇压革命党人的准备。革命党人的态度也逐渐强硬起来，随着双方矛盾的日益尖锐，战争一触即发，随后爆发了"二次革命"。

"二次革命"

"宋案"发生以后，袁世凯借此机会，积极准备用武力铲除南方革命党的势力。1913 年 4 月 26 日，未经国会审议，袁世

事　件	时间
了《审定教科用图书规程》。12 月，中华民国第一次国会选举正式开始，国民党获得了国会的多数席位，成为国会第一大党。	
本年，第一次巴尔干战争爆发。3 月至 8 月，保加利亚、塞尔维亚、希腊等国结成反对土耳其的巴尔干同盟。10 月，发动了对土耳其的战争。土耳其很快战败，失去了在巴尔干的几乎全部领土，被迫求和。	
3 月 20 日，宋教仁在上海火车站遭遇暴徒袭击，不幸伤重逝世。宋教仁的遇	1913 年（民国二年）

时间	事 件
	刺引发了"二次革命"。 4月，第一届国会正式开始运作。 4月26日，为了筹集镇压革命党人的经费，袁世凯不顾国会反对，与英、法、俄、德、日五国银行团签订了"善后大借款"合同。 5月，在袁世凯的支持下，国会中处于劣势的民主党、共和党、统一党进行联合，组成了以梁启超为主持人的进步党，以此与国会中的国民党相抗衡。 5月，土耳其与巴尔干同盟签订了和约，土耳其几乎丧失了在欧洲的全部领土，巴尔干半岛各民族最终摆脱了土耳其的统治。 6月，巴尔干半岛各民族由于争夺领土爆发了第二次巴尔干战争。 6月，袁世凯以不服从中央命令为借口，免去了江西都督李烈钧、广东都督胡汉民、安徽都督柏文蔚的职务，并派兵南下，准备武力镇压革命党人。

凯与俄、德、日、英、法五国银行团订立了"善后大借款"合同，作为发动战争的经费。国会中的国民党议员对此项借款表示了强烈不满和抗议，在他们看来，此项借款未经议会审议，不能够予以批准。袁世凯以此为借口，支持国会中居于劣势地位的共和党、统一党、民主党联合起来，建立进步党与国民党相抗衡，并对国会中的国民党议员不断施加压力，以此压制他们用法律解决宋教仁被刺案的呼声。进步党等党派在国会中对袁世凯用武力镇压南方革命党人的行动予以支持。而此时，革命党人内部却犹豫不决，在武力讨袁上产生分歧，意见对立。袁世凯在准备充分以后，大肆攻击诬陷孙中山、黄兴等革命党人"除捣乱外无本领"，并且叫嚣"彼等若敢另行组织政府，我即敢举兵征伐之"。6月，袁世凯下令免除江西都督李烈钧、安徽都督柏文蔚、广东都督胡汉民的职务，并派兵南下，准备进攻革命党人。

面对袁世凯咄咄逼人的态度，革命党内部主张武力讨袁的人数逐渐占据上风，开始采取强硬态度反击袁世凯。孙中山、黄兴等人经过协商达成武力讨袁的共识，开始着手准备武装对抗。7月，李烈钧在江西湖口誓师讨伐袁世凯，宣布江西独立，"二次革命"正式爆发。在江西宣布独立以后，南方受革命党人掌控或者被革命势力影响的江苏、安徽、上海、广东、湖南、重庆等省市随即也纷纷宣布独立，准备武力讨袁。

在南方宣告独立的省份中，以江苏、江西、安徽三省的革命党势力最集中，革命军队战斗力较强，因而战场也主要集中在这三个地区，故"二次革命"又称作"赣宁之役"。由于北洋军准备充分，同时又利用金钱收买等手段瓦解革命军，因此进军顺利，很快便取得战场的主动权。而革命党则由于准备不足，仓促应战，各省的革命势力未能建立起一个统一的领导核心，导致力量涣散，革命军内部的部分将领又被收买、阵前倒戈，因此革命军在战场上的抵抗十分不力，战场形势迅速逆转。8 月中旬，北洋军占领南昌，李烈钧率军被迫退出南昌，江西的革命战斗宣告失败。江苏的革命历程则比较曲折，军事斗争比较激烈，但由于寡不敌众，革命军的领导人黄兴等人又相继离开军队，最终北洋军占领了南京，江苏的革命战斗失败。除了江苏、江西两省的战斗较为激烈以外，其他省市的抵抗都较为微弱，没有发生大规模战争即告溃败。例如，上海宣布独立以后，陈其美领导革命军进攻上海的北洋军，但是由于力量薄弱，遭受重创，很快便溃退下来。安徽宣布独立以后，倪嗣冲领导的北洋军向安徽革命军进攻，迅速推进，很快就击溃革命军。柏文蔚被迫退往芜湖，结果芜湖又很快被北洋军占领。9 月 13 日，熊克武等人撤离重庆，重庆地区的战斗失败，从而标志着

事　件	时间
7 月，李烈钧在江西湖口誓师，准备武力讨袁。与此同时，安徽、江苏、上海、重庆等省市的革命党人也先后宣布独立，"二次革命"正式爆发。	
7 月，白朗起义爆发，成为"二次革命"后反对袁世凯的最大规模的一次农民起义。	
9 月，宣布独立的各省区的革命党人武力讨袁先后失败，"二次革命"最终失败，孙中山、黄兴等革命党人被迫逃亡海外。	
9 月，熊希龄担任内阁总理，内阁司法、教育、农商等总长由梁启超、张謇等人担任。由于梁启超等人都是社会名流，因此这个内阁又叫"第一流人才内阁"。	
9 月，第二次巴尔干战争结束，保加利亚战败。战争促使巴尔干地区各国分裂为两大集团：塞尔维亚、希腊和罗马尼亚联合在一起，俄国在背后支持它们；	

时间	事件
	保加利亚和土耳其联合在一起，奥匈帝国支持它们。 10月，国会选举袁世凯担任中华民国大总统。
1914年（民国三年）	6月，奥匈帝国皇储费迪南夫妇在波斯尼亚首府萨拉热窝遇刺身亡。该事件成为第一次世界大战爆发的导火索。 6月，在美国康奈尔大学留学的中国学生任鸿隽、胡适、赵元任、杨铨等人发起组织了中国科学社，次年正式成立，并创办了《科学》杂志。 7月，中华革命党成立大会在日本东京举行，孙中山担任总理。但是，黄兴等一部分同盟会成员和国民党人员由于与孙中山存在分歧，没有加入中华革命党。

"二次革命"的终结。

仅仅两个月的时间内，南方各省的革命军队在北洋军的打击下就相继溃败了，"二次革命"最终以失败告终，革命党人在南方的势力基本被摧残，革命军队也宣告瓦解，孙中山、黄兴等人被迫流亡海外，北洋军阀的势力得以进入并控制南方地区。袁世凯在镇压"二次革命"以后，加紧在政治上打击革命党人和政治对手，不断走向专制独裁。

日本灭亡中国的"二十一条"

第一次世界大战爆发后，西方帝国主义国家正忙于进行战争，没有时间照顾他们在远东的利益，这就为日本推行"大陆政策"、独占中国提供了有利时机。1914年8月，日本对德国正式宣战。日本参加一战的真实目的，是为了夺取德国在山东的利益，扩大在中国的侵略权益。对德宣战以后，日本随即出兵中国山东，进攻青岛和胶济铁路附近地区。至11月，德军战败，日本占领了青岛，将德国在山东的利益全部据为己有。1915年1月，北洋政府照会日本政府，要求日本撤离占领区域。日本对北洋政府的要求置若罔闻，坚持不肯撤兵。以此为契机，日本更向北洋政府提出获得更大侵略权益的要求。

1915年1月，日本驻华公使日置益拜访袁世凯，向他呈递了"二十一条"文本，并对条款内容进行了逐条解释。他强调袁世凯如果能够承诺接受这些条款，则可以证明中国与日本的友好往来，而日本政府对于袁世凯也将给予相应的援助。他同时又威胁袁世凯，如果中国政府犹豫不决，对待这些条款不断拖延，那么事态恐怕将发生不利的变化。

日本提出的"二十一条"各项条款，分为五号二十一条内容。第一号是关于山东省的，分为四条内容，要求中国承认日本继承德国在山东的一切侵略利益并不断加以扩大。第二号是关于南满和内蒙古东部的，共七条内容，要求北洋政府确认日本在南满及内蒙古东部地区所获得的利益。第三号是关于汉冶萍公司的，有两条内容，要求与中国合办汉冶萍公司；所有属于该公司的矿山，如果事先没有经过该公司的批准同意，不允许外人进行开采。第四号就一条内容，要求北洋政府批准所有中国沿海地区的港湾和岛屿都不能租让给别的国家。第五号共七条内容，其主要内容是要求北洋政府必须聘用日本人来充当政治、军事、财政顾问，中国的警察事业和兵工厂必须与日本人合办，同意日本在福建省有投资、修筑铁路、开矿的权利，批准日本可以在中国布教，等等。

通过"二十一条"的内容可以看出，日本具有妄图独霸中国、将中国变成其独占殖民地的野心。对于这样过分贪婪的要求，日本知道必然会激起中国人民的反对，因此引诱提醒袁世凯，"愿大总统赐

事　件	时间
8月，日本借口"英日同盟"，参加协约国集团，正式对德宣战，随即出兵中国山东。	
8月，留在日本未加入中华革命党的部分国民党人，以讨论研究欧事为名，在东京成立了欧事研究会。欧事研究会坚持反对袁世凯的政治主张，在斗争策略上主张"缓进"方针，反对孙中山的"急进"方针。	
8月，白朗起义失败，白朗牺牲。	
9月，马恩河战役爆发，这是一战中的第一次大规模战略决战，战役以德军战败撤退、英法联军胜利告终。该战役是一战的第一个转折点，德国在6周内打败法国的计划宣告破产。	
11月，山东的德军战败，日军占领青岛，夺取了德国在山东的全部侵略权益。	

时间	事件

以接受，迅速商议解决，并守秘密"。面对日本独占中国的企图，袁世凯也深感震惊，但是碍于国力无法与日本抗衡，同时也为了换取日本对其称帝的支持，他表示愿与日本谈判。北洋政府派出外交总长陆徵祥、次长曹汝霖为谈判代表与日方进行交涉。中、日谈判是在秘密状态下进行的，从1915年2月2日直至4月26日结束，期间进行了二十多次交涉。

为了减少谈判的阻力，降低日本的侵略要求，袁世凯一方面指示谈判的代表尽量拖延谈判时间，与日方周旋；另一方面指示北洋政府将"二十一条"的内容向外界透露出来，引起中外舆论的干涉，对日方施加压力。"二十一条"的内容一经传开，中国广大民众立即掀起了激烈的抗议运动。北京、上海等地的商人、学生及其他阶层人民纷纷组织集会，组建各种团体，声讨日本的无理要求。与此同时，全国还掀起了抵制日货的浪潮。各地民众纷纷要求提倡国货，拒绝日货，很多商店拒绝出售日货，民众纷纷购买国货。受此影响，日本的对华贸易急剧下降。"二十一条"的内容也损害了欧、美列强在华的侵略利益，当西方列强得知这些条款以后，也对日本予以抨击谴责。

至5月9日，日本对北洋政府下了最后通牒，要求中国接受谈判的内容要求。除了第五号内容再商议外，北洋政府接受了日本的要求。5月25日，北洋政府与日本签订了所谓的《中日民四条约》。该条约除了保留第五号内容日后再议外，"二十一条"的其他大部分内容都包括在内。北洋政府接受日本最后通牒的消息暴露出来以后，全国各界民众掀起了更加激烈的反对浪潮，各大城市的爱国团体组织纷纷召开集会，强烈抗议北洋政府接受日本的侵略要求，坚决不承认《民四条约》。全国教育联合会开会讨论决定，以5月9日作为"国耻日"，要求各地学生努力报国、誓雪国耻。

"二十一条"严重损害了中国的主权，激起了中国各界民众的强烈反对和抗议。此后北洋政府也始终未承认其有效性，在巴黎和会、华盛顿会议上不断要求予以改订直至废除，"二十一条"最终未能实行。

袁世凯复辟帝制

辛亥革命推翻了清朝的统治，使得君主专制制度宣告结束，促进了民主共和观念的广泛传播，从此一切在中国企图复辟帝制的图谋，都会逆历史潮流而失败。因此，民国建立以来出现的复辟帝制的"丑剧"都以失败告终。袁世凯复辟帝制始于1915年12月12日。当日，袁世凯正式宣布开始实行帝制，接受百官朝贺，封王授爵，不断筹划登基称帝事宜，俨然以皇帝自居。袁世凯虽然在1915年12月12日宣布实行帝制，但是"登极大典"却未能如期进行，而且不断往后延迟，最终在

事　件	时间
5月9日，北洋政府与日本签订灭亡中国的"二十一条"。	1915年（民国四年）
9月，陈独秀在上海创办《青年杂志》，标志着新文化运动的正式开始。	
12月12日，袁世凯宣布实行帝制，改元建号，宣布1916年为"洪宪元年"。	
12月25日，蔡锷在云南组织护国军，宣布云南独立，反对袁世凯复辟帝制，护	

时间	事件
	国战争正式开始。

1916年3月22日被迫撤销帝制。袁世凯复辟帝制的丑剧历时102天，最终在全国上下一致的反对浪潮中走向失败。

袁世凯在当上中华民国的大总统后，为什么又要走向帝制呢？在中国从清王朝走向民国的过渡时期，袁世凯发挥过重要作用，促使国家相对平稳地过渡到共和政体。但是，袁世凯是一个从封建社会走过来的军阀，没有经历过近代民主政治的洗礼，传统的封建意识在他心中已经根深蒂固，即使他坐上了中华民国大总统的位置，也不会按照民主共和的政治理念来实施政治统治。因为袁世凯毕竟来自传统营垒，来自帝制时代，他不可能按照民主共和的理念和原则行事。袁世凯在取消国会以后，设立了政治会议作为自己的御用机关，又炮制了《中华民国约法》，这样他就一步步地走向帝制。而此时的民国就真的只剩下一副招牌了。

袁世凯的儿子袁克定一直梦想着当上太子，于是便处心积虑地伪造《顺天时报》，他每天准时地将假的、伪造的报纸送给袁世凯一份。这份报纸上登载的都是中外一些人士鼓动、支持袁世凯实行君主制的文章。同时，袁克定还别有用心地扣押了那些反对复辟帝制的信件。这样，袁克定便制造了一种人为的假象，将他的父亲袁世凯蒙在鼓里，让袁世凯误认为社会各界人士都支持他推行帝制。袁克定的行径，也在一定程度上助长了袁世凯称帝的野心。

　　还有一批大臣上呈劝进表，公开鼓吹中国只适合实行君主制，积极支持他称帝。杨度是近代研究宪政的专家，在他看来，中国民智未开，不适合推行民主共和政治，建立日本式的君主立宪政体，一直是他追求的政治目标，从而实现他所期待的"明君贤臣"式的政治运作模式。随着袁世凯个人权势的不断巩固加强，他对帝制的追求越来越明显。而这刚好中了杨度的下怀，他的政治理想和才学终于派到了合适的用场。为此，他专门创作了《君主救国论》这篇大篇幅的文章，大力鼓吹君主制，罗织各种理论及证据来为袁世凯称帝摇旗呐喊。袁世凯很欣赏这篇文章，给予了高度的赞扬，还亲自题写"旷代逸才"的匾额赏赐给杨度。杨度还特别组织成立了"筹安会"来为袁世凯复辟帝制提供舆论和民意支持。为了能够让袁世凯合理地复辟帝制，登基称帝，杨度是无所不用其极。后来，他又与梁士诒一道组建了"全国请愿联合会"，让各方人士纷纷请愿请求实行君主制，同时要求全国各省份专门为确立国体的形式，举行投票选举。在袁世凯复辟帝制的路上，杨度起到了推波助澜的作用，因此杨度也遭到了全国各界反对帝制、维护民主共和人士的强烈不满和痛斥。1916 年 1 月 1 日，袁世凯正式改元建号，定年号为"洪宪"，以 1916 年为洪宪元年。"洪宪"的年号就是弘扬宪法的

事　件	时间

时间	事 件
1916 年（民国五年）	3月，在全国各界人民的一致反对浪潮中，袁世凯被迫取消帝制，恢复内阁制，由段祺瑞组织责任内阁。 5月8日，护国战争中独立各省的领导人在广东肇庆成立了中华民国军务院，由唐继尧担任抚军长。 5月9日，孙中山发表《第一次讨袁宣言》，号召人们把反袁斗争进行到底。 5月31日，日德兰海战爆发，这是第一次世界大战中最大的一次海战。尽管英国的损失大于德国，但是仍然掌握着制海权。此后，北海海域的战斗基本停止，双方开始把注意力集中转向潜艇战和反潜艇战。

意思。袁世凯不过是借用"洪宪"之名而大行复辟帝制之实，为自己的复辟丑剧作掩护罢了。

实际上，袁世凯推行帝制复辟丑剧的真正幕后导演者还是他本人。正是由于他对权力的追求、对帝制的野心，才使自己走上了不归路，遭到全国人民的唾弃。

蔡锷与护国战争

蔡锷1882年12月18日出生在湖南邵阳一户贫寒的裁缝家庭。十六岁的时候进入长沙时务学堂学习，受到了梁启超的赏识并建立了深厚的师生情谊。后又考入东京陆军士官学校，1904年毕业回国后，在云南、广西等省教练新军。不久，被云贵总督聘请到云南担任军职，年仅二十九岁就被推举为云南都督。当时的云南和全国一样，正在酝酿着推翻清王朝的革命运动，蔡锷暗中与同盟会保持联系并给予协助。

1911年10月30日，为响应武昌起义，蔡锷在昆明领导了云南新军起义。起义胜利后，组建了云南军政府，蔡锷被推举为军政府都督。他在云南大力推行新政，使民主共和思想深入人心。由于他的影响力越来越大，地位也愈加巩固，成为袁世凯复辟帝制的障碍。1913年10月，袁世凯以来京调养为名将蔡锷调到北京，剥夺了他的军权，并对他进行严密监视。为了消除袁世凯的疑虑，蔡锷在公开场合表示赞同帝制，又批驳反对帝制的恩师梁启超。他的生活也呈现出胸无大志、醉生梦死的状态，经常在八大胡同鬼混，与名妓小凤仙鹣鲽情深，以致与夫人反目。实际上，面对袁世凯复辟帝制的活动，蔡锷决心以武力相争。他在私下里多次与梁启超会晤，筹划讨伐袁世凯的策略，确定了潜回云南发动护国战争的战略计划。在小凤仙的掩护和帮助下，他于 1915 年 11 月离开北京，秘密奔赴云南。

1915 年 12 月 25 日，唐继尧、蔡锷等人通电全国，公开反对袁世凯复辟帝制，宣布云南独立，组织武装力量讨伐袁世凯。以唐继尧为都督组织护国军，任命蔡锷为护国第一军、李烈钧为护国第二军司令，分别从四川、湘西与广西三个不同方向率军讨伐袁世凯，唐继尧兼任护国第三军总司令留守云南。1916 年 1 月 1 日，云南军政府正式公布了讨伐袁世凯的檄文，号召全国各界民众一致行动起来推倒袁世凯的帝制，捍卫民主共和的果实，护国战争由此拉开序幕。护国军与精锐的北洋军奋战数月，以少胜多，历经四川之役、湘西之战、滇桂边之战等重大战役，连续挫败了袁世凯的军事进攻。随后贵州、广西也相继宣布独立，响应云南护国运动。在全国各界的一致声讨下，袁世凯被迫于 3 月 22 日取消帝制。5 月 8 日，独立的各省在广东肇庆组建了中华民国军务院，与北洋政府相对峙，与此同时，四川、湖南、

事　件	时间

时间	事件

陕西、浙江等省份也相继宣布独立。

面对越来越紧迫的形势，袁世凯身边的心腹段祺瑞、冯国璋等人也借口推辞，不肯出面帮助他收拾局面。而且，冯国璋还私下里与各省的军阀联系，一致共同反对袁世凯复辟帝制。"1916年3月10日，江苏将军冯国璋、山东将军靳云鹏、湖南将军汤芗铭、江西将军李纯、浙江将军朱瑞，五位将军通电全国，反对帝制"。同时，陈宦、曹锟、王占元等军阀也私下里与冯国璋保持联络，对袁世凯称帝保持观望中立的态度。冯国璋此时施展两面派的手腕，一方面利用护国战争的声势威逼袁世凯，迫使其下台；另一方面借用北洋派系军阀来阻挡护国运动，然后坐收渔翁之利。为了收拾残局，袁世凯只能再次去请求段祺瑞出山。可是段祺瑞刚就任国务卿，就立即要求袁世凯交出权力。此后，广东将军龙济光、陕西镇守使陈树藩、四川将军陈宦、湖南将军汤芗铭等人，也先后宣布脱离北洋政府。而且，令袁世凯更为气恼的是，四川将军陈宦在通电中明确表示要与其脱离关系。这几个省的将军都是袁世凯的心腹，对袁世凯忠心耿耿，曾经大力支持袁世凯复辟帝制，而面对全国反对帝制的浪潮，立即见风使舵，转而反对袁世凯称帝。陈宦的通电让袁世凯深感震惊，袁世凯已经落入了众叛亲离的境地。

6月6日，袁世凯在绝望中病死，副

总统黎元洪继任大总统。黎元洪上台后很快就恢复了《中华民国临时约法》，随后又重新召开了国会。7月7日，唐继尧宣布将军务院撤销，护国战争宣告结束。由于护国战争的功勋，蔡锷被推举为四川省督军兼省长。但是，此时的蔡锷已经身患重病，于是东渡日本治疗喉癌。1916年11月8日，蔡锷不幸病逝于日本，年仅三十四岁。

北洋军阀派系斗争及"府院之争"

1916年6月6日袁世凯死后，北洋军阀分为以段祺瑞为首的皖系、以冯国璋为首的直系和以张作霖为首的奉系等主要派系。皖系军阀控制安徽、陕西、山东、浙江、福建等省；直系军阀控制直隶、湖北、江苏、江西等省；奉系军阀则占据东北三省。冯国璋与段祺瑞属于北洋军阀的嫡系，而张作霖起于草莽，后来效忠于袁世凯，成为北洋有实力的军阀。此外，还有一些非北洋系的地方军阀：在北方，有割据山西的晋系阎锡山；在南方，势力最大的是以唐继尧为首的滇系和以陆荣廷为首的桂系，前者占有云贵，后者占有两广。他们之间为了争夺地盘及中央政权进行混战，中国出现了军阀割据的局面。

1916年6月，黎元洪继任大总统，但是北洋政府的大权则由国务院总理段祺瑞把持。6月底，北洋政府恢复了《临时约法》，并于8月重新召开了国会。此后，

事　件	时间
6月6日，袁世凯在众叛亲离中病死，黎元洪继任大总统，宣布恢复《中华民国临时约法》和国会。7月7日，中华民国军务院撤销，护国战争结束。11月8日，蔡锷将军由于身患重病，不幸病逝于日本。本年，第一次世界大战的欧洲战场在西线和东线分别爆发了凡尔登战役、索姆河战役和勃鲁西洛夫的夏季攻势，同盟国军队接连受挫，战略主动权已经开始转移到协约国一方。	1916年（民国五年）

时间	事件

各派政治势力的矛盾集中反映在国会中。国会中的政治势力主要分为两派:"宪法商権会",又叫"商権系",主要由原国民党议员组成,在政治上反对段祺瑞;"宪法研究会",又叫"研究系",在政治上支持段祺瑞。在国会中,两派的斗争不断,又突出地反映在"府、院之争"上。所谓"府"指的是总统府,即以大总统黎元洪为核心的政治势力,其支持者主要是国民党人和南方地方势力;而"院"是指国务院,即以段祺瑞为核心的军阀势力,其支持者主要是研究系成员和支持段祺瑞的北洋督军团。由于双方对中央政府权力的不断争夺,矛盾日益突出。

1917 年的参加第一次世界大战问题,使"府、院之争"更加尖锐化。当时,日本积极怂恿段祺瑞政府对德国宣战,参加一战;而美国则反对中国参加。段祺瑞在日本的鼓动下想以参战为名,借机扩充自己的军事实力;而黎元洪则担心段祺瑞会利用参战进一步加强对中央政权的操控,因此积极响应美国反对中国参战的建议。双方围绕参战问题争论不已,相持不下,矛盾不可调和。正在这时,占据徐州的军阀张勋提出了调停的主张,获得黎元洪与段祺瑞的同意,从而率军进入北京。张勋表面上进行调停,而实际上则是以此为机会拥戴溥仪复辟。1917 年 6 月,他的军队进入北京后,就立刻用武力威胁黎元洪解散了国会。随后,就上演了清室复辟的丑剧。黎元洪迫于无奈只好辞去总统职务，由冯国璋担任临时总统，自己出逃。张勋复辟的丑剧遭到了全国人民的强烈反对，各界群众纷纷予以谴责和声讨。段祺瑞看到解散国会、推倒黎元洪的目的已经实现，就立即通电全国准备武力讨伐张勋。很快张勋的部队就战败了，溥仪被迫退位，这次复辟立即就破产了。而段祺瑞却借推倒张勋复辟的机会，获得了"再造共和"的美名，重新掌握了北洋政府的大权。

段祺瑞重掌大权以后，将国会与《临时约法》弃之不顾，并公开叫嚣"武力统一"全国。为了抵制皖系，冯国璋提出"和平统一"的主张。此后直系与西南军阀暗中联络，相互勾结妥协，实现了"和平统一"，从而宣告了"武力统一"的破产。为此，段祺瑞准备在政治上排挤直系的势力。1918 年 10 月 10 日，段祺瑞收买拉拢一伙反动政客，建立了听命于自己的"安福国会"，选举徐世昌为下届大总统，冯国璋被迫下台。此后，曹锟、吴佩孚掌握了直系的大权，成为直系的新首领，继续与段祺瑞对抗。随着双方的矛盾不断激化，1920 年直系与皖系双方爆发了战争。结果，直系取胜，皖系战败，段祺瑞被迫下野，从而使得直系掌握了北洋政府的大权。

直系职掌了中央大权后，实行武力统一的政策。这一政策遭到一切非直系军阀的反对，各地军阀纷纷以"民主""自治""联省自治"以及其他各种措施来抵

事　件	时间

时间	事　件
1917 年（民国六年）	1 月 4 日，蔡元培就任北京大学校长，提出兼容并包和思想自由的办学指导思想，聘请陈独秀担任北大

制。奉系在直皖战争中曾是直系的盟友，战胜皖系后，它觉得分配不均，在组阁等问题上不断与直系发生摩擦。随着双方矛盾的不断尖锐，直、奉双方于 1922 年爆发了第一次战争，结果奉系战败，直系完全控制了北洋政权。到了 1923 年，由于发动内战，直系的统治已丧失了民心。曹锟为了当总统，大搞贿选，声名狼藉。1924 年 9 月至 10 月，直、奉双方又爆发了二次战争。由于直系将领冯玉祥等人反戈一击，发动了"北京政变"，结果直系惨败。

北洋军阀的最后一台戏是由张作霖、吴佩孚、孙传芳等共同表演的。1926 年至 1927 年的北伐战争，基本上扫除了吴佩孚和孙传芳的主力。1928 年 4 月，国民政府发动了"第二次北伐"，目标是消灭以张作霖为首的军阀集团。5 月下旬，奉军战败，张作霖退回关外。在回去的路上，发生了"皇姑屯事件"，张作霖被日军炸死。皇姑屯事件后，张学良接替父职，宣布东北改易旗帜，遵从国民政府的统治。至此，北洋军阀基本退出了历史舞台，国民政府实现了对中国形式上的统一。

蔡元培与北京大学

蔡元培（1868 年 1 月 11 日—1940 年 3 月 5 日），浙江绍兴人，我国现代著名的教育家、革命家和政治家。蔡元培的名字与北大紧紧相连，是他造就了北大的光辉业绩，促使北大成为了"新文化运动的中心，五四运动的策源地，民主和科学的开创地"。是他将原为官僚衙门的北大，改造成为思想活跃、学术氛围浓厚的现代高等学府，因此他也被称为"现代高等教育之父"。

北京大学的前身是创办于 1898 年的京师大学堂，是中国近代第一所国立大学，也是中国近代国立高等教育的开端。京师大学堂成立之初，既是国家最高学府，也是国家最高教育行政机关。1912 年 5 月 4 日，京师大学堂更名为北京大学。然而，那时的北京大学，并不是真正意义上的大学，整个学校充满了浓厚的官僚衙门习气，被戏称为"官僚养成所"。所谓的教师，或是北洋政府的官僚，或是开后门进来的不学无术之徒。他们的授课方式，多是把讲义印出来分发给学生，诵读一遍草草了事；而学生多是"官二代"和"富二代"，他们来北大并不是真正想读书，只是为了混个文凭，以便日后为官。学生们在校期间花费精力最多的，或是巴结教师中的官僚，为自己日后仕途行方便，或是吃喝玩乐。陶希圣曾回忆说：当时北京八大胡同的重要顾客主要是来自两院一堂。而"一堂"，就是指京师大学堂，即北京大学。

1916 年 12 月 26 日，蔡元培接受了北京大学校长委任状。1917 年 1 月 4 日，从欧洲游学回国不久的蔡元培，正式就任北

事　件	时间
文科学长，于是《新青年》杂志也由上海迁到北京。	
1 月，胡适在《新青年》发表《文学改良刍议》，提倡白话文，系统提出了文学改良的八项主张。	
2 月，德国开始在海上实行无限制潜艇战，给协约国集团和其他中立国的海上运输带来严重威胁。由此，美国宣布与德国断绝外交关系。	
3 月，俄国爆发了二月革命，推翻了统治俄国三百多年的罗曼诺夫王朝。	
4 月，列宁由国外回到彼得格勒，发表了著名的《四月提纲》，提出推翻资产阶级临时政府，建立无产阶级专政，把全部政权转归苏维埃。	
4 月，美国正式对德宣战，加入协约国集团，从而使得协约国的力量更加壮大，促使战局朝着有利于协约国的一方转化。	
6 月，张勋以调停"府、院之争"的名义率领辫子军进	

时间	事　件
	入北京，趁机拥戴溥仪复辟帝制。
	7月，在张勋、康有为的谋划下，溥仪宣布复辟帝制。张勋复辟的丑剧，引起了全国各界人民的强烈反对，各界群众纷纷发表宣言，要求取消帝制。
	7月，段祺瑞看到利用张勋推倒黎元洪、解散国会的阴谋已经得逞，就发表通电反对复辟，组织"讨逆军"讨伐张勋。张勋很快战败，仅仅维持12天的帝制复辟随即失败。段祺瑞以"再造共和"的名声，重新职掌北洋政府的大权。
	8月，北洋政府发布《大总统公告》，正式对德国宣战，参加第一次世界大战。
	9月，段祺瑞重新执政后拒绝恢复《临时约法》和国会，因此为了反对段祺瑞的独裁统治，孙中山联合西南军阀，成立中华民国军政府，领导发动了护法运动。
	11月2日，美国国务卿蓝

京大学校长。蔡元培上任后做的第一件事就是给北大定位。1917年1月9日，蔡元培在就职演说中指出："大学者，研究高深学问者也。"大学生的职责应当以研究学术为使命，不应当把大学当作升官发财的阶梯。而未来的北大要"为全国文化之中心，立千百年之大计"。这在当时无异于一声惊雷，震惊了全国。蔡元培还用实际行动让人们看到了一个不一样的大学校长。1917年1月4日，蔡元培就任北京大学校长的第一天，他在校门口下车，向对他鞠躬致敬的校工们回以深深一躬。当时北大校长是内阁大臣待遇，对校工们应该是视而不见的。

蔡元培上任后做的第二件事就是不拘一格引进人才。蔡元培深知，要将北大办成真正意义上的大学，吸收一批有思想、有学识的人才是当务之急。他明确指出：大学主要就是研究学问的场所，学者应当有研究学问的兴趣，特别是应当培养学问家的品格。"人才为大学之根本，兴化致治，必俟得人"。为了聘请人才，他求贤若渴，不拘一格。例如，吸收陈独秀进入北大就是例证。蔡元培是在翻阅了数册《新青年》后，决定聘陈独秀做北大文科学长的。当时陈独秀在上海办《新青年》杂志，并不愿意来北京。蔡元培就来到陈独秀在北京居住的旅馆，耐心劝说，陈独秀终于被打动了，连同《新青年》杂志一起来到了北京。

正是蔡元培不拘一格网罗人才，才使北大汇聚了陈独秀、李大钊、胡适等新思想的旗手；陈垣、徐悲鸿、熊十力、马寅初等学界名流；李四光、丁燮林、翁文灏等学科大家；傅斯年、冯友兰、朱自清等优秀学生，北大才有了中国大学史上最强大的师生阵容。

蔡元培上任后做的第三件事，就是确定了"兼容并包，思想自由"的办学指导思想，从而在北大出现了绝对提倡白话文的一派，也有极端维护文言文的一派。甚至可以说中国当时有多少学派，北大就有多少学派。性学博士张竞生被视为"中国文妖"，其所著《性史》中的部分观点，即使在今天也难以被大众所接受，更别说在当时了，却被蔡元培邀请到北大讲授哲学。蔡元培说：我一直相信学术上没有绝对的派别，都是相对的。每一学科的教员，即便是观点看法不同，但是如果能够自圆其说、所坚持的见解有根有据，就可以让他们同时存在，从而使得学生能够有广泛的选择空间。"兼容并包，思想自由"，使北大学术大师辈出，学术硕果累累，成为全国新文化运动的阵地和学术中心。经过大师们的身体力行，锻造为北大精神，造就了北大的辉煌。

新文化运动的旗手们

1915 年 9 月 15 日，以陈独秀主办的《青年杂志》在上海创刊为标志，新

事　件	时间
辛与日本外相石井菊次郎在华盛顿签订了《蓝辛石井协定》，规定美国承认日本在中国的侵略权益，日本则承认美国的"门户开放"政策。	
11 月 7 日，俄国十月革命爆发，推翻了资产阶级临时政府，建立了无产阶级专政的苏维埃政权。俄国十月革命，具有重要的历史意义，推动了马列主义在世界范围内的传播，向各国人民展示了一条新的寻求民族解放的道路。	
11 月 8 日，十月革命发生以后，俄国苏维埃政权向一切交战国提出和平谈判，宣布退出了战争，与德、奥集团展开谈判。	
3 月，协约国最高军事委员会任命法国元帅福煦担任	1918 年（民国七年）

时间	事件
	最高统帅，从此协约国集团在福煦的指挥下向德国发动了连续进攻。
	4月14日，毛泽东、蔡和森、肖子升等人在长沙发起成立新民学会。学会最初以"革新学术，砥砺品行，改良人心风俗为宗旨"。它是"五四"时期影响较大的进步社团。
	5月，段祺瑞政府与日本签订了《中日陆军共同防敌军事协定》和《中日海军共同防敌军事协定》。通过这两个军事协定，日本取得了在我国驻兵和军队自由出入我国东北和内蒙地区的特权。
	5月，留日学生为抗议段祺瑞政府和日本签订军事协定，成立了"大中华民国救国团"，号召集体分批请愿回国。
	5月，由于西南军阀和北洋军阀相互勾结，在中华民国军政府中排挤孙中山，导致护法运动失败，孙中山被迫辞职。

文化运动正式开始。他在创刊号上发表的《敬告青年》提出"自主的而非奴隶的""进步的而非保守的""世界的而非锁国的""实利的而非虚文的""科学的而非想象的"，强调"当以科学与人权并重"，标志着新文化运动的正式开启。1917年1月，由于受到蔡元培的邀请，陈独秀前往北大担任文科学长，《新青年》也随之迁往北大。借助北大民主自由的风气，《新青年》杂志的影响力不断扩大，逐渐形成了一个新文化阵营。陈独秀、胡适、李大钊、鲁迅、易白沙等文化健将于是脱颖而出，成为新文化运动的旗手和代表人物。他们登上了文化的舞台，以民主和科学作为指导思想，猛烈地抨击封建主义。新文化运动的基本内容是：提倡西方民主政治，反对封建专制统治；提倡西方近代科学，反对封建迷信；提倡新文学，主张推广白话文，开展文学革命，反对旧文学和文言文；提倡新道德，反对封建旧道德和伦理纲常。

陈独秀（1879—1942），新文化运动的旗手。他举起思想启蒙的大旗，提出民主与科学的口号，将它们称作新文化运动的两面旗帜。他将民主与科学比作车的两个轮子，强调它们是促进国家强大的两大基础。他指出：要提倡西方的民主，就必须反对以儒家思想为核心的纲常礼教；要提倡西方的科学，就必须反对封建的艺术和宗教；同时提倡民主与科学，就必须反对国粹和封建的旧文学。他宣称，中国政治、道德、学术思想上的问题，只能通过学习、引进西方的民主与科学才能解决。此外，他还写了《文学革命论》等文，提倡文学革命，撰写《孔子之道与现代生活》否定以孔子为代表的封建礼教，提倡新伦理道德与现代文明生活。

胡适（1891—1962），是新文化运动的另一代表旗手。1917 年，他撰写《文学改良刍议》一文，提出了改良文学建议，主张采用白话文作为文学创作的语言，被称为文学革命"首举义旗的先锋"。他首倡白话文，认为白话文代表着中国社会的发展趋势，并创作了《尝试集》这部白话诗集。他提倡民主和科学，受易卜生的影响，针对当时的社会形势，他倡导健全系统的个人主义——个人的自我拯救；妇女解放——救出他人；打破家庭孝道——救救孩子；和社会自由——人人平等的奋斗途径。

李大钊（1889—1927），字守常，河北乐亭人。他先后发表了《〈晨钟〉之使命》，强调"民族的自觉"、"青年之责任"。他又在《新的！旧的！》一文中，主张青年要在政治、社会、文学、思想等方面"开辟一条新径路，创造一种新生活"。他在《孔子与宪法》一文中，指出孔子的思想其实是为君主专制服务的，认为宪法是实现当今国民自由民主的证券。他在《东西文明根本之异点》一文中，强调西方文明是动的文明，是"依重国民""重在个

事　件	时间
5 月，鲁迅在《新青年》上发表《狂人日记》，这是中国新文学运动中的第一篇白话小说。	
7 月，李大钊、王光祈、曾琦等人在北京发起成立少年中国学会。它是五四时期人数最多、分布最广、存在时间最长的一个社团，其成分比较复杂，会员有着不同的思想倾向。	
9 月，段祺瑞组成以徐树铮、王揖唐为首的"安福俱乐部"，操纵国会选举，选出徐世昌为下届总统，把以冯国璋为首的直系势力排挤出中央。	
11 月，德国在巴黎东北方贡比涅森林的火车厢里与协约国签订了停战协定，第一次世界大战宣告结束。	
12 月，陈独秀、李大钊、胡适创办了《每周评论》杂志。	
本年，德国人斯宾格勒推出《西方的没落》一书，断言西方文化正在走向没落。	

时间	事 件
1919 年（民	1 月，第一次世界大战的战

性解放""重科学创造"，主张应当竭尽全力地吸收西方文明的优点，来弥补东方文明的不足。他还发表了《法俄革命之比较观》《庶民的胜利》等文章，广泛地传播马克思主义。

鲁迅（1881—1936），原名周树人，文学家、思想家、革命家，字豫才，浙江绍兴人。1918 年，发表了《狂人日记》，这是中国现代史上第一部白话小说，批判了封建礼教对人的毒害。把反封建礼教的革命内容与白话文的形式结合起来，树立了新文学的典范，被誉为是文学革命的主将。他的小说《狂人日记》《孔乙己》《药》等，为新文学的发展奠定了坚实的基础。小说《阿 Q 正传》的发表，成为新文学发展历史上的优秀代表作品。

易白沙（1886—1921），湖南长沙人。1916 年 2 月，《新青年》上刊载了他的《孔子平议》一文，打开了批判传统儒家思想的缺口。他认为两千多年来儒家思想能够在中国传承延续下来并成为封建社会的正统思想，只因为儒家思想理论是为君主专制统治服务的，被历代统治阶级所利用，成为束缚和禁锢人民思想的工具，因此他率先喊出了"打倒孔家店"的口号。为了保障学术思想的自由，他主张学术应当通过争鸣、辩论等方式获得进步发展。

外交家顾维钧与巴黎和会

第一次世界大战结束后，作为战胜国

的协约国集团于 1919 年 1 月召开了巴黎和会，中国作为战胜国参加了会议。对于这次会议，中国各界寄予厚望，希望可以借此机会废除列强在华的不平等权益。为此，北洋政府派出了由陆徵祥、顾维钧、王正廷、施肇基、魏宸祖 5 个全权代表组成的中国代表团。因此，中国代表团提交给会议 7 个议案，主要是关于维护国家主权、废除列强通过不平等条约获取的侵略权益等内容。

然而，中国代表团刚到巴黎就遭到了第一个不公平的待遇——和会的席位问题。和会筹备时就将与会的国家划分 3 等：一等的 5 个国家英、美、法、意、日可以有 5 个席位，新成立、独立的国家两个席位，其他国家 3 个席位。中国参加协约国集团以后，英国与法国给北洋政府承诺，在战后召开的会议上将承认中国的大国地位、可以给中国安排 5 个席位。但等到会议召开后，却只有两个席位给予中国。经过再三争取，仍旧只有两个席位安排给中国代表团，只是代表团成员可以相互轮换出席会议，于是中国代表团的 5 位成员只能轮流参加会议。

顾维钧在有关山东权益的维护方面发挥了重要作用。1919 年 1 月 27 日上午，在由 5 个大国组成的 10 人会议上，日本主张将德国在山东的权益占为己有。中午，大会通知中国代表团下午到会作相关的陈述。对于山东问题，中国代表团提交

事　件	时间
胜国在巴黎召开和会，商讨战后世界秩序的重建和处置战败国问题，会议的实际操纵者是美国总统威尔逊、英国首相劳合·乔治、法国总理克里孟梭。	国八年）
2 月，北洋政府与南方军政府在上海举行和谈，主要讨论停战范围问题和借款问题，实际上是商讨如何划分地盘和分配四国银行团给予的贷款问题。	
2 月，北京高等师范学校学生匡互生、周予同等发起成立工学会，主张学生学会做工，并帮助劳动者求学。	
3 月，共产国际在莫斯科正式成立，列宁主持召开了成立大会，从而开辟了国际共产主义运动的新阶段。	
3 月，北大学生邓中夏、廖书仓等发起组织平民教育讲演团，不定期在街头演讲，宣传爱国反日、民主自治思想，反对封建家族制度，破除封建迷信思想。	
5 月，巴黎和会上帝国主	

时间	事　件
	列强将中国山东的权益转让给日本，这一消息传回国内，引起了国内人民的极大愤慨，特别是青年学生的强烈抗议，从而引发了伟大的反帝反封建的五四爱国运动。
	5月，在上海举行的南北双方和谈，由于美、英和日本在中国的争夺激烈，直、皖两系军阀也相持不下，谈判最终破裂。
	6月，由于国内各阶层人民的强烈反对，出席巴黎和会的中国代表没有出席会议的最后签字仪式，拒绝在对德和约上签字。
	7月，毛泽东在长沙创办了《湘江评论》，对传播马列主义起到了重要作用。
	9月，以周恩来为代表的一批先进分子在天津成立了觉悟社，主张研究新思潮。
	9月，章士钊发表《新时代之青年》的演讲，主张新、旧调和，由此引发了"文化调和"问题的争论。

的议案中已经包括了相关问题，代表团成员认为这些议案可以被会议顺利通过，不需要再过多地准备。但是，面对日本和会议的无理要求，中国代表团事先并不知情，没有准备，有点猝不及防。经过代表团争取后，会议同意中国代表团第二天陈述。获取德国在中国山东的权益是日本的重要目的，为此日本做了充分准备，而中国代表团只能仓促应战。第二天上午，顾维钧代表中国发言，他以高超的外交谈判技巧做了精彩的陈述。他首先指出日本将德国从山东赶走，是对中国人民的支援，中国对此表示感谢，但是对于日本和中国之前达成的有关山东问题的协议采取回避的策略，而是从中国的历史文化入手，说明山东是中国不可分割的一部分。最精彩部分是在陈述的最后，他问日本代表牧野："耶稣是西方世界的圣人，在耶路撒冷殉难，从而使得耶路撒冷这座古城举世闻名。孔子是东方世界的圣人，日本人也这样尊称他，牧野先生赞同这一观点吗？"对于顾维钧的发问，牧野只能表示点头赞同。接着，顾维钧做了最精彩的总结："既然牧野先生也赞同东方的圣人是孔子，那么山东作为孔子的诞生地就是东方的圣地。所以，如同西方世界不能放弃耶路撒冷一样，中国也不能失去山东。"巴黎和会的三巨头——克里孟梭、劳合·乔治和威尔逊听完顾维钧的陈述后，一起走上前与他握手，称赞他是中国的"青年外交

家"。

顾维钧拒绝在巴黎和会将山东权益转让给日本的协议上签字，表明了外交家维护国家利益和尊严的责任担当意识。至 4 月，巴黎和会讨论山东问题时，日本代表拿出来一份与英国、法国、意大利所订立的有关山东问题的秘密协议，在协议中他们答应将德国在山东的侵略权益转让给日本，这份协议是为争取日本参加对德战争所订立的。会议最终决定牺牲中国的权益，满足日本的要求，同时施加压力强迫中国无条件接受。此时北洋政府得到消息后，竟然这样告知代表团成员：对于列强要求的签字问题，根据实际情况自行考虑是否同意。看到这份电报，代表团人员心灰意冷，有人找借口离开了巴黎，有人住进了医院，最后仅剩顾维钧一人！只有拒签才能表明中国的立场！于是，当最后举行签字仪式的时候，顾维钧没有出席签字会议，拒绝签字。这是近代以来中国第一次在与列强的和约上拒绝签字，顾维钧也因此成为拒绝与列强签字的第一人。既然没有签字，那么和约就对中国没有效力，日本企图获取山东权益的阴谋也就不能得逞，从而为山东问题的最终解决留下了伏笔。

火烧赵家楼与五四运动

在 1919 年的巴黎和会上，中国作为战胜国，代表团提出收回由战败国德国占

事　件	时间
1月，《凡尔赛条约》正式生效，从而预示着国际联盟	1920 年（民国九年）

时间	事件

正式成立。

2月，恽代英、林育南等人组织了利群书社。该书社发行了大量的进步书刊，对于促进湖北地区的马克思主义传播起了重要的作用。

3月，在李大钊的倡导下，成立了北京大学马克思学说研究会，成员有邓中夏、罗章龙、高君宇、刘仁静等人。

3月，共产国际派代表维经斯基等人来到中国先后会见李大钊、陈独秀，商谈建立共产党的问题。

5月，陈独秀发起组织了马克思主义研究会，成员有李汉俊、李达、陈望道、沈雁冰等人。

6月，中国共产党上海发起组成立，成员有陈独秀、李汉俊、李达、陈望道等人，陈独秀被推为书记。上海发起组担负着发起和筹建中国共产党的任务，其他地区党组织的建立，都与上海发起组有直

领的山东及其权益，但列强们从自身的利益考虑，最终决定将德国占领的山东及其权益转交给日本。消息传回国内后，引发了国内人民的强烈抗议。为抗议帝国主义列强对中国的宰割行径、迫使北洋政府拒绝签字，北京各校爱国学生决定举行集会，开展示威游行。

1919年5月4日下午，北京大学、北京高师、高等工业学校等13所高校的三千多名学生在天安门前聚集，纷纷喊出"拒绝在巴黎和会上签字""废除二十一条"等口号，要求北洋政府惩处曹汝霖、陆宗舆、章宗祥等三人。当游行示威的学生队伍走到东交民巷使馆区时，受到了军警的阻挠，于是愤怒的人群便转向赵家楼胡同曹汝霖的住处。由于曹汝霖逃窜，章宗祥此时来北京述职正暂时寄居在曹家，于是游行的学生便将章宗祥痛打了一顿，并将屋内易燃物品点燃，这就是"火烧赵家楼"事件。曹宅起火后，北洋政府出动了大批军警赶往现场，抓捕了来不及撤离的学生32人。

曹汝霖时任北洋政府交通部长，章宗祥时任驻日公使，陆宗舆是北洋政府前任驻日公使，时任交通银行股东会长、中华汇业银行总经理。他们三人都曾经由袁世凯派遣，参与签订了丧权辱国的"二十一条"，埋下了巴黎和会上外交失败的隐患。段祺瑞执政时，为了稳定统治、武力统一全国，从日本举借了巨额的款项。从

1917 年 1 月至 1918 年 10 月，曹汝霖一共处理负责了十项与日本的贷款事宜，总金额高达 1.44 亿日元；由章宗祥签字的借款有："满蒙四铁路借款"2000 万元，"济顺高徐二铁路借款"2000 万元，"参战借款"2000 万元。而"济顺高徐铁路借款"，则是把山东的路权转让给日本换来的，给中国带来了非常严重的后果，直接使中国试图在巴黎和会上解决有关山东问题的计划落空。1918 年 4 月，陆宗舆打着汇业银行总经理的旗号，代表段祺瑞北洋政府同日本先后订立了两项借款金额总计达到了 5000 万日元的合同，分别是："有线电报借款"合同、"吉黑两省金矿及森林借款"合同。通过这两项借款合同，日本攫取了中国有线电报的财产和收入以及吉林、黑龙江两省的森林与金矿资源。与日本订立的这些借款合同，使得中国丧失了更多的政治、经济、军事等涉及内政与外交的权益，埋下了巴黎和会上中国外交失败的隐患。

因此，北京各高校的学生们决定以打击曹汝霖、章宗祥、陆宗舆为目标举行示威游行。北京高校学生的爱国行动，得到了全国各地的热烈响应，由此演变成大规模的罢课、罢工、罢市斗争，并逐步波及到全国主要城市，成为中国历史上具有重大影响的五四运动。经过全国各地人民的不断抗争，6 月 10 日，北洋政府免去了曹汝霖、陆宗舆、章宗祥三人所担任的职

事　件	时间
接的联系。	
7 月，直、皖战争爆发，结果皖系战败，北京政权落入直、奉两派军阀手中。	
8 月，上海社会主义青年团首先成立，由俞秀松任书记，团员有刘少奇、任弼时、萧劲光、罗亦农等人。此后，北京、长沙、武汉、广州等地的社会主义青年团也先后建立起来。	
8 月，由陈望道翻译的第一个中文译本的《共产党宣言》正式出版。	
10 月，李大钊发起成立了北京共产党小组。	
11 月，孙中山抵达广州，重新组建了军政府，发起第二次护法运动。	

时间	事件

务，五四运动取得了初步的胜利。此后全国人民又掀起了更大的抗议浪潮，各界群众纷纷要求代表拒绝在巴黎和会的《凡尔赛条约》上签字。6月28日，中国代表团没有参加巴黎和会的最后签字仪式，拒绝在《凡尔赛条约》上签字，五四运动取得了又一个胜利的成果。

为了纪念这一伟大的爱国运动，1939年陕甘宁边区西北青年救国联合会将5月4日设为青年节。1949年12月，中央人民政府政务院正式将5月4日定为青年节。

第八章　国民革命：黑暗中国的曙光

中国共产党的成立是中国历史上的一件大事，它标志着代表工农大众利益的政党的崛起。从此，中国工农运动有了自己的领导核心。由于中国共产党革命目标远大、组织严密、群众基础广泛，从而成为与中国国民党并驾齐驱的主要政党。还由于共产党在民主革命阶段目标与国民党奋斗目标的接近或一致而受到孙中山的重视，最后形成了国共的第一次合作，取得了北伐的胜利。尽管国民党的统治范围不断扩大，但共产党自身也获得了极大发展，在全国许多省份，工农运动如火如荼地开展起来。但由于国共两党的立党宗旨不同、价值体系迥异，对于中国革命的认识及所走的道路不同，最终只能分道扬镳。

1920 年 1 月，毛泽东在陶然亭慈悲庵与"辅仁学社"成员合影

中共一大会议会址

南京中山陵

1924 年 6 月 16 日，孙中山、宋庆龄与廖仲恺（左一）、蒋介石（左二）在黄埔军校开学典礼检阅台上

上海工人武装起义队伍

国民党反动派捕杀革命群众

国民党反动派捕杀革命群众

时间	事　件
1921 年（民国十年）	4 月，在广州召开的国会非常会议选举孙中山为中华民国非常大总统。 5 月，孙中山正式就职，撤销了军政府，成立了正式政府。 6 月，孙中山下令讨伐桂系陆荣廷。6 月，统一了两广，然后准备北伐直系，统一中国。 6 月，共产国际代表马林、尼克尔斯基来到中国上海，与李达、李汉俊建立工作联系，建议尽早召开党的全国代表大会，建立中国共产党。 7 月，中国共产党第一次全国代表大会在上海召开，宣告了中国共产党正式成立。 8 月，中国劳动组合书记部正式建立，成为领导工人运动的正式机关，并创造了机关刊物《劳动周刊》。 11 月，张太雷受中国共产党和少共国际的委托，重新组建了社会主义青年团，并于次年 1 月，创办了

南湖游船上诞生了中国共产党

浙江省嘉兴市南湖革命纪念馆里有一艘画舫被称为"红船"，它是中国共产党的"母亲船"，中国共产党在这里正式成立。"红船精神"表明了中国共产党从初创时期开始，就不断坚持和实践自身的先进性。

自五四新文化运动始，马克思主义开始在中国不断传播，并逐步与工人运动结合起来，形成新的革命理论。建立工人阶级自己的政党，已经成为历史的必然要求。随着一批信仰马克思主义先进知识分子的宣传和努力，许多城市和地区建立起了共产主义小组，推动了各地共产党早期组织的建立。各地小组代表在指导工人运动、开展宣传马克思主义工作的同时，还就建立全国性的共产党组织进行了商讨。共产国际对于建立中国共产党，也提供了大量的建议和指导。1921 年 6 月初，共产国际派遣马林和尼克尔斯基为代表，先后来到上海，指导建立中国共产党的工作。他们会见了上海共产主义小组的成员李汉俊、李达等人，认为中国已经具备了建立全国性、统一的共产党组织的条件，建议应当尽早建立中国共产党。李达、李汉俊立即将这一建议反馈给陈独秀、李大钊。经过共同讨论，于是决议将中国共产党的成立大会选择在上海举行。随后，他们与各地的共产主义小组建立联系，要求指派代表来上海参加建党会议。不久，北京、济南、广州、武汉、长沙和旅日的共产党早期组织，一共选派出 13 名代表。

出席中共"一大"的这 13 位代表，绝大多数都是年龄不足三十岁的年轻人，只有何叔衡四十五岁，是当时年龄最大的会议代表。为了隐蔽自己的身份，他们身穿各种不同的服装，有的打扮成知识分子的模样，有的身穿传统的长袍服装，还有的西装革履富有现代气息，对外打着"北大暑期旅行团"的旗号，奔向共同的目的地上海。他们到达上海以后，暂时住在上海博文女校，在这里进行了会议的筹备和议程安排工作。正是这些代表，组织建立了中国共产党，见证了中国共产党的成立。

1921 年 7 月 23 日，中国共产党第一次全国代表大会在上海召开，会议地点设在李汉俊之兄、同盟会成员李书城家里。除 13 位代表外，还有共产国际代表马林与尼克尔斯基。中国共产党的两位创始人陈独秀与李大钊由于工作繁忙，未能出席大会。会场尽管设在李书城家里，布置简陋，但是大会却在热烈严肃的氛围中召开。经过与会人员决定，大会由张国焘主持，毛泽东与周佛海负责做会议的记录工作。共产国际代表马林首先进行了开幕式发言，指出中国共产党的成立具有重要的历史意义，她是共产国际的组成部分，要求中国共产党在共产国际的领导下开展工作。接着，与会代表讨论制定了大会的日程安排和议题。7 月 24 日至 30 日，会议

事　件	时间
《先驱》半月刊，作为团的机关刊物。	
11 月，美、英、日、法、意、中、荷、葡、比九国会议在华盛顿举行。这次会议实质是巴黎和会的继续，是帝国主义各国根据战后力量对比对远东和太平洋地区殖民地与势力范围的再一次分割。	

时间	事件
1922年（民国十一年）	2月，参加华盛顿会议的九国签订了《九国公约》，打破了日本独占中国的企图，又使中国重新回到几个帝国主义国家共同支配的局面。

紧张有序地进行着，代表们进行了热烈讨论。其中 25 日、26 日两天休会，主要是忙着起草、制定党纲。30 日晚，正当会议讨论各种议题时，突然闯入了密探，随后引来了法国巡捕的搜查，会议遭到了破坏，被迫中止休会。后来在李达夫人王会悟的建议下，与会代表从上海乘坐火车转移到浙江嘉兴。

8 月 3 日，在王会悟的安排引导下，会议在嘉兴南湖的一艘画舫上继续举行。与会代表们通过了《中国共产党党纲》《中国共产党第一次代表大会宣言》等文件，选举产生了中央领导机构，确定了党的中心工作和主要任务就是组织工人阶级、领导工人运动等一系列重要议题。经过一天的紧张讨论与商议，大会完成了制定安排的各项议程，标志着中国共产党的正式建立。从此，中国有了崭新的、以马列主义为指导、以共产主义为目标、全国集中统一的无产阶级革命政党，中国的民主革命步入了新的奋斗历程。

油画《毛主席去安源》：那些年工人运动的往事

《毛主席去安源》这幅油画描绘的是青年毛泽东身穿蓝色长衫，右手执红色油布伞，行走在山岗上，前往安源路矿领导工人开展罢工运动的场景。1967 年 10 月 1 日，该油画在中国革命博物馆首次与观众见面，受到了广大群众的喜爱。为了向

党的生日献礼，该油画于 1968 年 7 月 1
日在《红旗》杂志、《人民日报》与《解
放军报》等刊物上同时发表。从此该油画
在全国大量印制发行，发行总量达到 9 亿
多张，数量居世界之最。随后又发行了纪
念邮票，并制作了像章。这幅油画所反映
的历史事件，就是著名的安源路矿工人大
罢工。

中共"一大"确立了党的中心工作就
是领导工人运动，为此，1921 年 8 月，中
共在上海成立了中国劳动组合书记部，作
为领导全国工人运动的公开机构。随后，
中共派出大批党员进入各地的工厂，深入
到工人群体中，利用创办刊物、开办补习
学校等形式，宣传马克思主义和中国共产
党的主张。经过努力，工人罢工斗争不
断开展起来，从 1922 年 1 月到 1923 年 2
月，工人运动出现了第一次高潮，其中安
源路矿工人大罢工就是规模和影响较大的
一次。

安源路矿由株萍铁路和萍乡煤矿组
成，是两者的合称。修建株萍铁路主要是
为了运送萍乡的煤炭，两者是紧密联系
的。路矿两局共有工人 1.7 万余人，中共
最初领导工人罢工斗争的时候，曾把这里
作为工作的重点地区。1921 年底，时任
中共湘区区委书记的毛泽东首次来到这里，
对发动这一区域的工人进行罢工运动的可
行性进行实地调研。从 1921 年底到 1923
年初，毛泽东曾四次到安源开展调查指导

事　件	时间
2 月，中国共产党开办了平民女校，培养了一批妇女干部，推动了妇女解放运动的开展。	
4 月，第一次直奉战争爆发，结果奉系战败，撤回了关外，直系军阀独霸了北京政权。	
5 月，在广州召开了中国社会主义青年团第一次全国代表大会，通过了团的纲领和章程，选举了团的中央执行委员会，宣告了中国社会主义青年团的正式成立。	
6 月，中国共产党发表《中国共产党对于时局的主张》，这是中共第一次公开发表的重要政治声明，比较详细地分析了近代中国的政治经济状况，并提出了以反帝反封建为内容的 11 项斗争目标。	
6 月，陈炯明在广州发动叛乱，围攻总统府，孙中山脱险后登上了永丰舰，被迫离开广州，第二次护法运动失败。	

时间	事件
	7月，中国共产党第二次全国代表大会在上海召开，制定了党的最低纲领和最高纲领，在近代中国革命史上第一次明确地提出了反帝反封建的民主革命纲领，为以后探索中国革命的基本规律奠定了基础。
	8月，中共中央在杭州西湖召开特别会议，谈论了与国民党合作的具体形式问题。
	9月，中共中央的机关刊物《向导》周报在上海创刊，由蔡和森担任主编，在各大城市设立分销处。
	10月，墨索里尼指挥由3万名法西斯行动队员组成的"进军队伍"向罗马进发，迫使法克特政府辞职。意大利国王任命墨索里尼担任内阁总理，组成第一届法西斯政府。

工作。后来，中共又派遣李立三、刘少奇等人来到这里，进行罢工的组织准备工作。经过细致的工作，共产党组织的力量发展比较迅速，先后建立了社会主义青年团组织与中共支部，并同时成立了工人俱乐部。工人俱乐部建立以后，不断进行宣传鼓动和组织工作，很快发展成为工人罢工的领导力量。

罢工运动的迅速发展，威胁到路矿当局资本家的利益，他们勾结萍乡县署于1922年9月初，封闭了工人俱乐部。此时路矿当局已经连续三个月拖欠工人工资，把工人推向死亡的境地。在中共党组织的周密部署下，9月14日凌晨，安源路矿工人联合起来，开始举行大罢工，工人们喊着"从前是牛马，现在要做人"的口号，与路矿当局资本家展开斗争。罢工运动由李立三担任总指挥，负责统筹一切相关事宜；工人俱乐部全权代表由刘少奇担任，与路矿当局的资本家代表展开谈判。罢工斗争发生以后，资本家采取了利诱、镇压等种种手段破坏罢工，甚至以600元大洋悬赏、派人刺杀李立三等。由于前期组织严密、准备充分，刘少奇与路矿当局谈判时义正辞严，据理力争；广大工人也运用了机智灵活的斗争方法，积极配合刘少奇的谈判斗争，从而使路矿当局被迫接受了工人要求的13项条件，安源路矿罢工斗争最终取得了胜利。

安源路矿工人罢工斗争，是中国共产

党领导的工人运动的成功范例，其影响深远巨大。1923 年 8 月，刘少奇在《安源路矿工人俱乐部略史》中对这次罢工作出了高度的评价：安源路矿罢工运动持续 5 天，工人组织严密，罢工秩序良好，无一人受伤，无一事失败，取得了最终的胜利，这是中国工人运动中唯一的斗争特例。在当时全国工人运动逐渐转入低潮的情况下，唯有安源路矿工人运动取得了完全的胜利，为以后工人运动的开展提供了宝贵的经验。安源路矿罢工的胜利，推动了共产党组织力量的壮大发展，为后来革命运动的发展储备了重要力量。

国共合作：同样的渴望走上了同一条路

中国共产党建立之初，坚持不与其他党派发展联系，仅仅保护好无产阶级的权益。到中共"二大"时，这一原则发生转变，开始主张与全国的革命党派发展联系，建立革命统一战线。这一方针政策的转变，理论依据是列宁提出来的民族和殖民地问题的理论观点。该理论倡导遭受剥削、压迫的国家的无产阶级，应当联合本国对帝国主义持反对态度的资产阶级，这一观点是中共主张建立国共合作的理论基础。中国第一次工人运动高潮失败以后，中国共产党认识到：要想取得民主革命斗争的胜利，仅仅依靠工人阶级的力量是不行的，必须与一切可能的同盟者团结、联

事　件	时间
1 月，苏俄代表越飞到达上海，与孙中山展开会谈，发表了《孙文越飞联合宣言》，标志着孙中山联俄政策的正式开始。	1923 年（民国十二年）
2 月，京汉铁路工人举行大罢工，并成立了京汉铁路总工会。吴佩孚对工人罢工进行了血腥镇压，制造了"二·七惨案"。此后，全国工人运动转入低潮。	
2 月，孙中山由上海抵达广州。	
3 月，组成了大元帅府，孙	

时间	事 件
	中山就任大元帅，继续进行国民党改组工作。 6月，中国共产党第三次全国代表大会在广州召开，大会制定了建立革命统一战线、实行国共合作的方针。但是，对于无产阶级的领导权、农民的土地问题和革命军队问题，没有做出明确的决定。 8月，孙中山派出以蒋介石为首、包括共产党人张太雷参加的"孙逸仙博士代表团"，赴苏联考察党务和军事。 10月，鲍罗廷抵达广州，担任孙中山的顾问，孙中山委任他充当国民党组织教练员。 10月，改组国民党的特别会议在广州举行，会议委任廖仲恺、谭平山、胡汉民等9人组成新的国民党临时中央执行委员会，以鲍罗廷为顾问，负责进行国民党的改组工作，并发表了《国民党改组宣言》。 10月，土耳其大国民会议

合起来，建立革命的统一战线，开展武装斗争，才能够取得革命的胜利。

放眼当时的中国，共产党认为只有孙中山及其领导的国民党有合作的可能。孙中山领导的辛亥革命推翻了清王朝，建立了中华民国，结束了封建帝制，这是中国历史上划时代的巨变。辛亥革命后，孙中山及其领导的国民党为保卫共和所做的一系列努力，在当时人们的心中具有崇高的威望。因此，中国共产党提出同国民党发展联系，建立革命联合统一战线。孙中山在保卫共和的多次革命中也认识到，依靠军阀进行革命是行不通的，必须建立起自己的武装；而更为重要的是，第二次护法运动失败以后，孙中山对国民党的现状深感忧虑。他指出，国民党的组成人员非常混杂，组织力量涣散，腐败问题严重，内部派系纷争，从而使国民党的力量遭受严重地削弱，他认为国民党非常需要改造。他曾告诉宋庆龄：国民党正在不断地走向腐败衰落，要振兴国民党就必须吸收新鲜的血液。因此，主张通过新的力量融入国民党，来实现改造国民党的目标。这时的孙中山也在寻找革命的同盟者，而中共领导的工人运动让他看到了希望，他给予了高度赞扬。之前革命党人领导的反清斗争，例如黄花岗起义、潮州之役，参加人数很少，镇南关起义仅有两百多人，钦廉之役也只有一百多人，但是中国共产党领导发动的工人运动，参加人数成千上万，力量强大；特别是开滦煤矿工人罢工斗争、京汉铁路大罢工动员的工人规模宏大，势不可挡，让中外为之震惊。因此，他主张联合共产党，使共产党的力量融入国民党内部，从而实现对国民党的改造。

共产国际对中国问题也比较关注，积极推动国共合作，主张共产党与国民党联合起来，建立革命统一战线。在孙中山的革命生涯中，曾经一直向西方国家学习，希望获得他们的援助，但事实却使孙中山很失望。而苏联政府对孙中山则在舆论、财力、武器乃至顾问等多方面给予了大力支持，使他坚定了与苏联合作的决心。在苏联及共产国际的努力下，最终促成了国民党与共产党的合作。

1924 年 1 月 20 日至 30 日，中国国民党在广州组织召开了第一次全国代表大会。大会主席由孙中山担任，胡汉民、林森、李大钊等 5 人组成主席团。大会代表 165 人，其中加入国民党的共产党员有李大钊、毛泽东、林伯渠等人。大会通过了《中国国民党第一次全国代表大会宣言》，重新解释了三民主义，确立了"联俄、联共、扶助农工"的三大政策。新三民主义提出了明确的、彻底的反帝反封建的革命纲领。关于民族主义，对外主张消除帝国主义的侵略，实现民族独立；对内主张中国各民族的平等；民权主义，主张直接的、普遍的、革命的民权；民主权利为一般民众共同享有，不为少数人所独享；民

事　件	时间
宣布土耳其为共和国，凯末尔当选为总统。土耳其共和国的建立，标志着土耳其资产阶级革命的胜利。	
11 月，邓泽如、林直勉等 11 人联名上书孙中山，反对苏联和中共帮助国民党改组。孙中山做了批复，并在国民党内做了说服工作，从而保证了改组国民党和国共合作的实现。	
11 月，希特勒在鲁尔危机期间，趁着巴伐利亚邦长官在慕尼黑一家啤酒馆集会的时机，率领一批冲锋队员闯进会场，企图推翻政府。由于纳粹党力量尚薄弱，暴动很快被平定，希特勒被捕入狱。在狱中，希特勒口授了《我的奋斗》一书。	

时间	事　件
1924 年（民国十三年）	1月，工党领袖麦克唐纳组成英国历史上第一届工党政府，标志着工党走上了执政党的地位。 1月，苏联第二次苏维埃代表大会批准了苏联宪法，从法律上把苏维埃共和国联盟的形式固定下来。 1月21日，伟大的国际共产主义领袖列宁因病逝世。 1月20日至30日，中国国民党第一次全国代表大

生主义主张节制资本与平均地权，提高工人的工资待遇，制定维护劳工利益的法律。新三民主义与中共的新民主主义革命纲领大体上一致，因此成为国共两党合作和革命统一战线建立形成的政治基础，是国共两党团结奋战的纲领。国民党"一大"的召开，标志着国共合作的正式建立。

随后不久，革命统一战线也逐步形成，从而促进了民主革命运动的迅速发展。国共合作进行了北伐战争，基本消灭了北洋军阀的势力。收回了汉口、九江英租界，发动和领导了轰轰烈烈的的工农运动，使广大的人民群众受到了革命的锻炼。通过大革命，中共在群众中的影响进一步扩大，奠定了中国革命继续向前发展的基础。

黄埔军校：国共军人的摇篮

第一次国共合作建立以后，国共两党联合各革命阶级建立了广泛的革命统一战线，在全国范围内开始普遍发动工农运动，革命形势不断向前发展。而国共两党在军事领域也展开了合作，最突出的表现就是建立了黄埔军校。黄埔军校始建于1924年6月，全名为中国国民党陆军军官学校，由于办学地址选在广州的黄埔岛上而得名。孙中山依靠共产国际的指导帮助和共产党人的参与合作，筹建了黄埔军校。共产国际代表和李大钊等共产党人此前曾多次与孙中山会面，进行会谈，建议孙中山创办军校，建立自己的革命武装。1923 年 8 月，孙中山组织安排了由蒋介石担任团长的"孙逸仙博士代表团"前往苏联参观学习，其中一项重要的任务就是学习苏联的军事措施和经验。在代表团还未返回国内的时候，国民党中央已经做出建立国民军官学校的决议，准备任命蒋介石担任军校的校长，廖仲恺担任军校的政治部主任。此时军校的各项工作已经由廖仲恺开始办理。1924 年 1 月 24 日，孙中山以大元帅的名义命令开始筹建"中国国民党陆军军官学校"，选派蒋介石为军校筹备工作的最高负责人，另外又任命了 7 位筹备会员，组成筹备委员会，负责军校的筹办事宜。2 月，在广州市成立了军校筹备处，下设教练、教授、军需等 5 个部门。在加紧进行军校筹建的同时，国共两党也开始在全国进行军校的招生工作，推荐、选派学生报考军校。经过初试、复试等层层选拔，军校第一期录取了三百多名学生和一百多名备取生，其中共产党员蒋先云以第一名的优异成绩考入军校。5 月 2 日，蒋介石被正式任命为黄埔军校校长。在苏联的帮助支持下，国共两党经过几个月的努力准备，于 5 月 5 日正式完成了黄埔军校的筹建工作。6 月 16 日，黄埔军校正式建立，孙中山兼任军校的总理，在这一天举行了开学典礼仪式。

黄埔军校是在模仿苏联军事院校制度的基础上建立起来的，实行以党治军，建

事 件	时 间
会在广州召开。大会重新解释了三民主义，确立了联俄、联共、扶助农工的三大政策，确认共产党员可以个人资格加入国民党，标志着国民党的正式改组和国共合作的正式建立。	
6 月，黄埔军校正式创办开学。孙中山兼任军校总理，任命蒋介石为校长，廖仲恺担任党代表。	
7 月，共产党人彭湃开始在广州举办农民运动讲习所，前后举办了六届，其中规模最大的是第六届，由毛泽东主持。	
9 月，江浙战争爆发，这是第二次直奉战争的前奏，在直系江苏军阀齐燮元和皖系浙江军阀卢永祥之间进行。10 月中旬，卢永祥战败，江浙战争结束。	
10 月，直系将领冯玉祥趁着直奉两军在山海关一带激烈厮杀的时候，率领军队秘密回师北京，发动了"北京政变"，一夜之间控制了北京城，囚禁了总统曹	

时间	事件
	锟。政变后，冯玉祥宣布脱离直系，成立中华民国国民军，冯玉祥自任总司令。11月5日，国民军将清废帝溥仪驱逐出皇宫。 10月，广东革命政府依靠黄埔学生军、一部分革命军和工农力量，平定了广东商团叛乱，使广东革命根据地得到初步巩固。 11月，冯玉祥、张作霖、段祺瑞在天津举行会议，决定组织中华民国临时政府，以段祺瑞为临时执政。 11月，孙中山受冯玉祥的邀请，离开广州北上，提出了废除不平等条约和召开国民会议两大口号，并发表《北上宣言》。

立了党代表制度。其中，廖仲恺被任命为党代表。党代表负责监督学校的一切工作，拥有与校长同样的权力，军校的政策指令需要通过党代表联署才能有效。校长、党代表和总理组成了学校的领导集体。孙中山还任命了军校秘书长，由邵力子担任。军校下设政治部、教练部、军需部、军医部、管理部等部门，此后随着军校的不断壮大，又增加了参谋部、军阀处、教育长，形成了完整的学校机关。

在开学典礼大会上，孙中山做了重要的讲话，并宣布了军校的办学宗旨：重新开展革命的事业，以军校的学生为基础，组建革命的武装军队，救亡图存，拯救中国。简而言之，军校的办学宗旨就是：建立革命军，挽救中国危亡。这样的办学宗旨，使得黄埔军校建立了新的制度和教学方法，呈现出明显的办学特色。建立起政治工作制度，主要是以三民主义作为政治教育内容，提高学生的政治思想水平；实行党代表制度，以党治军；做好政治与军事工作两者兼顾，注重把学校的理论教育同社会实践结合起来；国共两党的组织在学校同时发展并存。黄埔军校发展成为一所明显区别于旧式军校的新型学校。军校门口立有一副对联："贪生怕死莫入此门，升官发财请走他路。"深刻地表现出军校的办学宗旨与革命精神。

自第一次国共合作开始，至1927年夏，黄埔军校一共举办了五期，培养了大批优秀的军政人才，从而有力地推动了国民革命的开展和北伐的胜利进军。第一次国共合作破裂以后，黄埔军校的性质也逐步发生了变化。

"中山舰事件"

国共合作形成后，中国革命形势不断向前发展。但是在革命阵营内部，共产党和国民党左派与国民党右派的矛盾冲突也不断暴露出来。国民党右派对于国共建立合作关系一直持抵制不满的态度，在孙中山逝世以后，这种矛盾逐渐公开化。随着国共合作的深入，中共力量逐步壮大起来，逐步威胁到国民党对革命统一战线的领导权，国民党右派开始惊慌起来。他们采取各种阴谋手段，制造纠纷，破坏国共合作。特别是随着蒋介石个人权力的不断增加，他对国共合作的敌视态度逐渐表面化。为了排斥共产党人、争夺对革命的领导权，他不断制造事端，其中"中山舰事件"就是以他为首的国民党右派分子策划的一场阴谋。

1926 年 3 月 18 日，由上海开来的"安定号"商船在到达虎门海域的时候遭到打劫。黄埔军校管理科交通股股员给军校驻省城办事处股员打来电话，要求派遣军舰前往黄埔保护商船。黄埔军校管理科交通股股长欧阳钟便赶往海军局，声称奉蒋介石的命令，要求派遣两艘军舰去往黄埔。当时海军局代理局长李之龙由于公

事 件	时 间
1 月，中国共产党第四次全国大表大会在上海召开，大会讨论了如何加强对日益高涨的革命运动的领导和为迎接革命高潮到来需要做的准备工作，推举陈独秀、张国焘、彭述之、蔡和森、瞿秋白 5 人组成中央局，陈独秀为书记。	1925 年（民国十四年）
2 月，广东革命政府以黄埔学生军和粤军许崇智部为主力举行第一次东征，讨伐军阀陈炯明，击溃了陈炯明的主力部队。	
3 月，伟大的中国民主革命的先行者孙中山先生在北京逝世。	
5 月，全国第二次劳动大会在广州召开，会议成立了中华全国总工会。	
5 月，为抗议上海日资纱厂资本家杀害工人顾正红的罪行，上海的工人和学生展开示威游行斗争，遭到	

时间	事件
	租界巡捕的镇压，造成了震惊中外的"五卅惨案"。上海人民掀起了声势浩大的五卅反帝爱国运动。 6月，为声援上海五卅运动，苏兆征、邓中夏领导了省港大罢工。 6月，广东革命军回师广州，平定了滇、桂军阀杨希闵、刘震寰的叛乱。 7月，广东革命政府由大元帅府改组为国民政府，实行委员制，以汪精卫、廖仲恺、胡汉民等16人为委员，汪精卫任主席。 8月，国民党左派的主要代表廖仲恺在国民党中央党部门前被刺杀。 10月，孙传芳以浙、闽、苏、皖、赣五省联军总司令的名义讨伐奉系，于11月底在南京成立"五省联军"，自任联军总司令。 10月，第二次直奉战争战败的吴佩孚以武汉为基地，重新恢复了势力，在汉口成立了"十四省讨贼联军总司令部"，自任总司令。

务外出，海军局作战科科长负责办理了此事，他下令要求宝璧舰开往黄埔，并给李之龙留下了关于派遣军舰的函件；军校办事处的欧阳钟秘书来到了海军局，说是接到黄埔军校邓演达教育长的电报，声称奉蒋校长的命令，要求海军局派遣两艘得力的军舰开到黄埔，由蒋校长指挥。我已经要求宝璧舰开赴那里，另外一艘只有从中山舰、自由龙舰中选择，请从中作出决定。晚上，李之龙看到该函件后，便指派中山舰前往黄埔。19日，中山舰到达黄埔后，李之龙向教育长邓演达报告并请示下一步的行动，可是邓演达回答说自己并没有发出派遣军舰的命令。于是，李之龙又向蒋介石请示，询问对中山舰的下一步处理办法。按照蒋介石的命令，中山舰又返回省城广州。从表面上看，此事已经平息，但是蒋介石却借此大做文章，他借口中山舰无故擅自调动，诬陷共产党人企图暴乱。20日，蒋介石不经国民党中央批准，突然命令广州全城戒严，紧接着占领了中山舰和海军局，逮捕了李之龙等多名共产党人，并控制了苏联顾问的住处和省港罢工委员会，收缴了两支卫队的武器。他还要求国民革命军第一军中的共产党员全部退出，辞退一部分苏联顾问。

对于蒋介石的擅自行动，国民党高层和共产党人表示了强烈的不满和反对。汪精卫表示了极大的愤慨，指责蒋介石越过国民党中央而采取这样的行动是造反。为了维护自己在国民党内的地位，汪精卫曾寻求部分国民革命军领导人的支持，但是国民革命军内部并没有给予回应。由于得不到支持，汪精卫只好负气出国，这样，蒋介石便排挤走了汪精卫。此时，共产国际却指示中共中央采取妥协退让政策，为维护革命统一战线的团结，满足蒋介石提出的要求。陈独秀在《向导》上发表文章，公开向蒋介石表示友好和诚意，并向他保证共产党会拥护他的领导，绝不会推翻他。为此，国民革命军第一军中的全体共产党员被迫退出，季山嘉等苏联顾问只好辞职回国。同时，蒋介石以加强军校学生团结为借口，又下令解散黄埔军校的青年军人联合会和孙文主义学会。通过这些措施，蒋介石控制了国民革命第一军，并加强了对黄埔军校的控制。

达到以上目的以后，蒋介石为了换取苏联顾问和中共的支持，对国民党右派也采取了一些制裁措施，如下令逮捕了"中山舰事件"中居心不良的欧阳格。4月，由苏联返回国内的胡汉民向蒋介石提出反苏反共、破坏国共合作的计划，蒋介石并未给予回应，并且将此计划交给了鲍罗廷。为此，胡汉民被迫离开广州。此时的蒋介石羽翼尚未丰满，他还需要借助苏联和共产党的帮助发动北伐战争，壮大自己的权势，因此还不敢公开与共产党决裂。蒋介石的这些做法使得苏联顾问和共产党人误认为，对蒋介石采取妥协退让的办法

事　件	时间
10 月，广东革命政府举行第二次东征，以蒋介石为总指挥、周恩来为总政治部主任，全歼陈炯明。	
11 月，国民党右派邹鲁、谢持、张继等人聚集北京西山碧云寺，非法召开国民党"一届四中全会"，公开反对孙中山的三大政策，这些人又被称为"西山会议派"。	

时间	事 件
1926 年（民国十五年）	1 月，中国国民党第二次全国代表大会在广州召开。大会决定接受孙中山的遗嘱和"一大"确定的政治纲领，继续执行孙中山制订的革命政策，打倒帝国主义和军阀；驳斥了右派对共产党的攻击，作出弹劾"西山会议派"的决议。 3 月，李宗仁领导的广西军编为国民革命军第七军，两广实现了统一。 3 月，段祺瑞政府制造了残酷镇压爱国群众的"三·一八惨案"。 3 月，国民党右派分子制造了打击共产党势力的"中山舰事件"，蒋介石利用此事件，夺取了国民革命军第一军的军权，控制了黄埔军校，大大加强了个人

是正确的。

通过"中山舰事件"，蒋介石捞取了最大的政治资本。他排挤了汪精卫和胡汉民，在国民党中央的权力进一步扩大；篡夺了国民革命军第一军的军权，进一步控制了黄埔军校。他在国民党内和国民革命军内的权势更加巩固。

北伐战争中的那些事

北伐战争是指 1926 年至 1928 年由国民政府领导的国民革命军北上讨伐北洋军阀的战争。

袁世凯去世后，北洋军阀发生分裂，形成了直、皖、奉三大集团派系。他们为了扩张自己的势力不断地进行战争，致使经济凋敝，民不聊生。1924 年，国共两党实现了合作，确定的共同目标就是反帝反封建。1926 年 7 月 9 日，蒋介石任国民革命军总司令，国民革命军 8 个军 10 万人在广州进行北伐誓师大会，准备进行北伐战争。

北伐战争所要打击的军阀势力主要有：占据河南、湖北、湖南北部和直隶南部的军阀吴佩孚，约 20 万军队；占据浙江、福建、江西等省的军阀孙传芳，约 20 万军队；占据东北、山东、热河、察哈尔等省的军阀张作霖，约 35 万军队。第一阶段的北伐首先集中兵力打击对广东国民政府威胁最大的吴佩孚，因此第一个战场是两湖战场。北伐军英勇作战，进军迅速，先后取得汀泗桥和贺胜桥两场关键性战役的胜利，于9月初进入武汉，10月10日占领武昌，两湖战事结束，吴佩孚的主力基本被消灭。第二个战场是赣、闽战场。北伐军从9月6日开始兵分三路向孙传芳所辖地区发起进攻，至12月占领了江西和福建。第三个战场是苏、浙、皖战场。1927年初，北伐军兵分三路向长江流域进军，目的是消灭孙传芳的残余部队。在周恩来的指挥下，上海工人发动了第三次武装起义，胜利占领了上海。3月24日，北伐军进驻南京，彻底击溃了孙传芳部。至此，北伐战争的第一阶段结束。

北伐战争的第一阶段是国共两党合作所进行的军事行动，中国共产党发挥了重要的作用。中国共产党直接领导的叶挺独立团时为国民革命军第四军独立团，因多次担任正面进攻的任务，英勇善战，屡破强敌，为第四军赢得了"铁军"的称号。其中的汀泗桥战役威震中外，是北伐战争中浓墨重彩的一战。汀泗桥是由湖南进入武汉的第一道门户，易守难攻，素有天险之称，北伐军久攻不下。独立团在当地群众的引导下，当晚分多路对敌军阵地包抄，第二天清晨发起全线进攻，下午就占领了汀泗桥。独立团乘胜追击进逼贺胜桥。贺胜桥是吴佩孚派重兵防守的一个军事要隘，在此集中了大量兵力死守。独立团与北伐军毫不畏惧，经过激战突破了多个敌军阵地，敌军纷纷溃退。吴佩孚率督

事　件	时间
的权势地位。	
5月，国民党二届二中全会召开，蒋介石以改善国共关系为借口，提出了"整理党务案"，从而夺取了国民党的党权，个人政治权势更加巩固。	
7月，国民革命军在广州誓师北伐，以蒋介石为北伐军总司令，准备讨伐吴佩孚、孙传芳和张作霖三大军阀的势力。	
8月，北伐军取得了汀泗桥、贺胜桥两场战役的胜利，这是同吴佩孚作战的两场关键性战役，从而打开了进攻武汉的大门。	
9月，北伐军总攻武汉，很快占领了汉口、汉阳，经过一个多月的激战，于10月10日攻克武昌。至此，吴佩孚的主力基本被消灭，北伐军取得了两湖战场的胜利。	
9月，冯玉祥在绥远五原就任国民军联军总司令，宣布全军加入国民党，誓师北伐。	

时间	事件
	10月，北伐军兵分三路会攻南昌，于11月8日进占南昌，孙传芳主力大部分被消灭。 11月，毛泽东担任中共中央农委书记，健全了中央农委机构，加强了共产党对农民运动的领导。 12月，国民党中央宣布将国民政府和中央党部迁往武汉，在武汉成立了国民党中央执行委员会与国民政府委员临时联席会议，代行党和政府的最高职权。

战队于贺胜桥上，严令官兵死守，并向溃逃的士兵开枪，以至于死伤累累。但是终究挡不住北伐军的进攻，8月30日上午10时，北伐军胜利夺取贺胜桥。9月1日，北伐军进抵武昌城下，叶挺独立团参加了攻城战斗。10月10日，叶挺独立团与敌军展开巷战，最后登上了武昌城楼。叶挺独立团在北伐战争中建立了赫赫功勋。

国共合作北伐期间，中国共产党积极推动了工农运动的开展，配合北伐的胜利进军。汀泗桥战役前夕，中共湖北省委在汀泗桥组织了铁路破坏队配合北伐。战役期间，广大群众积极协助北伐军运送物资、救护伤员。正是凭借当地农民提供的情报，独立团才能找到攻克汀泗桥的缺口，绕道后路进攻敌军，最终取得了战役的胜利。1926年秋至1927年春，中共先后领导上海工人发动了三次武装起义并最终胜利占领了上海，沉重地打击了帝国主义在华利益。伴随着北伐的胜利进军，农民运动由广东迅速向北发展，北伐队伍所到之处，在"打倒土豪，分田地，我们要做主人"的号召下，农民们成立了农会，开展了轰轰烈烈的农村大革命，其中尤以湖南的农民运动发展最为迅猛。

第一次国共合作破裂以后，第一阶段的北伐战争结束。南京国民政府建立以后，继续领导北伐战争。1928年4月5日，蒋介石在徐州誓师，国民政府开始第二次北伐。至6月，国民政府的军队占领京、津。6 月 15 日，南京国民政府宣布"统一告成"。1928 年 12 月 29 日，张学良宣布"改旗易帜"，表示"遵守三民主义，服从国民政府"。至此，北伐完成，国民政府在形式上统一了全国。

《国民革命歌》：唱响半个中国的旋律

　　"打倒列强，打倒列强，除军阀，除军阀。国民革命成功，国民革命成功，齐欢唱，齐欢唱"。这首《国民革命歌》由当时的共产党员邝墉于 1926 年北伐开始时期创作。他根据儿歌《两只老虎》的曲调重新填写了歌词，创作了这首歌曲作为国民革命军军歌，在北伐军中广为传唱。伴随着北伐军的胜利进军，在广大的农村，更是把歌词略加改动为农民喜闻乐见的"打倒土豪，打倒土豪，分田地，分田地。我们要做主人，我们要做主人，真欢喜，真欢喜"。于是，这首旋律简洁明快、歌词简单明了的歌曲，成为第一次国共合作时期农民运动的主旋律，它唱响了半个中国，引导着广大的农民群众积极投身到轰轰烈烈的大革命浪潮中。

　　国共合作建立后，国民党中央设立了农民部，开始推动农民运动的发展。在国民党中央的支持下，共产党人彭湃于 1924 年 7 月在广州设立了农民运动讲习所。此后两年间，共开办了六届，培养了大批农民运动骨干力量。其中规模最大的是第六届，由毛泽东主持。这些骨干力量

事　件	时间
1 月，国民政府明令定都武汉。	1927 年（民国十六年）
1 月，武汉、九江两地的人民经过斗争收回了汉口、九江英租界。	
3 月，毛泽东发表了《湖南农民运动考察报告》，报告充分肯定了农民运动的极端重要意义。	
3 月，上海工人在周恩来的指挥下，发动了第三次武装起义，解放了上海。	
4 月，张作霖派军警包围了苏联大使馆，逮捕了李大钊和多名工作人员，并用残酷的绞刑杀害了李大钊等 20 名革命者。	
4 月，蒋介石发动"四·一二"反革命政变，大肆捕杀共产党员和革命群众，并于 18 日在南京成立了南京国民政府。	
4 月，武汉国民政府开始进	

时间	事件
	行第二期北伐，进军河南，以唐生智为总指挥，向奉军发起进攻。
	4月，中国共产党第五次全国代表大会在武汉召开。
	5月，夏斗寅发动叛变，后来被击溃。长沙的许克祥也发动了"马日事变"。
	6月，冯玉祥的国民军与北伐军在郑州会师。4日占领开封。攻克郑州、开封，是北伐取得的又一个重大胜利。
	6月，张作霖在北京组织中华民国军政府，自任陆海军大元帅。
	6月，日本的田中义一内阁召开了"东方会议"，通过了明确的侵华政策文件《对华政策纲要》，制定了侵略中国的总方针。
	7月，汪精卫召开国民党中央常务委员会第二十次扩大会议，准备进行"分共"，举行反革命政变，第一次国共合作最终破裂。
	8月，中国共产党决定在南昌发动起义，标志着独立

被派到各地领导开展农民运动，推动了农村革命形势的发展。

第一次国共合作时期的农民运动分为两个阶段。1926年之前，农民运动主要是在广东开展，因此广东成为农民运动发展的中心。参加农民运动讲习所培训的学员绝大多数都是广东人，他们毕业之后回到原籍从事农民运动；国民政府派去各地组织农民协会和农民自卫军的特派员，多数也是在广东工作。例如，1926年派出的92名特派员，就有86人在广东工作。为了保护农民运动的成果，国民政府还多次调拨武器和军队，帮助农民抗击地主武装。例如，1924年秋，广东省广宁县建立了县农民协会，组织了农民自卫军，开展减租运动，但遭到了地主的反攻。孙中山大元帅府铁甲车队赶来支援，保护了农民革命的成果。1926年1月，高要县地主阶级组织五千多人向农会进攻，国民革命军第四军第三十四团赶来，打垮了地主武装，由此带动了西江地区各县农会的成立。到1925年5月，广东全省有组织的农民已达21万人以上，召开了第一次全省农民代表大会，并建立了全省农民协会。至次年5月，全省有组织的农民人数继续大幅度攀升。这些有组织的农民，为广东革命根据地的统一做出了重大的贡献。在第一次东征中，仅东江地区就派出了三千多人的运输队；在省港大罢工中，广东农民协会组织了50万人的武装声援活动，组织捐赠救济因罢工而失业的工人，仅海陆丰的农民就捐献了价值 10 万元的大米和 4000 豪洋。

这一时期其他地区的农民运动则是区域小范围的。例如，湖南韶山、银田寺一带有二十多个秘密农民协会，领导农民开展减租、增加雇农工资等斗争；湖北枣阳、汉川、黄梅、黄冈，江苏江阴、睢宁、泰兴、泰县，浙江、广西、河南、河北、陕西等地，也发生了农民的抗租、抗捐、抗税等斗争。到 1926 年 6 月北伐前，农民协会遍布全国 12 个省，会员达 98 万余人，为北伐的胜利进军奠定了坚实的群众基础。

北伐开始以后，在北伐军所攻占的省份，农村革命形势也在迅速发展着。为了加强对全国农民运动的领导，1926 年 11 月，中共中央组建了农民运动委员会，由毛泽东担任书记。根据不同省份农民运动的发展形势，毛泽东制定了正确的策略，在全面推动全国大部分省区农民运动的同时，着重推动湘、鄂、赣等省农民运动的发展。这一时期，湖南的农村革命形势迅速发展，全省大部分县都建立了县农民协会，成为全国农民运动的中心。在中国共产党的领导下，湖南农民运动由之前的减租减税，发展为政治上的"打倒土豪，我们要做主人""一切权力归农会"和经济上的"分田地"。同时，也强烈地打击了宗法制度，废除了压制束缚农民的族权和

事　件	时间
领导武装斗争的开始。	
8 月，中共中央在汉口召开了紧急会议，即"八·七会议"。会议坚决清算了陈独秀的"右倾"机会主义错误，确定了土地革命和武装反抗国民党反动派的总方针，成立了新的中央临时政治局。	
9 月，毛泽东领导了秋收起义。9 月底，在江西省永新县的三湾对部队进行了具有历史意义的改编。10 月底，部队到达井冈山的中心地区茨坪，开始创建井冈山革命根据地的斗争。	
12 月，张太雷、叶挺、叶剑英等领导了广州起义。	

时间	事　件
1928年（民国十七年）	2月，国民党二届四中全会在南京召开，会议通过了"整理党务""改组国民政府""制止共党阴谋""集中革命势力限期完成北伐"等议案。这次会议完全背离了孙中山的三大政策，国民党的党、政、军大权集中到蒋介石身上。 4月，国民政府根据《限期完成北伐案》，举行"二次北伐"，同张作霖展开争夺全国统治权的斗争。 4月，朱德、陈毅领导的南昌起义余部和湘南农军到达井冈山，在宁冈砻市与毛泽东部会师，成立了中国工农红军第四军，朱德任军长，毛泽东任党代表，开创了井冈山革命根据地。 5月，国民政府的北伐军经过山东时，引起日本的干涉。日军公然武装进攻济南，对济南人民和进驻济南的国民党军进行大屠杀，

神权。各级农民协会还设立了妇女部，鼓励妇女积极投身到革命运动。农民运动推动了大革命浪潮，冲击了传统社会结构。

国共两党从合作到分裂

1924年1月，国民党"一大"召开，以此为标志，第一次国共合作正式建立。此后，国民大革命迅速开展起来。但是在合作的过程中，国共两党时有摩擦。1927年4月12日，蒋介石在上海进行"四·一二"清党后，国共合作开始破裂。

国共两党的分裂是必然的，根本原因是国共两党的奋斗目标不同。国民党的奋斗目标是推翻军阀统治、消除帝国主义压迫，建立一个资产阶级的民主共和国。而共产党的目标则是要推翻一切剥削阶级，建立无产阶级专政的政权，建设社会主义，实现共产主义。政治目标的不同，决定了国共两党最终必然走向分裂。

国民党原本就是个组织松散的政治团体，没有坚强的组织和自己的军队，清帝逊位之后，孙中山只能将临时大总统让位于袁世凯。为了抵制袁世凯破坏共和，孙中山幻想依靠西方势力和军阀势力，结果均以失败而告终。在孙中山苦恼困惑之时，共产党领导的工人运动给了孙中山强烈的震撼，他看到了中共领导的工人运动的伟大力量，于是决心与共产党建立合作关系，希望通过吸收新鲜的力量激活腐朽松散的国民党。但是，他不是要用这股新鲜的力量取代国民党，而是要借助新的力量来改造国民党，这就注定了日后国共两党的分裂。

国民党"一大"前，针对国民党内部的质疑，孙中山回应：如果共产党不能够顺从国民党的统治，我一定会将它抛弃。国民党"一大"召开以后，增设了一个机构即国民党中央监察委员会，其职能是：以后国民党中有党员违反党纪，或者背离三民主义，应当进行最严厉的处罚。选举的 10 位中央监察委员中没有共产党人。国共合作后，陈独秀在《向导》周报上批判了孙中山建立的反直三角同盟，反对他依靠军阀进行革命斗争，建议他应当联合工农开展革命。为此，孙中山多次对马林说：共产党既然以个人身份加入了国民党，就必须得服从国民党的纪律，不能够对国民党进行指责批判，共产党如果不能服从国民党，我就要将他们给予开除处分；苏俄如果偏袒中共，我就要反对、抵制苏俄。上述足以说明国民党与共产党合作是其内在的需要，并附加了严格的前提条件。一旦有所变化，必然走向分裂。

对于国民党与共产党建立合作关系，国民党右派抵制和阻挠的行动一直没有停止过。国共合作建立后，中国共产党的力量迅速发展起来。共产党的不断壮大，引起以蒋介石为代表的国民党右派的深深不安。随着蒋介石个人权势的不断增强，他对国共合作的反对态度也逐渐表面化，不

事 件	时间
制造了震惊中外的"济南惨案"。面对日军的侵略罪行，蒋介石妥协退让，命令北伐军绕道北上。	
6 月，中国共产党第六次全国代表大会在莫斯科召开，大会肯定了中国现阶段的革命仍然是资产阶级民主革命，提出发展工农群众组织，准备武装暴动的路线，批评了右倾机会主义和左倾盲动主义，规定了革命一系列重大问题的基本政策。	
6 月，国民党军进军顺利，到达京、津地区，张作霖见大势已去，退出北京，撤回东北，在沈阳附近的皇姑屯被日军炸死。	
6 月 8 日，国民党军进入北京，12 日接收天津。15 日，南京国民政府宣布"统一告成"。16 日，新疆督办杨增新通电"易帜"，宣布服从国民政府的管理。7 月 19 日，汤玉麟在热河通电"易帜"。	
12 月，张学良通电"易	

时间	事 件
	帜"，宣布遵从国民政府的统治，改易旗帜。至此，南京国民政府在形式上统一了中国。

断制造事端，打击排挤中共的势力，争夺对革命的领导权，巩固个人地位。1925年，他指使黄埔军校内部的一些右翼分子成立孙文主义学会，与中共建立的青年军人联合会相抗衡，以此削弱共产党在军校内的力量。1926年3月，国民党右派制造了"中山舰事件"，由于共产国际和中共领导人的妥协退让，蒋介石借这一事件驱赶了国民革命军第一军中的共产党员，篡夺了第一军的军权，并取消了党代表制度。5月，他又以改善国共关系为借口，提出了"整理党务案"。实质上，这是他控制国民党中央的政权、排挤共产党在国民党内势力的发展所策划的阴谋。通过这一事件，共产党人被迫退出了在国民党中央所担任的职务，而蒋介石则夺取了国民党的党权和政权，权力不断膨胀起来。北伐战争开始以后，蒋介石凭借北伐军总司令的职务，一跃成为国民党内最强大的实力派，个人权势更加巩固。

1927年3月，上海工人起义占领了上海，配合了北伐的胜利进军。上海是蒋介石企图建立政权的基地，而共产党在上海的力量不断发展壮大，已经引起了他的极大惊慌，因此蒋介石决定进行"清党"反共。上海是列强侵略中国的中心，也是列强的利益所在地。此时的列强由过去支持各派军阀，转而开始支持蒋介石为首的国民党。在得到了列强的支持后，蒋介石认为与共产党决裂的时机成熟了。1927年4

月 12 日，蒋介石在上海进行了"四·一二"反革命政变，公然屠杀共产党人与革命群众，第一次国共合作开始走向破裂。7 月 15 日，汪精卫在武汉举行"分共"政变，第一次国共合作最终破裂。

事　件	时间

第九章　十年较量：寻找自己的路

自蒋介石发动"四·一二"反革命政变后，国共决裂，从此双方开始了长达十数年的较量。国民党借助北伐，控制了大半个中国。1928年底，奉系军阀张学良正式宣布"东北易帜"，服膺三民主义，归附南京国民政府，使国民党政权在形式上实现了国家的统一。另一方面，中国共产党在严酷的现实面前，认识到"枪杆子"的重要性，开始走"农村包围城市"，武装夺取政权之路。国民党政府开始对以江西瑞金为中心的中央苏区革命根据地和红一方面军实施军事围剿，中央红军在第五次反"围剿"中失败，被迫长征。在艰难困苦的征战中，最终在延安建立红色政权，不断壮大自己。

南昌起义总指挥部旧址

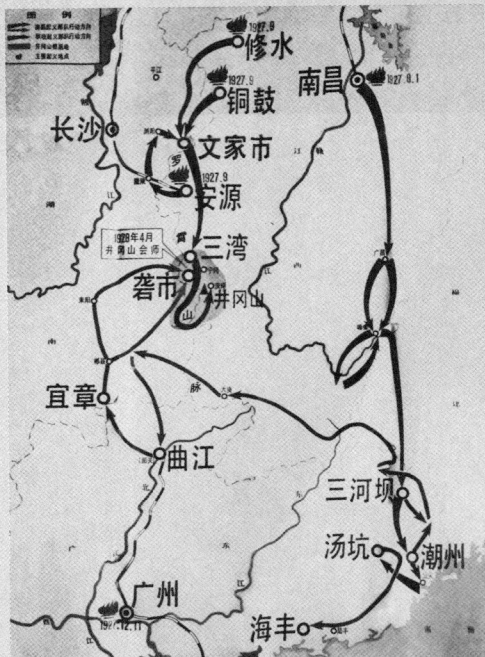
秋收起义、广州起义和井冈山会师示意图

中华苏维埃共和国第二次全国代表大会会场内景

蒋介石夫妇参加新生活运动

长征油画

遵义会议旧址

泸定铁索桥

1936 年 10 月红军三大主力会宁会师旧址

时间	事 件
1927年（民国十六年）	1月，广州国民政府迁往武汉，并且正式定都武汉。同月，汉口发动反英工人运动。 2月，中国收回汉口、九江英国租界。 3月，在中国共产党的领导下，上海工人第三次武装起义宣告成功。 4月，蒋介石悍然在上海发动"四·一二"反革命政变，大肆杀害共产党员。本月，武汉方面罢免蒋介石一切职务，蒋介石在南京另立国民政府；武汉国民革命军开始第二次北伐；本月27日，中国共产党在武汉召开第五届全国代表大会。 本月，12个国家在华盛顿、伦敦、莫斯科签署《禁止细菌（生物）及毒素武器的发展、生产及储存以及销毁这类武器的公约》。 5月，许克祥在长沙发动"马日事变"，大肆捕杀中国共产党人；北伐战争中张作霖直系军阀被击败，被

国民党建立了全国统一政权

国民党全国统一政权即南京国民政府的建立，始于1927年4月18日，它是"四·一二"反革命政变之后，在屠杀中国共产党人的基础上建立起来的。到1928年12月29日，张学良毅然正式宣布东北"易帜"，南京国民政府才实现了形式上的全国统一。该政权止于1948年5月20日，在中国大陆统治二十余年。它在法统、年号上直接继承了1912年成立的中华民国，是对北京政府或北洋政府的直接继承。但与北洋政府又有明显不同，它是以中国国民党作为唯一执政党的政权，因其实施以党治国方针，所以国旗为"青天白日满地红"党旗，用以代替北洋政府时期的"五色旗"；它的意识形态是孙中山的三民主义；独尊一个领袖就是蒋介石。所以可以把南京国民政府称为国民党政权。它实质上以国民党治天下，故谓"党国"；一个主义，即三民主义；一个领袖，即蒋介石独裁。

"四·一二"反革命政变前后，蒋介石即着手在南京成立国民政府。1927年4月18日，南京国民政府正式宣告成立。是日发表《国民政府为国民革命奋斗实现三民主义宣言》，宣称："本政府所行政策，惟求三民主义之贯彻，凡反对三民主义者，即反革命；反对国民革命而为阶级独裁者，即反革命。"是日，蒋介石发表

《告民众书》，实行三民主义，南京国民政府采用委员会议制，先后分设各委员会及各部、院局。蒋介石实际控制了南京国民政府的实权。

南京国民政府成立伊始，就通过一系列反对共产党的议案，大肆推行"清党"政策。在南京国民政府成立的当天，由南京国民党主持的所谓"庆祝建都南京与恢复国民党党权大会"上，"请中央执监联席会议严厉取缔跨党分子"及"请中央执监联席会议训令各级党部从事清党运动"等议案接连获得通过。接着，南京国民政府发布《国民政府通缉共产党首要令》，宣布实行全面"清党"，明令通缉鲍罗廷、陈独秀、徐谦、邓演达、吴玉章等九十余人。南京国民党中央还先后通过《清党原则》等法令，在各地大肆"清党"，不断残杀、迫害共产党人和革命志士；另一方面则公开宣布保护土豪劣绅及其他反动分子。

1927年9月15日，中国国民党第二届中央特别委员会正式成立。9月17日，南京国民政府发表宁、汉合作宣言，宣布国民党"统一"完成。为寻求更大的支持，蒋介石于9月28日启程赴日访问，企图以承认日本在中国东北的特殊权益和保证消除中国反日运动为条件，换取日本对他统治中国的支持。但日本首相田中义一只支持他反共和统一南半个中国，而不支持他北伐和统一整个中国。

国民党二届四中全会决定继续北伐，

事　件	时间
迫撤回东北；中国共产主义青年团第四次全国代表大会在武汉召开。	
本月，华纳制片公司创造第一部有声片；共产国际执行委员会第八次会议在莫斯科召开，做出关于中国问题的决议。	
7月，共产党退出国民政府；汪精卫发动"七·一五"政变，镇压革命，捕杀共产党人，标志着国共第一次合作彻底失败，宁汉合流。	
8月，中国共产党人在南昌发动起义，打响了武装反抗国民党反动势力的第一枪。	
8月7日在汉口召开"八·七会议"；蒋介石本月下野；武汉政府迁往南京。	
9月，毛泽东在湖南领导发动了秋收起义；汪精卫下野；国民党宁、汉、沪正式统一，中国共产党实行"三湾改编"，实现了对革命队伍的领导。	
10月，毛泽东领导革命队	

时间	事件
	伍开创井冈山革命根据地。 本月，苏联开始施行第一个"五年计划"。 11月，中国共产党建立第一个工农政权——海陆丰苏维埃。 12月，中国共产党发动广州起义；国民政府宣布与苏联断交；两广战役爆发。 本月，英国承认伊拉克独立。

主要目标是以奉系为首的北洋军阀。国民革命军编成4个集团军，由蒋介石、冯玉祥、阎锡山、李宗仁分任第一、第二、第三、第四集团军总司令，杨树庄任海军总司令。1928年4月5日，北伐军在徐州誓师北伐，4月9日，蒋介石下总攻令。第三、第四集团军相继占领邯郸、保定、石家庄、大同、张家口等地，直逼京、津地区。经谈判，张作霖决定放弃北京，退往关外。6月4日，当张乘坐的专车行至奉天（沈阳）皇姑屯车站附近时，被日军预谋炸死。北洋军阀最后一个政府覆灭，北京改名北平。7月6日，北伐正式完成。

张作霖死后，张学良就任东三省保安司令，宣布停止内战，睦邻外交。南北双方经过谈判，1928年12月29日，张学良等正式通电宣布东三省"易帜"。31日，张学良担任东北边防军司令长官。在此之前，西南各省已先后通电拥蒋，新疆、热河也宣布"易帜"。至此，形成形式上全国统一局面。南京国民政府在形式上统一全国后，便从体制、机构和法律上进一步确立国民党统治。

1928年10月初，国民党中央公布了《训政纲领》，与此同时，国民党还通过并颁布了《中华民国国民政府组织法》，基本上确立了国民党统治下的中华民国政体。1931年5月，在国民党召开的"国民会议"上，制定了一部《中华民国训政时期约法》。这个《约法》是1928年《训政纲领》内容的具体化，以根本大法的形式奠定了国民党一党专政的法律基础。

"枪杆子里面出政权"

中国共产党在早期，并不注重对武装力量的掌控，主要注重宣传以及发动工人运动，其中以《新青年》等期刊杂志为阵地，向国人宣传共产主义和马克思主义思想。在 1927 年以前，共产党人虽然在一定程度上认识到了"枪杆子"的重要性，却一直由于实际原因，未能掌握自己的武装。因此在后来蒋介石、汪精卫发动对共产党人屠杀的时候，只能束手待毙。

1927 年"四·一二"反革命政变以后，中国革命遭受重创。从 1927 年 4 月到 1928 年 6 月，共产党员和革命群众被杀三十多万，被监禁四千六百多人，共产党人员损失达 70%，全国处在白色恐怖之中。在反革命政变发生不久，共产党的一些领导人依然没有认识到时局的紧迫性，1927 年 4 月在武汉召开的党的第五次全国代表大会，依然只是认为现在大资产阶级和地主阶级已经开始反革命，党要巩固好人民基础，坚持与敌人做斗争。5 月 25 日，党中央甚至还认为是农民运动过火而导致的国民党对共产党人的屠杀，党依然在关键问题上认识不清。值得欣慰的是，8 月 7 日，在中国革命的生死存亡之际，中共中央在武汉的汉口召开了党中央的紧急会议（也称为"八·七会议"），在这次会

事　件	时间
1 月，朱德、陈毅等人发动湘南起义，方志敏等人在江西弋阳、横峰发动起义。	1928 年（民国十七年）
2 月，国民党第二届四中全会在南京召开，蒋介石通过本次大会重新获得党、政、军领导大权。	
3 月，毛泽东领导革命队伍到达桂东沙田，颁布施行"三大纪律，六项注意"，全面从严治军；共产党人夏明翰在汉口就义。	
4 月，台湾苗栗人蔡智堪在日本皇室抄录《田中奏折》并交回国内，引起巨大反响；中共领导人之一罗亦农在上海就义；日本决定向山东出兵；朱德、毛泽东在井冈山胜利会师；北伐军攻克济南。	
5 月，共产党人向警予就义；日本在济南造成"五三惨案"；中国工农红军第四军在井冈山成立；毛泽东提出游击战十六字诀；湘赣边界中共第一次代表	

时间	事　件
	大会在井冈山召开，中共通过《中央通告第五十一号——军事工作大纲（采用广东省委扩大会议军事问题决议案内容）》，正式把党的军队起名为红军。 6月，张作霖退守关外，4日，发生"皇姑屯事件"，张作霖身亡；斯大林在莫斯科接见瞿秋白、周恩来、李立三等中共主要领导人；15日，南京国民政府发布《统一宣言》，宣告全国统一；18日，中国共产党第六次全国代表大会在莫斯科召开。 7月，南京国民政府宣称废除中外一切不平等条约；共产国际第七届大会在莫斯科召开；全国反日大会在上海召开；中国共产党发动平江起义； 8月，共产党人王尔琢牺牲。 9月，中共发动崇安起义。 本月，英国人弗莱明发明青霉素；美国承认中华民国地位。

议上，"枪杆子里面出政权"的思想首次被毛泽东提及。他指出，共产党在1927年损失惨重，根本原因就是因为没有切实地掌握军队，加强军事力量。"枪杆子里面出政权"理论，成为指导中国革命成功的重要保证。

"枪杆子里面出政权"的思想，是毛泽东在党成立后领导革命的实践中逐步总结出来的。共产党成立之初，工作的重心是发动工人运动，通过在工人中开办平民小学和工人补习学校宣传马列主义，秘密发展党的组织，以合法的身份组织工人罢工，为工人争取利益。但因为没有自己的军队做后盾，第一次工人运动高潮很快就被反动军阀镇压下去了。

国共合作建立黄埔军校后，周恩来任黄埔军校政治部主任，切实加强了共产党的军事力量，挑选优秀的共产党员到各部门任职，发展黄埔军校中的党组织。但是，共产党仍没有武装力量。在北伐战争中，湖南的工农武装缴获了三千多支枪，共产党人只留下204支，其余的都交给了北伐军的唐生智部，当国民党叛变革命后，这些枪成为屠杀共产党人和革命群众、制造白色恐怖的武器。正是因为共产党武装力量极其弱小，因此面对蒋介石的屠杀无力反抗。

毛泽东是中国共产党人中较早认识到"有军则有权"，离开了枪杆子，就没有共产党地位的道理的人。所以，他在

"八·七会议"的发言中指出，中国国情特点是内部没有民主，只能以革命武装斗争为主要形式，无产阶级只有掌握自己的武装力量，才能进行武装斗争。以前党中央所犯的错误，就是没有认识到军队的极端重要性。

从1927年开始，中国共产党在短短两年时间领导了近二百余次的起义，他们紧握手中的枪杆子，打出了一支新型的军队，打出了自己的一片新天地。湘赣边界秋收起义，诞生了中国共产党自己的第一支军队——工农革命军第一军第一师。在部队到达永新县三湾村时，进行了"三湾改编"，提出了"党指挥枪"的原则。其中一项重要的措施，就是在部队中建立党的组织，确立了党对军队的绝对领导，从而使这支军队成为不同于其他一切旧式军队的新型人民军队。部队到达井冈山后，毛泽东立即在农民中发展党的组织，进行武装斗争，建立红色政权。同时领导农民开展土地革命，让农民祖祖辈辈拥有土地的希望变成了现实，使共产党与农民的命运紧紧地联系在一起了。经过半年的努力，井冈山根据地建立起来了。

毛泽东开创的井冈山道路，成为中国共产党"枪杆子里面出政权"的典范。从1927年下半年到1930年上半年，中国共产党通过一系列的武装起义，用枪杆子打出了湘赣、赣南闽西、鄂豫皖、闽浙赣、湘鄂、洪湖、左右江、海陆丰等大小十几

事　件	时间
10月，国民党宣布进入"训政"时期；蒋介石担任中华民国国民政府主席，蒋介石与胡汉民合作。	
11月，中共中央发布《中国共产党中央执行委员会告全体同志书》，要求共产党人纠正错误思想；毛泽东总结井冈山斗争经验。	
本月，美国胡佛获得总统大选胜利；日本天皇裕仁继位。	
12月，张学良东北"易帜"，中国获得形式上的统一。	
本月，玻利维亚和巴拉圭战争开始。	

时间	事件
1929年（民国十八年）	1月，全国编遣会议在南京召开；毛泽东率领革命队伍，开辟以瑞金为中心的革命根据地；梁启超在北京逝世。 2月，工人运动领袖苏兆征病逝。 3月，国民党第三次全国代表大会召开。 4月，中国共产党领导发动"川东起义"。 5月，粤桂战争爆发；中国共产党在河南商城南部发动起义。 本月，第一届电影"学院奖"在好莱坞颁发。 6月，宋子文到广东进行财政改革；中国工农红军第四军第七次代表大会在福建龙岩召开；中国共产党在上海召开六届二中全会；粤桂战争结束。 7月，张学良接管中东铁路，中苏断交；中国第一

块根据地。这些根据地如同星星之火，最终燃遍了中华大地。党在毛泽东"枪杆子里面出政权"思想的领导下，获得了一个又一个的胜利，最终建立了新中国。

走"农村包围城市"之路

"八·七会议"上，"枪杆子里面出政权"的思想成为全党的共识，会议做出了以革命的武装反抗国民党屠杀的重要决策。共产党虽然认识到了掌握武装力量的重要性，但是对于革命的中心是城市还是农村还没有清醒的认识。一些重要的中央领导人，仍坚持效仿俄国十月革命的胜利经验，力图通过在大城市举行暴动，夺取政权。因此，"八·七会议"之后，党在各地领导的武装暴动，都是在大城市进行，或者以攻打大城市为目标。从1927年到1928年底，中国共产党在各地领导了以南昌起义、秋收起义和广州起义为代表的大小一百余次起义，基本上都失败了。这些起义的目标都是以攻打和占领大、中城市为最终目的。例如，1927年8月1日的南昌起义，起义部队在凌晨开始发起进攻并占领南昌，成立了革命委员会。但在国民党军的反扑下，起义部队于3日被迫撤出南昌。1927年9月，毛泽东领导的湘赣边界秋收起义，原计划是在湖南的浏阳、文家市、醴陵、平江和江西的安源、铜鼓、修水等地同一时间举行武装暴动，再到文家市集中，准备会攻长沙。但是，由于敌我力量悬殊，参加起义的五千多人集中到文家市时只剩下一千五百余人，攻打长沙无异于以卵击石。1927 年 12 月的广州起义，起义部队迅速占领了广州市区，并于当日上午成立了广州市苏维埃政府。广州起义的胜利，极大地震动了中外反动势力，国民党迅速调集兵力，在英、美、日、法帝国主义的军舰和陆战队的支援下进行反扑，起义军虽然浴血奋战，但终因众寡悬殊，损失惨重，12 日晚被迫撤出广州。事实已经证明，中国与俄国的状况不同，当时共产党的实力过于弱小，而国民党反动派在大、中城市均有重兵把守，如果继续以攻占大城市为目标，最终将有全军覆没的危险。

南昌起义部队突围后，在国民党军的围追堵截下减员严重，最终仅 1200 人到达海陆丰，与当地的农民军汇合。另外近 800 人，与毛泽东在井冈山会师。南昌起义的二万五千余人，最终保留下来不足十分之一，在农村继续进行武装斗争。湘赣边界秋收起义失败后，毛泽东力排众议，停止攻打长沙的计划。他认为应该以农村为中心，发动农民革命。他最终将 800 人带到了井冈山，并开创了井冈山道路。参加广州起义的二万六千余人，在起义失败之后，其中的 1200 人进入海丰、陆丰县境内，参加了在东江地区的革命斗争，少部分人员到广西右江地区，并参加了百色起义，还有二百余人撤退时与朱德、陈毅

事　件	时间
支少数民族红军队伍在鄂西长阳县的红六军诞生；阎锡山囚禁冯玉祥。	
8 月，由中国共产党领导的爱国群体上海反帝大同盟成立；中东路事件爆发；月末，农民运动领导人彭湃在上海被国民党杀害。	
9 月，中共中央发出"九月来信"，肯定毛泽东军事思想的正确性。	
10 月，西北军宋哲元、孙良诚通电反蒋。	
本月，苏联向张学良的东北军发起猛烈进攻，张学良败退；红四方军向东江出击，损失惨重；中国共产党领导的吉安起义爆发。	
本月，美国华尔街股市崩溃，弥漫全球的经济大危机开始爆发。	
11 月，中国收回镇江英国租界；陈独秀等人被革除党籍；中国在北京西郊周口店发现北京猿人头盖骨化石。	
12 月，中国共产党在广西领导发动百色起义；红军	

时间	事件
	召开古田会议。
1930 年（民	1 月，毛泽东撰写《星星之

率领的余部会合，到达了井冈山。

中国共产党通过一系列的武装斗争实践，在付出了惨重的代价之后，逐步认识到，中国的革命不能照搬别国的经验，中国的国情就是反革命势力集中在城市，广大的农村，尤其是边远的农村，是反革命势力统治的薄弱环节，因此中国的革命只有到农村，在那里发动群众，建立根据地，才能够生存发展。经过不断地探索，终于认识到"农村包围城市，武装夺取政权"，才是中国革命的正确道路。从 1928 年 10 月到 1939 年 12 月，毛泽东先后撰写了《中国的红色政权为什么能够存在？》《星星之火，可以燎原》《中国革命战争的战略问题》《战争和战略问题》《中国革命和中国共产党》等系列文章，论述了农村包围城市，坚持武装斗争，工农武装割据的相关理论，使这一中国特色的革命道路最终付诸实践，最终依靠这条新道路，夺取了中国革命的伟大胜利。

"农村包围城市"的革命发展道路，改变了俄国式的以城市为中心的革命道路，在广大的农村地区发动农民运动，占据广大的农村地区，农村包围城市从而夺取全国政权，这是一条将马克思主义的普遍原理与中国具体实际相结合的具有中国特色的革命发展道路。

中华苏维埃：人民当家做主的尝试

1931 年 11 月 7 日，中华苏维埃第一次全国代表大会正式开幕，来自中央苏区革命根据地和湘赣、湘鄂赣、赣东北、湘鄂西、琼崖以及少数民族地区等全国其他地区的代表参加了这次会议。在这次会议上，中华苏维埃共和国临时中央政府正式成立，大会通过了《中华苏维埃共和国宪法大纲》《土地法》《劳动法》《婚姻法》，以及关于经济政策，红军问题，工农检查处问题，少数民族问题等议案。《中华苏维埃共和国临时政府对外宣言》，也在本次会议上发表。

中国共产党从成立之日起，就把实现共产主义作为自己的政治纲领。自 1927年经历了一系列的失败之后，中国共产党在夹缝中求生存，积极与国民党反动派斗争，开辟了很多农村根据地，特别是中央根据地，面积范围广、人口众多，为中国共产党的发展发挥了重要作用。在建立新政权的过程中，共产国际发挥了很大的影响。共产国际的直接指示，中华加快了中央苏维埃政权的建设进程，同时也为中华苏维埃共和国中央政府提供了各方面的帮助和指导。在莫斯科的伏龙芝军事学院、高级步兵学校、炮兵学校等军事院校，共产国际为苏维埃中央政府培养了大批人才。其中比较著名的有瞿秋白、张闻天、王稼祥、任弼时、刘少奇、林伯渠、王观澜、刘伯承等人，他们日后也成为中国革命发展的中坚力量。

日本帝国主义开始对中国进行全面侵

事　件	时间
火，可以燎原》。	国十九年）
2 月，中国共产党领导"龙州起义"。	
本月，中国自由运动大同盟在上海成立；红军拥有第一架飞机——列宁号。	
3 月，中国左翼作家联盟成立。	
4 月，中共中央成立鄂豫皖边特委会，红十一军改编成红一军；阎锡山、冯玉祥、李宗仁通电讨伐蒋介石。	
5 月，中原大战爆发；东江苏维埃政府成立；毛泽东撰写《调查工作》，提出了党的实事求是、群众路线的基本思想。	
6 月，李立三在上海主持召开政治局会议，通过了《新的革命高潮与一省或几省的首先胜利》；中国工农红军第一、三军成立。国民政府任命张学良为海陆空副司令。	
7 月，红三军攻克长沙，但不久后撤退。	
8 月，中国左翼戏剧家联	

时间	事件
	在上海成立；中国共产党在上海成立总行动委员会；中国农工民主党在上海成立；本月，《苏维埃土地法》颁布；红一军团和红三军团在湖南浏阳会师。
	9月，中共中央决定成立中华苏维埃共和国；张学良拥蒋入关，中原大战蒋介石获胜；中共六届三中全会在上海召开，批评李立三的左倾错误。
	10月，台湾雾社起义失败；威海卫租借地归还中国；中共成立苏区中央局，建立苏维埃政府。
	11月，红一方面军向赣江东面撤退；毛泽东夫人杨开慧就义。
	12月，蒋介石组织第一次对苏区的"围剿"。

略，为了实现全民族抗战，同时为了适应国内政治形势发展的需要，以及促进国共再次合作的早日完成，中国共产党作出了很大的让步。1937年9月，中共中央将中华苏维埃共和国中央政府改称中华民国陕甘宁边区政府，中华苏维埃共和国至此正式结束了历史的使命。

中华苏维埃政权，是人民民主专政的第一个政权，是建立新中国前的一次积极的尝试和试验，为日后新中国的成立提供了很多宝贵的经验和教训，也为新政权的组织机构建设、各项政策的制定与实施，提供了宝贵的经验。苏维埃政权的建立，将各革命区域联合起来，聚集到一起，并且建立起统一的指挥体系，有利于指挥全国的红军以及其他人民武装。苏维埃政权成立后，积极倡导全民抗战，号召社会各党派、各阶层以民族大义为重，联合起来，一致对外。1935年11月，中央政府主席毛泽东和中国工农红军革命军事委员会主席朱德联合发布了《抗日救国宣言》，向全国人民宣告："不论任何政治派别、任何武装队伍、任何社会团体、任何个人类别，只要他们愿意抗日反蒋，我们不但愿意同他们订立抗日反蒋的作战协定，而且愿意更进一步同他们组织抗日联军与国防政府。"并且提出了抗日救国的"十大纲领"。在苏区，曾流行着这样一首歌谣："苏区干部好作风，自带干粮去办公。日穿草鞋干革命，夜走山路访贫农。"这首歌谣至今读来，仍感亲切。

中国第一个苏维埃中央政权，让人民真正体会到了当家做主。

国民党的"安内攘外"政策

"安内攘外"政策，是十四年抗战时期蒋介石和南京国民政府处理内外关系的一项基本准则。蒋介石于 1931 年 7 月 23 日发表《告全国同胞书》，第一次提出了"安内攘外"方针。"九·一八"事变发生后，东北军政当局执行了蒋介石为代表的南京国民政府的基本对日方针，奉行"不抵抗主义"。9 月 19 日，日军几乎没受到大规模的抵抗便将沈阳全城占领，东北三省在 4 个月内即宣告沦陷。面对汹涌而来的民族危机，中、日矛盾上升为主要矛盾，民众抗日热情空前高涨，国民党政府却选择先"剿共"后抗日的方针。

1932 年 1 月 28 日，爆发了"淞沪事变"，为了集中力量对共产党进行"围剿"，蒋介石匆忙结束了淞沪抗战，终于撕下了虚伪的面具，正式提出了"安内攘外"的政策。在安内攘外思想支配下，蒋介石在淞沪抗战之后不久，匆匆与日本签订了《淞沪停战协定》，一定程度上损害了中国的国家利益。1932 年 5 月 5 日，蒋介石调集 63 万大军对苏区发动第四次围剿。蒋介石对这次围剿非常有自信，自认为一定会成功，然而蒋介石集团对于红军的第四次围剿，在共产党中央的灵活指

事　件	时间
1 月，中国左翼作家联盟 5 位作家在上海被捕；中共六届四中全会在上海召开；中央苏区中央局成立。	1931 年（民国二十年）
2 月，王明发表左倾政治纲领；左联五烈士就义；中共苏区中央局发布《土地问题与反富农策略》，标志着新土改政策诞生。	
3 月，国民党开始对鄂豫皖革命根据地进行第二次围剿；板垣征四郎在日本发表侵占中国东北的讲话；顾顺章被捕叛变。	
4 月，国民党开始对苏区进行第二次围剿；中共山东省委书记邓恩铭在济南被杀害；共产党人恽代英被国民党杀害。	
5 月，第二次反围剿取得胜利；中、日签订《淞沪会战停战协定》；中共中央通过《目前的政治形势及党的紧急任务》的决议，提出要在上海等大城市举行示	

时间	事件
	威活动；汪精卫等人在广州另立国民政府。 6月，南京国民政府颁布《中华民国训政时期约法》；共产党重要领导人蔡和森被杀害；向忠发在上海被捕叛变，后被杀害。 7月，蒋介石对苏区实行第三次围剿；日本人在东北挑起"万宝山事件"；朝鲜爆发反华运动。 本月，全国各地普遍遭受洪涝灾害。 8月，第三次"反围剿"作战开始；土族废除土司制度。 9月，第三次"反围剿"作战获得胜利；中共临时政治局成立；"九·一八"事变爆发，十四年抗战正式开始；中国共产党发表宣言，呼吁一致抗日。 10月，日本开始在东北建立地方性伪政权；全国举行大范围的反日游行。 11月，江桥抗战爆发；中华苏维埃第一次全国代表大会在江西瑞金召开，中

挥应对下最终失败。不久，蒋介石又积极组织第五次围剿。为了成功达到目的，也为了提高国民党部队的士气，促使围剿的顺利进行，蒋介石设立了"庐山军官训练团"，向国民党部队灌输反共理念和"党国"思想。中共中央受到左倾错误的影响，毛泽东等主要领导人被迫离开了主要指挥岗位，致使红军在第五次反围剿中失败，被迫放弃瑞金革命根据地，进行战略大转移。

综合来看，蒋介石"安内攘外"政策的重心在于"安内"而并非"攘外"，他的主要重心还是要剿灭中国共产党所领导的红军部队，消灭革命根据地；"攘外"只不过是他掩人耳目的借口而已。蒋介石认为共产党是心腹大患，比日本帝国主义严重，他曾说："国亡于帝国主义，我们还能当亡国奴，尚可苟延残喘；若亡于共产党，则纵为奴隶，亦不可得。""外寇不足虑，内匪实为心腹之患"。从上述的这些言语中，可以明显地看出他的政治态度和极端想法，那就是要维护他的统治，凡是对他的统治构成威胁的，必须根除。蒋介石虽然早年跟随孙中山进行革命，奉行三民主义，但实际上蒋介石的内心奉行的是封建专制主义，因此绝对不会允许在国内有"臣民"、"犯上作乱"。还有更重要的是，国共两党的意识形态、治国理念完全不同，甚至是完全不相融的，因此蒋介石无论如何也要剿灭共产党，这是他的价值观使然。

蒋介石集团的"安内攘外"政策，实际上扩大了国内的分裂和各阶级的对立，在民族存亡的关键时刻，这个政策一经出台，便遭到了全国各阶层人民的反对。1933 年 1 月，南京、北平、天津的工人和华北的铁路工人纷纷集会，要求抗日；一些国民党地方实力派也对蒋介石的"安内攘外"政策不满，积极组织抗日，如冯玉祥等领导的察哈尔抗日同盟军。一些国民党爱国官兵则不愿执行蒋介石的"安内攘外"政策，例如 1931 年 12 月，董振堂、赵博生干脆率领 1 万余名国民党官兵举行宁都起义，加入红军；陈铭枢、蔡廷锴、蒋光鼐率领十九路军于 1933 年 11 月成立了福建人民政府。这些都表明，"安内攘外"的反动政策，是不得人心的。

国民政府对日本帝国主义的妥协政策，助长了其侵略野心，最终导致了华北事变的发生，使华北有成为第二个"满洲国"的危险。对蒋介石集团来说，华北是中国的命脉，是中国重要的经济中心和政治中心，并且人口稠密、资源丰富，丧失了华北，国民政府的发展空间就更加狭小。如果失去了华北，南京国民政府将会失去重要的屏障，直接暴露在日军的铁蹄之下，将直接影响到南京国民政府的统治地位。于是，蒋介石"安内攘外"政策，最终在日军的威迫下以及国际形势的变化，不得不取消，最终走上了联共抗日的道路。

事　件	时间
华苏维埃共和国成立；蒋介石提出"攘外必先安内"，国民党进步人士邓演达被害。 12 月，中国共产党领导"宁都起义"；黄显声组建"辽宁抗日义勇军"抵抗日本侵略。	

时间	事 件

大规模"围剿"与反"围剿"

以江西瑞金为中心的革命根据地，是中国共产党人创建的重要的革命根据地，也是当时全国范围内最大的革命根据地。在这一时期，毛泽东、周恩来、朱德等共产党的主要领导人领导苏区军民四次打破了国民党军队的"围剿"。可惜的是，由于"左"倾错误的主导，国民党军重兵压境，毛泽东、周恩来等领导人被迫离开了领导岗位，致使中央红军在第五次反"围剿"当中失利，革命形势到了最危急的时候，中央红军最后不得不放弃中央苏区进行长征。

中国共产党的存在以及中国共产党强势的发展势头，使国民党深感不安。从1930年10月，蒋介石开始调集军队进行军事"围剿"，围剿的目标是以江西瑞金为中心的中央苏区革命根据地和红一方面军。国民党军队每次都是以绝对优势兵力，以几倍甚至十倍以上的兵力来进行围剿。第一次"围剿"时，国民党共调派了8个师和3个旅的兵力共计10万多兵力，红一方面军约4万人；第二次"围剿"时，国民党调派了18个师加3个旅的兵力，共计二十多万兵力，红一方面军3万余人；第三次"围剿"时，国民党调派了23个师加3个旅，共计30万兵力，红一方面军3万余人。可以看出前三次围剿，国民党军队在人数上都占有绝对的优势，妄想把红军一网打尽。但是在毛泽东等中央领导人的英明指挥下，每次都能够化险为夷。

面对严峻的形势以及敌人来势汹汹的攻势，经过在各种会议上的反复讨论，毛泽东针对具体情况制定出正确的战术，决定实行"诱敌深入、各个击破"的战略方针，同时灵活运用运动战、游击战、歼灭战，选择合适的地形与敌人作战。1930年12月30日之后，红军在短短5天之内接连获得胜利，两战两捷，活捉敌十八师师长张辉瓒。1931年5月至7月间，红军又相继粉碎了国民党军队的第二次、第三次"围剿"。第四次"围剿"的时候，国民党军队兵分三路，总兵力达四十多万，是共产党军队的十余倍，但在朱德、周恩来等领导人带领下，继续采取灵活机动的战略战术，集中优势兵力各个击破，最终歼灭国民党部队的3个师，而且缴获了大量的军用物资，打破了国民党的第四次"围剿"。

1933年9月，蒋介石发动第五次"围剿"，派出了大量的飞机、大炮进行掩护，调集50万大军对中央苏区进行围剿。蒋介石鉴于前几次失败的教训，改变了战略，实行"三分军事，七分政治"的战略方针，用"攘外必先安内"的理论鼓舞士气，这个理论在一定程度上迷惑了普通民众以及一些主张抗日的将领。在前几次"围剿"中，国民党军由于长驱直入和个

事 件	时间

时间	事件

别部队的冒进，结果屡遭红军伏击。因此第五次"围剿"时，蒋介石告诫部下"在匪区行军不能太快"，做到稳扎稳打，步步为营，节节推进。虽然相比于前几次围剿，中央红军这时候的兵力、物资、根据地的面积以及人口都有一定程度的增加，但是在国民党的严密封锁、四面包围之下，中央苏区的物资供给渐渐变得十分困难，布匹、粮食、食盐等物资不能够完全实现自给，由于长时间的战乱，物资消耗非常巨大。特别重要的是，此时的中共由于"左"倾错误的影响，以王明为代表的"左"倾冒险主义领导者不承认敌大我小、敌强我弱的客观实际，主张"全线出击""两个拳头打人"，实行军事平均主义，反对集中兵力打歼灭战。在中央苏区第五次反"围剿"作战中，同人数众多的敌人拼消耗、打阵地战、拉锯战；最后在不得不退出中央苏区时，又变为退却中的逃跑主义。结果使中央苏区第五次反"围剿"最终失败，中央红军主力被迫于1934年10月进行撤离，开始长征。

重塑全民道德的新生活运动

重塑全民道德的新生活运动，始于1934年。1934年2月19日，蒋介石在南昌市各界扩大纪念周上发表了《新生活运动之要义》，正式宣布发起新生活运动。这场运动从1934年开始一直持续到1949年，历时长达15年，称为国民党在大陆期间实行的最主要、最持久的政治运动之一。蒋介石将其称为"救亡图存，复兴民族之基本的革命运动"，"就是要使全国国民军事化"。发起的缘由主要有，恢复传统的礼教道德，提高全民的抗日热情以及国民素质、爱国精神。而且随着日军侵华的深入，国民党军尚未作出有效抵抗，如果此时再无作为，其政权的合法性必然会遭到质疑。其次，率先在江西的南昌开始新生活运动，是明显有着很深的指向意义的，目的就是要全力进行"剿匪"。蒋介石认为中国共产党所信仰的共产主义已经在全中国蔓延，与其一直奉行的"三民主义"有明显冲突，他希望清除共产主义的影响，在全国范围内重塑旧道德、旧思想，以中国传统的纲常礼教、礼义廉耻重新占据思想道德主流地位。

1934 年 3 月 11 日，新生活运动从南昌正式宣告开始，成立了运动的领导机构——"新生活运动促进会"，由蒋介石担任会长，同时发表了一系列演讲。在国民党的大力推动下，逐渐推广到全国。同时命令当时的国民党大员陈果夫、何应钦等人担任指导员、干事等职务，蒋介石陆续在全国各地声言造势，发表了《新生活运动之要义》《新生活运动之中心准则》等多个长篇演讲。同时还制定相关文件，指导新生活运动的展开，如《新生活运动纲要》《新生活运动须知》等。从此，新生活运动在全国各地如火如荼地开展起来。

事　件	时间

时　间	事　件

据相关资料的统计，到 1936 年为止，在全国的二十多个省份成立了省级的"新生活运动会"，在南京、上海、北平、汉口四个直辖市成立了市级的"新生活运动会"。不仅如此，新生活运动也蔓延到各县，建立的县级"新生活运动会"数量众多，竟然达到了 1355 个。此外还建立了 14 个铁道"新生活运动会"、19 个华侨的"新生活运动会"，可以说，新生活运动基本上覆盖了全国。其范围之广、时间之长，都是十分罕见的。

作为中国传统道德基本准则的"礼、义、廉、耻"，在新生活运动中被赋以新的意义。"礼"即要求国民按照一定的规则及礼节进行生活；"义"即"正正当当的行为"；"廉"即"清清白白的辨别"；"耻"即"切切实实的觉悟"。"礼、义、廉、耻"的本质，是要求国民遵守国家、社会的规定，并且从人们最基本的"衣、食、住、行"开始着手。这些注重文明、卫生、整洁的活动，确实对提高全国人民的素质、道德水平起到了一定的推动作用。

全面抗战开始之前，新生活运动分两个时期进行：1934 年 2 月到 1935 年 3 月是第一个时期。这一时期新生活运动的中心，是要实现环境的卫生整洁。运动从国民的日常生活开始，主要在于让人们注意个人卫生、仪表整洁、用食干净。除此以外，还开展了识字等三十多个活动。这些健康、文明的社会活动，是第一期新生活

运动的主要社会实践活动。新生活运动虽
然存在一定的局限性，但是确实也为社会
发展、环境建设起到了一定的促进作用。

1935 年 3 月以后，新生活运动进入第
二阶段。所谓"三化"，即国民生活的艺
术化、生产化和军事化，尤其以军事化为
重。这是在前一段"整齐、清洁"的基础
上，对国民生活的更高要求。蒋介石为配
合"三化"工作的开展，要求之前的新生
活团体，要积极参加劳动和军事训练。

虽然蒋介石发动新生活运动目的是为
了"剿共"与抗战做准备，具有一定政治
方面的考量，希望借此推广纲常礼教，配
合国民党的反共运动，但也在一定程度上
为抗日做了精神上、思想上的准备；客观
上对于社会风气的改善、国民意识的提
高，起到了一定助进作用。

挑战人类极限的漫漫长征路

红军长征从 1934 年 10 月开始，一直
到 1936 年 10 月结束。这是人类历史上从
来没有过的创举。起点是以离开中央苏区
为标志，直到 1936 年 10 月三大红军主力
在甘肃会宁和宁夏的将军堡会师为止。红
军长征整整经历了近两年之久，在这个艰
辛的过程当中，红军共经过了 14 个省，
经历了六百多次大小的战斗，爬雪山，过
草地。渡过了近百条的大江大河，翻越了
四十多个高山峻岭，同时也穿过了几十个
少数民族的居住区，其过程之艰苦、历时

事　件	时间

时间	事件

之久、环境之恶劣、敌我兵力对比之悬殊、生存之艰难，都是世所罕见的。并且红军在长征开始之时，其目的地以及经过地点并不是事先预定，而是根据当时的具体情况临时计划和决定的。

1933 年 10 月，蒋介石准备了充足的军事力量，对中央苏区发动第五次"围剿"，投入兵力高达 50 万。由于博古、王明等中央军事领导人的错误决策，致使红军在第五次"反围剿"作战中损失惨重，不得不进行长征。周恩来后来针对第五次"反围剿"失利原因进行总结的时候一针见血地指出："万里长征，就因为在江西打败了，硬拼消耗，拼到最后挡不住，不得不退出江西。"总结起来就是中央红军没有像之前一样与敌人灵活斗争，运用游击战、运动战，集中优势兵力各个击破的方针，而是与敌人大打阵地战、消耗战，在实力不济的情况下，失败在所难免。

长征的第一年，是红军最为困难的阶段，也是红军损失最为惨重的阶段。蒋介石得知红军将要向西进军，马上调派 30 万大军对红军进行围追堵截，在红军前进的方向设下层层防线，在湘江及其支流潇水设置了严密防线，在后面用重兵追击，企图以此消灭红军，史称"湘江之战"。红军在国民党军队的层层堵截中，伤亡惨重，损失了三万余人，中国共产党面临着极其危险的境地。

1935 年 1 月召开遵义会议，主要解决红军军事指挥等关乎红军生死存亡的问题。会议否定了军事上的"左"倾错误思想，使毛泽东重回领导岗位，重新掌握了红军的指挥权，使革命形势在关键时候重归正确路线。遵义会议之后，红军依然面临着严峻的形势，国民党军继续对红军进行围追堵截。蒋介石在得知红军占领遵义后，派遣几十万大军分几路对红军进行包围，但在毛泽东的有力领导下，红军采取了与敌人机动灵活周旋的战略方针。中央红军计划向四川西北部进军，国民党率大军进行围堵，为了跳出敌人的包围圈，红军四渡赤水河。在 5 月 9 日，中央红军巧渡金沙江，摆脱了国民党部队几十万人的围追堵截。5 月至 6 月，中央红军又飞夺泸定桥、强渡大渡河，红军接连摆脱国民党军的追击。在此之后，中央红军又跨越大雪山，以顽强不屈的精神战胜了一个个艰难险阻。

1935 年 8 月，红一方面军和红四方面军一部，开始向草地沼泽进发。红军过草地时正值雨季，一望无涯的草地无路可走，将士们在这样令人绝望的环境下，凭借着超人的意志艰难前行，稍有不慎就会陷入泥沼之中被污泥吞噬；准备的粮食两三天就吃完了，剩下的一多半路程全靠吃野菜、草根、树皮充饥。就是在这样的背景下，红军将士们顽强地克服了重重困难，于 1935 年 8 月到达巴西地区。9 月 17 日，红军取得了腊子口战役的胜利。腊

事　件	时间

时间	事件

子口是川西北到达甘南的重要战略要地，占领腊子口后，红军的处境大为改善。9月18日，红军攻下了甘肃南部地区一个比较富庶的镇子——哈达铺，在这里，红军获得充足的物资补充。在哈达铺会议上，毛泽东向全军宣布了北上陕北的目标。10月19日中央红军到达吴起镇，中央红军的长征胜利结束。之后，红军其他各路军也纷纷与中央红军会合，在陕北，以延安为中心打开了一片中国革命的新天地。

共产党建立了延安红色政权

中央红军到达陕北后，党中央将延安作为大本营。延安时期，通常是指1935年10月至1948年3月23日中共中央离开陕北前的这一段时间。

为了尽可能团结一切可以团结的力量，中国共产党在以延安为中心的革命根据地，进行了一系列政权建设的有益探索。在政权建设方面，尽可能多地吸收人才，积极接纳其入党。同时为了适应抗日战争的需要，加强民族团结，调和社会矛盾，中共中央在政权建设上创造性地采取"三三制"原则，即在政权的组织机构组成上，有三分之一的共产党员，主要代表无产阶级和贫民利益；三分之一的非党的左派进步分子，主要代表小资产阶级利益；三分之一的不左不右的中间派，代表中等资产阶级和开明绅士的利益。"三三

事　件	时间

制"原则提出以后，引起社会各界的广泛关注，在实际操作上取得了较好的社会效果，有利于巩固政权，得到了广大民众的拥护和赞赏。

确立平等的选举制度。1937 年 5 月 12 日的《陕甘宁边区选举条例》规定："采取普通的、直接的、平等的、无记名的选举制，保证实现彻底的民主。""凡满十八岁的赞成抗日和民主的中国人，不分阶级、民族、男女、信仰、党派、文化程度，均有选举权和被选举权"。这一方针极大调动了边区人民参政议政的热情，有利于吸收一切力量参与到政治生活的建设当中。

为了使民众积极参加抗日斗争以及基层社会组织建设，中央指导建设了一批民众团体，这其中有工会，据统计，在当时有 95% 以上的工人都参加了工会；有农会，全部农民都已经参加了农会；还有70% 以上的妇女参加了妇女联合会。此外，还有供青年参加的青年救国会，商人参加的商会，甚至还有专门供儿童参加的儿童团。

延安政权建设特别重视人民生活。毛泽东在 1934 年就特别强调："解决群众的穿衣问题，吃饭问题，住房问题，柴米油盐问题，疾病卫生问题。总之，一切群众的实际生活问题，都是我们应当注意的问题。"中央政权也采取了各种各样的措施解决上述问题，在卫生、教育、文化、生

时　间	事　件

产等领域采取多项措施。例如开展扫除文盲、识字认字活动，提高妇女地位，促进妇女投入工作生产的妇女解放运动等等。同时还实行拥军、爱民、优待军人家属运动，先后颁布了《关于拥护军队的决定》《拥军运动月的工作指示》《优待抗日军人家属》等相关规定。确定了优待医生的政策，颁布了《陕甘宁边区优待国医条例》，鼓励医生加入到边区的建设中来，给予医生以各种条件上的优待。除此之外，共产党还大力在边区建设学校，大力发展农业、纺织业、工业等产业。严禁毒品，提高全民素质，发展健身体育运动。

在抗战的相持阶段，各个抗日根据地都面临严峻的形势。食品、物品短缺，战士们甚至没有鞋子、衣裤。为此，根据地采取了精兵简政政策，裁撤掉一些不必要的机构及人员设置。总之，延安时期红色政权的建设，为新中国各项政策的制定提供了范本。

第十章　十四年抗日战争：铸就中华民族之魂

中国十四年抗日战争始于 1931 年的"九·一八"事变。1931 年 9 月 18 日夜，日本关东军精心策划，炮轰沈阳北大营。由于张学良东北军政当局忠实地执行了蒋介石的"不抵抗政策"，致使东北地区在短时间沦陷，三千万东北人民沦为亡国奴。另一方面，

"九·一八"当夜北大营中国守军被迫突围应战，接着东北军守军不顾不抵抗的禁令，先后在锦州、长春南岭、哈尔滨以及齐齐哈尔的江桥等地，抵抗日军的入侵；不愿当亡国奴的东北各界民众为了守卫家园，自愿组成抗日义勇军抗击日军侵略，用鲜血和生命揭开了抗战的序幕。

这里需指出，"九·一八"事变和"九·一八"抗战是两个不同概念："九·一八"事变是"九·一八"抗战的起因，"九·一八"抗战是对"九·一八"事变的回应。日本军国主义蓄意挑起的"九·一八"事变，标志着日本侵华的开始。1931 年 9 月 18 日夜在沈阳掀起的"不抵抗"中的抵抗，以及此后东北民众在各地的英勇抗战，是中国人民抗日战争的起点，更标志着中国人民十四年浴血抗战的开始，也是世界反法西斯战争的开端。

中国人民的十四年抗日战争以 1937 年的卢沟桥事变为时间节点，分为前六年的局部抗战和后八年的全面抗战两个阶段。在局部抗战中，东北抗日义勇军与东北抗日联军发挥了重要作用，更以 20 世纪 30 年代初的长城抗战和"一·二八"淞沪抗战两大战役为标志。全面抗战则以国民党军在正面战场与日军的 22 次大会战，以及共产党领导的八路军敌后抗战为标志。在这次反侵略战争中，中华民族付出了 3500 多万人的生命和无数财产的代价，前线将士为驱逐外敌，前赴后继，付出了巨大牺牲，最终取得了抗日战争的伟大胜利。

淞沪抗战中的中国士兵

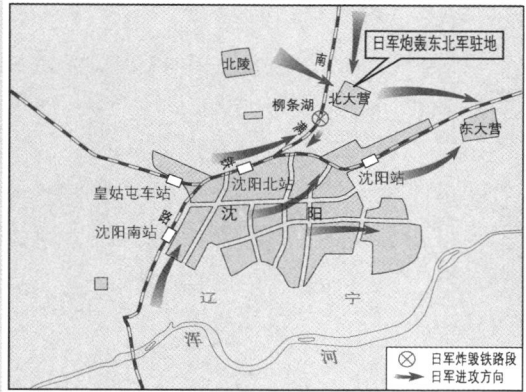
"九·一八"事变示意图

西安事变前的张学良和杨虎城

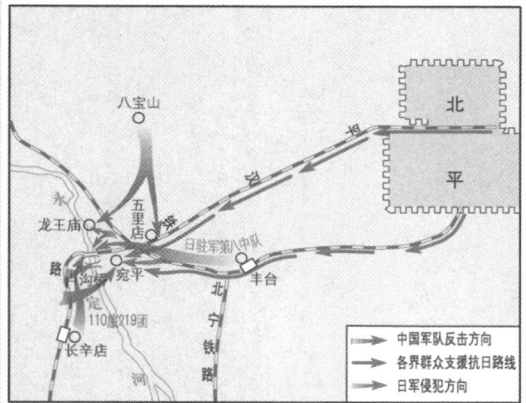
"七·七"事变示意图

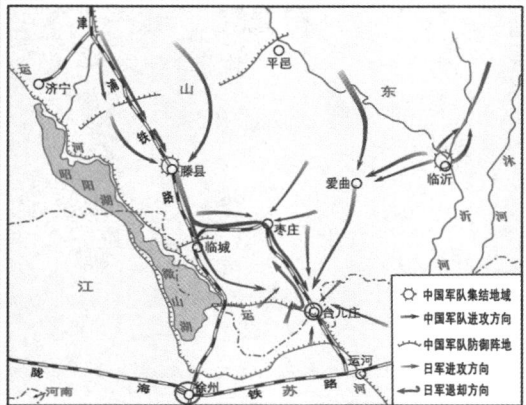
台儿庄战役示意图

南京沦陷后遍地瓦砾的街道

南京大屠杀中残暴的日本士兵

南京大屠杀街头惨象

从左至右：孙立人、史迪威和廖耀湘讨论缅北作战行动

1943 年 11 月 27 日中国远征军在印度兰姆伽
中美训练营的装甲部队战斗演练

十头骡马组成的运输队拖着中国军队的榴弹炮
行进在滇缅公路的山间

1944 年 5 月 11 日强渡怒江的中国远征军

史迪威公路通车仪式

日本受降仪式油画

东京审判庭审现场

南京大屠杀"百人斩"日本罪犯向井敏明
被押往南京雨花台刑场

东条英机接受审判

日本发动侵华战争

日本军国主义者早已制定的"大陆政策"，是使"九·一八"事变成为历史必然的根本原因。1890年，日本首相、长州军阀首脑山县有朋提出所谓"主权线""利益线"理论，主张要保卫与日本有紧密联系的地区。1895年，山县又进一步提出只有占领中国的满洲才能称霸亚洲的论调。甲午战争中，由于俄、法、德三国干涉还辽，使日本痛失辽东半岛权益。但在日俄战争中，由于日本战胜俄国，才得以染指俄国在华利益。《朴茨茅斯和约》规定，俄国将部分东北权益让与日本，遂使东北成为日本重点经营的地区之一。此后20多年，日本在中国东北逐步扩张，不断深化在华权益。

1927年4月，田中义一成为首相之后，明确提出了"惟欲征服中国，必先征服满蒙；如欲征服世界，必先征服中国"的战略方针。日本学术界否认《田中奏折》的存在，其主要动机无非是否认日本存在一个侵略中国的国策而已。但事实是，在20世纪初，日本制定的《帝国国防方针》，与《田中奏折》有高度的相似性，这就证明了《田中奏折》的事实存在。1927年6月，日本关东军参谋长斋藤恒拟定了日本准备使用武力占有"满蒙"和侵占以后宣布"自治"的统治方案。田中内阁在6月末到7月初召开东方会议，制

事　件	时间

时间	事　件

定了《对华政策纲领》。从此，把"满蒙"从中国分离出去置于日本统治之下的所谓"对华积极政策"，成为日本军国主义的行动方针。也就是说，到20世纪20年代后半期，日本帝国主义不仅已把侵占"满蒙"作为基本国策确定下来，而且还提上了行动日程。这是其发动"九·一八"事变的根本原因。

日本御用学者非法炮制"满蒙非支那领土"谬论，也是在20世纪20年代达到极盛，公开宣扬东北不是中国领土的谬论甚嚣尘上，与日本军部配合得天衣无缝。持此谬论最典型的代表人物矢野仁一、细野繁胜、井上哲次郎、旭范彦、俊夫淳平等人，极力提倡日本侵略、占领中国东北的"正当性""合法性"的歪理邪说。

从1929年底开始的世界经济危机，也给日本经济以沉重打击，日本国内各种矛盾进一步激化。为了转移人民对国内危机的视线，日本官僚、政客和法西斯主义者，宣称中国给日本在"满蒙"的权益造成了损害。经过日本政界、军界及知识界的宣传与鼓动，所谓"满蒙危机"的气氛，已弥漫日本全境。在这一背景下，关东军少壮军官加紧执行侵占中国东北的军事部署。关东军高级参谋板垣征四郎大佐和作战主任参谋石原莞尔中佐等人，频频在中国东北各地进行"参谋旅行"，实际上是进行实地刺探情报，以便拟定侵占中国东北的作战方案。他们的方案在1930年12

事 件	时间

月已得到日本关东军参谋长三宅光治的批准，一些措施已开始付诸实施。1931 年 4 月，军部以换防为名，把精锐的第二师团调驻辽宁；6 月，秘密制定了对东北采取军事手段的方针——《解决满洲问题方策大纲》，并以指令形式正式下达关东军。1931 年 7 月，日本两门 24 厘米的攻城重炮被运到沈阳。8 月 1 日，陆军任命熟悉中国东三省情况的本庄繁为关东军司令官，主张采用军事手段的建川美次为参谋本部第一部（作战部）部长。本庄繁到任后，即审查了石原等人制定的作战方案。9 月 3 日，他向关东军高级军官声称，"我们必须认识到最后解决的时期正在迫近"。随后他巡视辽、吉各地，并组织了"出动演习"。

经过种种准备，坚持武力侵略的日本军国主义者认为条件已经成熟，关东军遂于 9 月 18 日晚按照预谋，在沈阳附近柳条湖炸毁了南满铁路一段，反诬为中国军队挑衅，接着向北大营、沈阳城进攻，点燃了战火。所以宏观地看，"九·一八"事变绝不是某些日本史家所说的是某些关东军下级军官所为的偶然事件，而是日本整个统治集团集体策划的侵华国策的必然结果。

1931 年的"九·一八"事变，是日本旨在侵占中国东北进而征服中国战略计划的开始，是十四年侵华战争的开始。它给中国人民带来了深重的灾难，同时也是中

时间	事件

国人民为了民族尊严、反抗民族压迫的反法西斯战争的开始。

张学良下达了"不抵抗"命令

日本关东军经过处心积虑的策划，于1931 年 9 月 18 日夜发动突然袭击，进攻东北军驻守的北大营。当时进攻北大营的日军不到 300 人，而驻守北大营的第七旅有近 8000 名官兵。初攻时，日军还只是用不爆的炮弹试探，见没有还击后才大肆进攻。由于中国军队的不抵抗，使得日军一夜之间占领了沈阳，一日之内攻占了 20 座城镇，4 个月零 18 天占领了整个东北。

1931 年 9 月 18 日夜 10 时 20 分许，日军在沈阳向北大营进攻，这时张学良正在北平陪英国公使蓝普森观看梅兰芳主演的《宇宙峰》。11 时过后，秘书把沈阳急电送到戏院，张即赶回医院与参谋长荣臻通话，"请示办法，可否一战。张回电相机处理"。事变发生时，在沈阳的东北边防军长官公署军事厅长荣臻下达的"不抵抗"命令是"不准抵抗，不准动，把枪放在库房里，挺着死，大家成仁，为国牺牲"。这个命令荒唐到了极点。张学良由于采取了不抵抗措施，为全国舆论所诟病，从而获得了"不抵抗将军"的绰号，国内舆论对张学良与东北军一片漫骂之声。

不抵抗命令到底是张学良自作主张亲自下达的，还是他忠实地执行了蒋介石的不抵抗命令？这已成为学术界的一桩公案。随着 2002 年张学良档案及口述史料的公开，这一桩学术公案已获得解决。张学良在口述自传中明确承认不抵抗命令是自己所为。他说："那个不抵抗的命令是我下的，说不抵抗是中央的命令，不是的，绝对不是的！""我下的所谓不抵抗命令，是指你不要跟他冲突，他来挑衅，你离开他，躲开他"。尽管张学良在口述自传中强调不抵抗命令是自己下的，这样把所有的责任都揽于一身，但从历史事实上看，张学良的不抵抗命令又确实基于当时南京国民政府对日的基本国策。

1931 年 7 月初，躺在病床上的张学良接到万宝山事件和朝鲜排华报告后，得知东北形势严峻，大有开战之势，十分焦虑。他认为东北军如单独与日本作战，后果不堪设想，故于 7 月 6 日密电东北政务委员会，称："此时如与日本人开战，我方必败，败则日方将对我要求割地偿款，东北将万劫不复，亟宜避免冲突，以公理为周旋。"当日本吞并东北的意图十分明显之时，张学良仍打电报要求东北军对日军的挑衅不作抵抗，内称："对于日人，无论其如何寻事，我方务须万分容忍，不可与之反抗，致酿事端。即希迅速密令各属，切实注意为要。"

显然，"攘外必先安内"政策，是实施不抵抗的大背景。张学良不是不想抵抗日本侵略，无论是出于保存东北集团的实

事　件	时间

时间	事 件

力着想，还是出于保卫国家社稷着想，他都必须抵抗日本侵略。只是他非常渴望全国共同抵抗日本的侵略，曾向国民政府提出"应对日本采取强硬态度"并"直接抵抗日本侵略"的方针。然而正在江西忙于第三次"剿共"的蒋介石，于 1931 年 7 月 12 日复电称"此非对日作战之时"。为了支持蒋介石取胜中原大战，赞助蒋统一中国，张先后从东北调 12 万精兵进驻平津地区。至此，东北军大部分精锐部队都离开了东北。1931 年 8 月 16 日，蒋又一次密电张："无论日本军队如何在东北寻衅，我方应不予抵抗，力避冲突。吾兄万勿逞一时之愤，置国家与民族于不顾。"（洪钫:《"九·一八"事变当时的张学良》，见全国政协《文史资料选辑》第 6 辑，第 24 页。这个被称为"铣电"，在历史档案中至今没有找到。但这符合当时蒋介石的对日方针）。

"九·一八"事变前后，在东北的日军总共不过 2 万余人；而中国的东北军仅在辽宁的部队就有 17 万人，加上驻防吉林、黑龙江两省的军队，实际可达 30 万人以上。武器装备方面，东北军拥有重炮、战车、战机等现代化武器。日本关东军对北大营武装进攻的当晚，却只有参谋长赵镇藩在营中。北大营东北军的抵抗，基本上是局部抵抗或曰"不抵抗中的抵抗"。总之，由于消极且不得人心的不抵抗政策断送了整个东北，不仅导致东北大片国土迅速沦丧、东北军内部分裂，也极大地增加了后来抗战的难度。东北的地理位置十分重要，东北沦陷后，华北失去了屏障，很快也遭受了日军的侵略。

十四年抗日战争始于 1931 年

自 1931 年 9 月 18 日，日本关东军炮轰北大营，发动"九·一八"事变以来，在东北地区的东北军及民众不顾不抵抗的禁令，先后在沈阳北大营、锦州、长春南岭、哈尔滨、江桥等地抵抗日军的入侵，用鲜血和生命揭开了抗战的序幕。

"九·一八"事变爆发当夜，在北大营突围战中，王铁汉率领六二〇团官兵，被迫对日军进行抵抗，日军也被打死 3 人（另一人为重伤死），打伤 23 人。尽管东北军由于不抵抗付出了伤亡三百多人的代价这样不光彩的一幕，但毕竟尚存不抵抗中的抵抗行动。

9 月 19 日凌晨 3 时左右，日军围攻宽城子驻地的中国守军，东北军守军被迫进行抵抗。在外无援军、内无弹药补充的情况下，从 19 日凌晨 4 点一直同日军激战至同日上午 11 点左右，孤军苦战达 7 个小时。是役，宽城子东北军守军计有六十三团第三营营长傅冠军及多位连长和士兵共九十余名为国捐躯。日军被击毙 25 人，轻重伤六十余人。宽城子守军在日军近一个联队（相当于团）兵力的重重包围下，以一个营不足 500 人的薄弱兵力坚守阵

事　件	时间
1 月，日军攻克锦州，东三省基本沦陷；日本进犯上海，淞沪抗战爆发；英国照会日本，要求东北实行门户开发；李杜组建吉林自卫军进行抗日。 本月，史汀生不承认主义诞生；印度甘地被捕。 2 月，哈尔滨沦陷；日本计划成立伪满洲国；红军发动赣州战役；中共中央发表为取得上海胜利告全国同胞书。 3 月，上海抵抗日军的十九路军撤退，淞沪抗战结束，中日就淞沪停战进行谈判；伪满洲国在长春成立，溥仪重登"皇位"；蒋介石出任军事委员会委员长；中华复兴社成立；李顿调查团到华。 本月，摩洛哥王国独立。 4 月，马占山举兵反正，继续抗日；红军取得漳州战	1932 年（民国二十一年）

时间	事件
	役胜利；虹口发生爆炸案，日本侵华军总司令白川大将身亡；金日成组建朝鲜抗日武装；中共中央宣布对日宣战。 本月，德国第二次选举中兴登堡击败希特勒。 5月，中、日在上海签署《淞沪停战协定》，中共对此表示严厉斥责。 本月，日本少壮派发动"五·一五政变"；陶尔斐斯当选奥地利总理。 6月，中共中央部署第四次反围剿作战；各界呼吁停止内战；中共中央就反帝运动中的统一战线问题发出指示信；蒋介石召开庐山会议部署围剿，国民党封禁抗日影片。 本月，泰国发生政变；洛桑会议停止德国赔款；中共中央确立8月1日为建军节。

地，孤军奋战达7个小时，取得了击退敌军数十次的进攻、击毙击伤日军一百余人的战绩，不能不令人敬佩。

南岭之战是"九·一八"事变次日中国军队击毙日军人数最多的一次战斗。1931年9月19日凌晨5时左右，日军进攻南岭兵营，南岭兵营的东北军守军孤军奋战，在没有外援且没有具体的抵抗命令的情况下，自19日凌晨1时至当日午后1时，自发组织抗敌，坚守营地12个小时，打退了日军的数十次进攻。是役，中国军队击毙日军独立守备队第一大队第三中队长仓本茂及以下日军43人，轻重伤者倍之。南岭东北军余部，先退到稗子沟，又辗转来到吉林的榆树县，与其隶属的二十五旅汇合，走上抗日之路。

江桥抗战则是"九·一八"事变后在东北地区爆发的最重要的一次对日战役。江桥抗战发生地位于齐齐哈尔南130里的泰来县东北部，始于1931年11月4日当天马占山部队与日军的激战，至18日夜撤出三间房阵地止，历时15天，前后可分为两个阶段。第一阶段从11月4日至6日，此为江桥阵地阻击战。其中6日战斗最为惨烈，日军在遭受重创后，以重兵猛扑江桥阵地，并配以飞机助战。我军此时已经过三天二夜血战，伤亡六百余人，马占山遂命军队乘黑夜撤出江桥至大兴阵地，到三间房阵地阻击日军。第二阶段，11月7日至18日夜，此为三间房阵地阻击战。17 日晚，日军向三间房阵地发动总攻击，日军总指挥为第二师团长多门中将，其部署四千余众进攻三间房正面防线，又以七千余众攻打三间房阵地右翼阵地，我军共打退了日军十余次进攻。至 18 日凌晨，敌军发起强攻，突破了一、二道防线，马部向昂昂溪退却。至晚 5 时，终因伤亡过重，弹尽粮绝，马占山不得已下令撤出战斗，各部按指定地点，分别撤往海伦、拜泉、克山一带。日军于 1931 年 11 月 19 日进入省城齐齐哈尔，江桥抗战至此结束。由于黑龙江守军敢于冲破"不抵抗"禁令，坚决打击日本法西斯侵略者。尽管自身伤亡惨重，也使得日本关东军付出了重大伤亡代价，日军被击毙者逾千人，才得以占领当时的黑龙江省会齐齐哈尔，从而延缓了其北进龙江南取锦州的步伐。马占山领导的江桥抗战，极大地鼓舞了全国民众的抗战士气。

除了上述中国军队在不抵抗命令下的被迫抗战外，1931 年"九·一八"事变后，不屈的东北民众自发组织各种武装对敌人进行抵抗，统称为东北义勇军，并且遍布中国东北各地，对日寇进行了坚决顽强地抵抗。但是由于日军的不断镇压，到 1933 年，各路义勇军基本溃散解体。在此之后，东北抗日联军继续坚持抗战。

东北抗日义勇军蜂起

"九·一八"事变日本侵略者对中国

事　件	时间
7 月，《洛桑会议》签订，停	1932 年（民

时　间	事　件
国二十一年）	止德国赔款；中国首次参加奥运会；周恩来致电苏区中央，强调应发挥毛泽东的作用。 本月，洛杉矶奥运会开幕。 8月，红军琼崖根据地丢失；湘鄂边苏区受到国民党重创。 本月，威尼斯电影节创办；国际反战大会召开。 9月，日本正式承认伪满洲国；日本开始向中国东北移民；日本在东北酿成"平顶山惨案" 本月，沙特阿拉伯独立。 10月，关于"九·一八"事变的《国联调查书》发布；陈独秀被捕；中共苏区中央局将毛泽东撤职；共产党人韦拔群遇害；红四方面军放弃鄂豫皖根据地向西转移。 12月，苏联和国民党政府恢复外交关系；中国民权保障同盟成立。

东北的吞并，在东北遭到了强烈反抗，不愿意屈服日寇的东北民众自主建立了各种抗日组织，统称为"东北抗日义勇军"。

最早成立的义勇军队伍，为高鹏振于1931年9月27日（即"九·一八"事变的第9天）在黑山县朝北营子成立的"镇北军"。同年10月，改称"东北国民救国军"，这是在东北第一支举起抗日大旗的义勇军队伍。不久义勇军抗战主力逐渐兴起，到1932年形成高潮时，人数多达三十万余众。但1933年末，抗日义勇军被日伪军各个攻破，从此走入低潮。自马占山、苏炳文等有组织的部队失败退入苏联；1933年后，处于辽宁、热河地区的义勇军陆续退入关内后，义勇军声势逐渐消沉。

从成员构成来看，东北义勇军队伍中几乎包含了各行各业，这是义勇军迅速发展的基础。其中也有中国共产党组织的抗日部队，比较著名的有共产党员刘澜波协助黄显声在锦州组建的抗日义勇军；共产党员张永兴在黑山县参与领导的高鹏振（老梯子）抗日义勇军；共产党员、辽阳人白乙化（小白龙）领导的抗日义勇军；共产党员、辽阳人李兆麟领导的抗日义勇军；共产党员、朝阳人赵尚志领导的抗日义勇军等。

抗日义勇军中最有战斗力的是规模较大的正规军队和警察大队。如马占山部，丁超、李杜部，冯占海部，苏炳文部，唐聚五部，吉林王德林部，以及张宗周、王凤阁、郭景珊、刘景文等部，他们原本都是东北军正规军或警察部队，还有一些旧军政人员，他们积极投身于抗战当中。义勇军中还有一部分绿林草莽，如宫长海（宫傻子）、姚秉乾（双山）等。"九·一八"事变以后，东北各地原有行政机构瓦解，社会秩序混乱，他们出于民族大义纷纷接受各部队收编，参加抗日。此外，还有民间的秘密帮会人员，更有大批的青年学生积极投身于抗战。

从分布来看，辽宁的抗日义勇军最为活跃。沈阳沦陷后，辽宁各地纷纷举起抗日大旗；吉林地区主要有李杜、丁超等人组织的部队；黑龙江抗日义勇军主要是马占山和苏炳文领导的部队。

东北抗日救国会领导的抗日义勇军，主要集中于辽宁地区，曾将辽宁地区的义勇军划分为辽西、辽南、辽东、辽北、热河五个军区。东北抗日救国会暗派军事人员到东三省各地训练民团，统帅指挥。东北抗日救国会军事部长王化一，直接担任辽宁义勇军第二军团总指挥。救国会给义勇军运送武器弹药、物资，编辑宣传刊物，做了大量组织指导援助工作。东北抗日义勇军的另一主要指导援助来源，是国民政府系统以民间团体形式出现的机构。"九·一八"事变发生后，1931 年 11 月东北难民救济协会成立，以朱庆澜为理事长。1932 年 4 月 26 日，朱庆澜在上海建

事　件	时间

时间	事件

立了东北义勇军后援会，成为援助指导义勇军对日斗争的指导机关。1932 年 5 月，东北义勇军后援会易名为辽吉黑民众后援会，朱庆澜为会长。从后援会成立，至当年年底，共援助义勇军 21.6 万余元。继东北民众抗日救国会和辽吉黑民众后援会后，东北国民党籍人士在上海组织东北协会，后在北平成立分会，收转华侨捐款给义勇军，并于 1932 年冬派齐世英、臧启芳等赴东北指导、接济义勇军。

从战绩来看，东北义勇军也取得了辉煌的战果，例如击毙古贺联队长的锦西伏击战。1932 年 1 月 9 日，驻锦西县城日军十九师团混成三十八旅团骑兵二十七联队队长古贺传大郎的骑兵队在上坡子村被义勇军伏击，古贺当场毙命，共毙伤七十余人。另一次就是江桥抗战，歼灭日军千名。1932 年李延禄指挥的镜泊湖连环战，给予日军极大杀伤。墙缝伏击战"击毙日军松本大尉以下一百二十余名"；松乙沟伏击战，上田支队"被打死三十余人"。

自"九·一八"事变到 1933 年 2 月止，"日满战亡总数为 6541 名，平均每月讨伐义勇军 150 次，阵亡官兵 73 人，日军死尸每月由满洲往神户运回日本者平均为 50 具"。据 1936 年 5 月《芝加哥日报》所载，"每日平均有 6 个日本兵被东北义勇军击毙。这就是说，每年至少有二千二百余个'皇军'死于东北，受伤的数目当然更多"。东北抗日义勇军从 1933 年开始进入低谷，其根本原因是日军过于强大，双方在武装力量上极度不对称。加上后勤供给不足，各义勇军之间没有团结起来，导致最终失败。

国内舆论界对抗战英雄的塑造

"九·一八"事变后，日本帝国主义对东北的吞并，激发了以东北义勇军为代表的东北民众的坚决抵抗。国内媒体对东北抗日义勇军的事迹进行了广泛的关注和报道，并塑造出众多的抗战英雄形象。

许多媒体表示，正是由于东北义勇军的抵抗，才令"东北亡而不亡"。"东北何尝不抵抗呢？义勇军在那样环境中之抵抗，真是可歌可泣的。丁、李、马、苏、冯、王诸英杰，真是我们应该焚香颂祷的"。东北义勇军的对日抵抗，体现了中华民族不畏强敌、不甘为奴的精神品质。"东北义勇军之所以能得国人同情者，非以一朝之勇气，乃以半年中再接再厉也"。强调指出，东北抗日义勇军在极其恶劣的条件下"以那样的情势，做那样超人的奋斗"，体现的正是中华民族不畏强暴的大无畏牺牲精神，承载的是中华民族的不屈血性。舆论赞叹他们"激于爱国之热忱"，"不惜挺身为国牺牲，甘愿肝脑涂地，明知以卵击石，情愿与日肉搏，以尽国民之天职"。"斯东北亡而不亡"，主要靠的就是东北义勇军的献身抗日精神。"彼有子弹我有头颅，彼有武器，我有血肉，肝脑

事　件	时间
1月，中国驻檀香山领事馆落成；日本军队攻入山海关；中共临时中央政治局由上海迁往江西瑞金；中共中央呼吁停止内战，一致抗日，并致电满洲省委，发动东北民众抗日。 本月，美国不承认伪满洲国地位；希特勒担任德国总理。 2月，日本进攻热河；国联大会通过19国委员报告书，不承认伪满洲国；第四次反围剿作战开始；日本退出国联。 本月，德国发生国会纵火案。 3月，日本进入承德，热河沦陷；日本进攻长城，长城抗战爆发；红军在第四次反"围剿"作战中胜利。 本月，罗斯福就任总统，开始推行罗斯福新政；聚氯乙烯被人类发现。	1933 年（民国二十二年）

时间	事 件
	4月，陈独秀案开始审理；中共第一次农工代表大会召开。
	本月，纳粹禁止犹太人从商；罗斯福取消美元的金本位制。
	5月，国民党开始部署对苏区的第五次"围剿"；蒋介石进行"攘外必先安内"的演讲；察哈尔民众抗日同盟军成立；中、日签订《塘沽协定》。
	本月，希特勒解散所有公会，纳粹开始焚烧禁书。
	6月，中共苏区中央发布《关于查田运动的训令》，严格查田，尝试解决土地问题；中共苏区中央发布《关于扩大红军的决议》；中国民盟干事杨杏佛被国民党杀害；察哈尔民众抗日同盟军进入抗日前线。
	本月，罗斯福签署《美国国家经济复兴法案》；纳粹党成为德国唯一政党。

涂地，至死无悔，前赴后继，效死弗去"。义勇军使日军"席不安枕，疲于奔命，至今尚未能完全征服东北"。还有舆论认为，"如今东北算不得完全沦亡，所依靠的就是那般在寒风苦斗里的英勇义军"！

东北民众自卫义勇军第十二路军司令张海涛，本是辽西某县的富家子弟，"九·一八"事变后返回家乡，变卖家产充作军费，在辽西一带组织义勇军。在他与于百恩等人努力下，两个月内招集500余人，"与日寇之激烈战斗"，其家人也因此受到日伪军的迫害。孙永勤将军为了抗日，母亲和妻子自杀。他把家产变卖，购买枪支弹药，招募义勇军，一时扬名关外。他的义勇军专袭长城一带日军的薄弱环节，影响很大。

邓铁梅为辽东义勇军总司令，拥众数万，主要在凤城、海城、辽阳三县一带抗日，日本帝国主义"视为心腹大患"。后不幸被捕，"日人屡次劝降，邓矢志不屈"，日伪于1934年9月28日夜间将其秘密枪杀。媒体称他为"舍生取义"的民族英雄，舆论界对他的牺牲精神给予高度赞扬，以《邓铁梅不死》《民族英雄邓铁梅遇害》对其抗日业绩给予了高度评价："邓氏既为抗日最力之义军首领"，"犹能在东北发扬我中华民族的精神"，"今邓氏虽死矣，但其精神固犹足以杀帝国主义者的锐气，用坚国人抗日的决心！"

李东海所部因在中东、齐昂等各铁路

线袭击日伪军用车辆，在齐东四井子被日伪军包围，所部 40 余人全部被捕。经过多次严刑拷问，坚决不泄露抗日组织的机密。当问其决死队组织，回答说："集合百十员不畏死之同志，即可决死拚命，组织自有，但不肖凭借外援，中华民国全体同胞，就是我们后盾。"日本兵用皮带抽打其面颊，血流如注。再问其组织，回答其大本营在"天山"，最后同部 44 名义士被日军同时枪杀。在行刑前"李氏即慷慨前行，大呼中华民族万岁，并要求南面就刑，俾冥中睹我决死队成功。东北民众，对于李等就义，无不涕泪交流⋯⋯李东海为国牺牲，从容就义，真不愧为血性男儿"。

抗日义士苗可秀为东北大学学生，在狱中关押期间，苗可秀深知自己被捕必死无疑。他先后给东北大学的老师、抗日爱国人士王卓然写信表达自己的爱国意志，拜托老师能够收养不知流亡何处的妻儿，并为其子起名为苗抗生。苗可秀在给好友的遗书中，勉励他们"精神要伟大，不要忘了我们要做新中国的主人，要做重整山河的圣手"。1935 年 7 月 25 日，苗可秀在凤城城西二龙山下慷慨就义。临刑前他傲然挺立，号召同胞抗日救国，在场群众无不为之落泪。英雄终年只有二十九岁。

以上仅是抗日义勇军感人事迹的一小部分，但从中可以感受到东北抗战的艰苦和悲壮。

事　件	时间

时间	事　件
1933 年（民国二十二年）	7 月，多伦收复；蒋介石在庐山创办庐山军官训练团。 8 月，中央苏区组成中央警卫师和少共国际师；冯玉祥辞去同盟军总司令职务；苏维埃大学成立；日本在东北成立细菌部队。 9 月，共产党人邓中夏就义；蒋介石对中央苏区开展第五次"围剿"，月末占领黎川；第十九军与红军达成停战协定；东北人民革命军第一独立师成立；中共中央发布《关于成立中央党务委员会及中央苏区省县监察委员会的决议》，严明党纪。 *本月，美国物理学家利奥·西拉德提出核连锁反应论。* 10 月，抗日同盟军失败；十九路军发布《反日反蒋的初步协定》；中共中央成立红七军团、红九军团。 *本月，希特勒退出国际联盟。* 11 月，十九路发动福建事变。

《义勇军进行曲》源于东北民众抗战

中华人民共和国的国歌《义勇军进行曲》，是中华民族不屈精神的象征，也是中华民族宝贵的精神与文化财富。这首歌的歌词元素及精神，源于东北义勇军，也反映了 20 世纪 30 年代初全国的抗战共识，表现了在民族危亡之际中华民族不屈的脊梁。

《义勇军进行曲》源于高鹏振创作的《义勇军誓词歌》。高鹏振是著名的抗日民族英雄，"九·一八"后他回到家乡辽宁省黑山县，并于 1931 年 9 月 27 日（即"九·一八"事变的第 9 天）在朝北营子建"镇北军"，同年 10 月改称"东北国民救国军"，是在东北第一个举起抗日大旗的将领。高鹏振在建立镇北军大会上宣读了抗日誓言，表现了他的抗日决心。几天后，重新被谱曲，即《义勇军誓词歌》，最原始的雏形歌词为："起来！起来吧！不愿做亡国奴的人们！山河碎，家园毁，父母成炮灰，留着我们头颅有何用？拿起刀枪向前冲！杀！杀！杀！"这首歌在辽西及辽南各路义勇军中广为传唱，在传唱中又对歌词进行了创新，产生了多个版本，如义勇军骑兵大队的军歌、血盟救国歌等。其中，黑山励家抗日义勇军骑兵大队创新的版本，与《义勇军进行曲》更为相似。歌词为"起来！起来！不愿当亡国奴的人！家园毁，山河破碎，民族危亡！留着头颅有何用？拿起刀枪向前冲！冒着敌人的枪林弹雨向前冲！携起手，肩并肩。豁出命，向前冲！用我们身体筑起长城！前进啊！前进！前进！豁出命来向前冲！前进啊！前进！前进！杀！杀！杀！"该版是高鹏振《义勇军誓词歌》的升华与再创作。当年，高鹏振创作的《义勇军誓词歌》非常有名，而且比田汉的《义勇军进行曲》整整早了 4 年。

其次，源于孙铭武的《血盟救国军歌》。1931 年 10 月 19 日，孙铭武率四百多名热血青年在清原起义，成立了"血盟救国军"。他们创作了一首军歌，叫"血盟救国军军歌"，其歌词曰："起来，不愿当亡国奴的人们；用我们的血肉唤起全国民众；我们不能坐以待毙；必须奋起杀敌；中华民族到了最危险的时候；起来！起来！全国人民团结一致；战斗！战斗！战斗！战斗！"该歌词与现在的《义勇军进行曲》非常相似。2014 年由民政部公布的 300 名著名抗日英烈和英雄集体名录中，孙铭武赫然在列，并且对于孙铭武的丰功伟绩，给予了高度的评价："以国为家的爱国忠烈，他们用鲜血和生命唤起千百万民众的觉醒和抗争，他们无愧是义勇军和《义勇军进行曲》的奠基人。"

其三，源于唐聚五的《告武装同志书》。桓仁是东北义勇军的重要起源地和活动地域。"九·一八"事变后，唐聚五等人成立辽宁民众救国会和辽宁民众自卫

事　件	时间
本月，美国承认苏联。 12 月，中共中央发布《中华苏维埃共和国十大政纲》；蒋介石向十九路军发起进攻。	

时间	事　件

军，唐为自卫军总司令，并于 1932 年 4 月 21 日，在桓仁举行万人誓师大会，不久即向全国发出通告，宣告誓死抗日，发出《告武装同志书》，其中一些内容与《义勇军进行曲》非常相似。

其四，源于全民的抗战共识。"九·一八"事变之后，抗日救国成为了中国各阶层必须讨论的问题，在当时期刊杂志上的相关文章、诗歌都带有相关的内容。上海《民国日报》在"九·一八"事变后，即发表了许多抗战诗歌。例如 1931 年 9 月 24 日，由潘寿恒所写的诗句："同胞的血迹，洒遍了沈阳城垣，又洒遍了松花江畔；但见血红的火光烛天，日兵在到处焚劫屠宰。谁个青年没有血性，谁个青年没有沸般的热情！我们要奋臂奔赴疆场，纵然死也须死得光明！四面洪洪地撞着警钟，快举起武器向敌人进攻，我们誓死不做亡国的奴隶，甘为国家牺牲做赴敌的先锋！"等等。在当时的报纸上还刊登了许多抗日救国的诗歌，均以《战歌》为题，在当时的《申报》等报刊经常可以看到。正是田汉这位杰出的诗人，把这些意象、语汇、句式完美地汇聚到《义勇军进行曲》中，更有一位伟大的音乐家聂耳为之配乐，并经《英雄儿女》这部电影对义勇军的故事进行铺垫和形象塑造，再经音像烘托，便成为了一个完美的经典。

由此可见，《义勇军进行曲》是有着丰富的历史内涵的，其中包含了"九·一八"事变后全中国人民的抗日共识，也融汇了全体抗日志士的伟大牺牲精神和光复家园的崇高信念。

东北抗日联军战斗在白山黑水间

东北抗日联军是由中国共产党领导的抗日部队，它是在原有东北义勇军、东北地方武装、原东北军余部以及其他不屈服于日寇的东北民众武装的基础上建立起来的。到1937年，东北抗日联军已经建立11个军，其中的成分很复杂，来源也非常广泛，有来自共产党领导的游击队，还有王德林、李杜等人组建的救国军和吉林自卫军等。虽然东北抗日联军的组成非常复杂，但是他们保家卫国、抵抗日寇的爱国热情都是一样的。

1935年8月1日，中国共产党发表了《八一宣言》，提出了组织国防政府和抗日联军的主张。1936年2月10日，中共驻共产国际代表团根据《八一宣言》精神，决定将东北人民革命军改为"东北抗日联军"。2月20日，以杨靖宇、王德泰、赵尚志、李延禄、周保中等领导人名义发表了《东北抗日联军统一军队建制宣言》，宣布东北抗日联军正式成立。东北抗日联军编成11个军，总兵力三万余人，并形成三大块游击区、三路军。东北抗联第一路军于1936年7月成立，设总指挥部，杨靖宇任总指挥，隶属中共南满省委领导，共六千余人；1937年10月，东北

事　件	时间
1月，蒋介石对福建人民政府进行征伐，福建人民政府于本月失败；中共中央召开六届五中全会，"左"倾错误进一步发展；伪满洲国恢复帝制，溥仪重登"皇位"；中华苏维埃第二次全国代表大会召开。 本月，德国、波兰签订《互不侵犯条约》。 2月，国民党开始对苏区进行"文化围剿"，上海多种报刊被禁；蒋介石在南昌发表《新生活运动之要义》，发起新生活运动；本月，闽东苏维埃政府成立。 3月，溥仪在长春就任伪满洲国皇帝。 本月，奥地利、匈牙利、意大利三国签订《罗马议定书》。 4月，由中共中央提出，宋庆龄等人签名，发表《中国人民对日作战的基本纲领》；蒋介石借四马联合所	1934年（民国二十三年）

时间	事件
	灭孙殿英部；日本发表天羽声明；宋庆龄呼吁全国一致抗日。 本月，希勒特计划建立庞大的公路系统；美国许诺菲律宾独立。 5月，中共中央批评湘鄂西中央分局肃反扩大化的问题。 本月，美国放弃在古巴的权利。 6月，中共中央要求在苏区节粮支援红军；中共中央决议创立黔东革命根据地；南京发生"藏本英明事件"；伪满洲国宣布对经济进行统制政策。 本月，希特勒清洗冲锋队。希特勒与墨索里尼会面。

抗联第二路军成立，其在吉林省东部松花江南岸地区，开展异常活跃的抗日游击战争，著名的"八女投江"英雄事迹就是在这一过程中发生的；1939年5月，东北抗联第三路军成立，设总指挥部，李兆麟任总指挥，隶属中共北满临时省委领导，在黑龙江、嫩江平原积极开展游击战争。从1938年开始，东北抗日联军在与日伪的斗争中损失惨重，根据地在日伪的严密封锁下不断缩小，物资供给日渐困难，更重要的是还有人员上的严重减少，从鼎盛时期的三万余人锐减到不足2000人。最后因无法生存，大部分撤退到了苏联境内。

东北抗日联军的斗争，是中国抗战历史上最残酷的斗争之一。东北抗日联军生存环境恶劣，付出的牺牲极为惨重。特别是东北抗联的主要将领损失惨重，军级以上的将领牺牲就达三十多人，这在全世界范围内也是非常罕见的。抗联建立后，日伪军对抗日联军的活动区域严密封锁，采取各种措施断绝东北抗日联军的弹药补给。此外，东北地区气候寒冷，缺衣少食，严重威胁将士们的生存。东北抗日联军内有许多人就是因为忍受不了饥饿、寒冷、疾病等困难，当了逃兵、叛徒，更加剧了东北抗日联军的困境。当时东北抗日联军将士们在极端条件下，举步维艰。所谓"朔风怒吼，大雪飞扬"，"火烤胸前暖，风吹背后寒"，就是当时抗联将士艰难生存的写照。第一路军总司令杨靖宇将军牺牲时，日军残忍地剖开他的肠胃，发现里面只有没能消化的树皮、草根、棉絮和青苔，没有一粒粮食，足以说明当时抗日部队的生存异常艰难。但是东北抗日联军拥有不畏牺牲、坚持抗战的爱国主义情怀，他们在异常艰苦的条件下仍能消灭大批日伪军，挫败了敌人的上百次"讨伐"，导致敌人无法抽调更多兵力入侵关内，为抗日战争的最终胜利做出了重要贡献。

苏联对日宣战后，东北抗日联军协同苏联红军进入东北，利用优势条件，抢占了东北的 57 个大、中城镇。直到 1945 年 8 月 15 日，他们与八路军、新四军共同解放了东北，为东北抗战做出了重要贡献。抗日战争胜利后，他们改编成东北民主联军，在解放战争中立下了汗马功劳，为新中国的成立做了重要的贡献。

长城抗战延缓了日军向华北腹地进攻步伐

长城抗战从 1933 年 1 月 2 日日军突袭榆关起，至 5 月 31 日以《塘沽协定》的最终签订宣告结束。长城抗战是中国军队抵抗侵华日军对热河等地的进攻作战的统称，是自"九·一八"事变之后中国在华北地区对日军的大规模抵抗。在这次战役中，国民党南京政府方面先后投入了 11 个军 26 个师共 28 万人的兵力。日军投入了 2 个师团又 4 个旅团，共四万多人的兵力。经过从 3 月 7 日到 5 月 23 日共七十

事 件	时间
7 月，国民党对苏区分六路进攻，博古、李德分兵六路进行阻击；红七军团改编成北上抗日先遣队，从瑞金出发。 8 月，红六军团从从湘赣根据地突围。 本月，希特勒就任德国总理。 9 月，东北民众自卫军总司	1934 年（民国二十三年）

时间	事件
	令邓铁梅逝世；中共中央组建红八军团；改编中国工农红军陕北独立师；红军粉碎国民党六路进攻。
	本月，苏联、阿富汗加入国际联盟。
	10月，第五次反围剿失败，红军被迫长征；红军与广东陈济棠达成秘密协定；项英、陈毅留在苏区根据地继续斗争；红军突破第一道封锁线。
	11月，东北人民革命军第一师成立；红军突破第二道封锁线，同月突破第三道封锁线；在湘江战役中，红军损失惨重。
	12月，中共中央在湖南召开会议，决定红军进军方向；本月召开黎平会议，决定向贵州西北进军。
	本月，苏联领导人基洛夫被暗杀。

多天激烈的战斗，最终以中国军队失败，被迫与日方签订丧权辱国的《塘沽协定》而告终。

长城抗战共分为三个阶段，第一阶段从1933年1月2日榆关抗战开始，包括长城东段各个关口的争夺战。这一阶段主要的战斗有冷口战斗、界岭口战斗、喜峰口战斗、罗文峪战斗，以及在其他地方的一些战斗。这其中喜峰口战斗是长城抗战当中最为出名的战事之一。随着日军在华北战场攻势的逐步推进，日军开始进犯长城，3月9日，日军一部占领喜峰口，国民党军增援的王长海团与敌人短兵相接，给予敌人很大的杀伤。但是日军占据有利地形，并且依靠武器装备优势，使王长海团自身损失惨重。赵登禹以及佟泽光接连发动夜袭，炸毁日寇大量物资，杀伤日军近千人，极大地提高了军队的士气。而后，由于日军实行包抄战略，喜峰口腹背受敌，我军不得不全部撤离阵地。

第二阶段是1933年3月开始到5月在长城东段南侧的作战。在这一阶段，日军强攻长城各隘口不成，于是改变战略，向滦东和南天门发起进攻，企图从侧面包抄中国军队，中、日双方在此爆发了古北口、南天门之战，这也是长城抗战当中最惨烈、经历时间最长的战斗。虽然古北口、南天门最后失守，却也让日军付出了极为惨重的代价。第三阶段是1933年5月在长城以南的作战。这时候，中、日双方都有结束战斗、进行和谈的想法，以蒋介石为主的国民党高层对取得长城抗战胜利失去了信心，接连收缩防线。日本得知消息后，开始向长城发起全面进攻，滦东等地接连失守，日军开始突入关内，在怀柔一带的傅作义五十九军部与日军第八师团展开了长城抗战的最后一战，在激战正酣之时，中、日双方达成停战协议，傅作义部不得已向后撤退。

在长城抗战中，中国军队伤亡达 4 万余人，日军伤亡估计为四五千人。中国军队又一次对日本侵略者的进攻给予有力回击，一定程度拖延了日军的进攻。

长城抗战有几个壮烈、精彩镜头。

榆关抗战，安德馨全营殉国。1933 年 1 月 3 日上午 10 时，日本侵略军出动海、陆、空三军，向山海关发起猛烈攻击。南关一带的日本陆军主力，则在坦克的掩护下，拼命猛攻南门。安德馨指挥第一营英勇抗击，与日军展开了殊死恶战。是役，守城第一营官兵自营长安德馨、连长刘虞臣、关景泉、王宏元、谢振藩及部下五百余人伤亡殆尽，生还者仅二十余人。其他连队也牺牲甚大，总数约有一千余人。日军死伤当在 600 人以上。榆关喋血，安营殉国，揭开了长城抗战悲壮的序幕。

赵登禹大刀队威震敌胆。3 月 9 日晚上，旅长赵登禹以及佟泽光分别对日军阵地进行偷袭，尤其是佟泽光在喜峰口对日军的偷袭，给日军的军用物资造成极大损

事　件	时间

时间	事件
1935 年（民国二十四年）	1月，红军强渡乌江成功；红军攻占遵义，中共中央在遵义召开会议，确立毛泽东领导地位，革命形势转危为安；苏联向日本出售中东路铁路权益；中央红军首渡赤水河。 2月，蒋介石、汪精卫发布严禁排日命令；红军再次攻占遵义城；红军攻占娄

毁，并且杀伤大量日军。这就是当时轰动全国的二十九军"喜峰口大捷"，使二十九军成为与当年十九路军齐名的抗日英雄部队。

惨烈的古北口战役及"帽儿山七勇士"。日军虽攻占了古北口，但为此付出了伤亡两千余人的沉重代价，我军亦伤亡四千余人。其中最值一提的是长城抗战古北口战役中，二十五师一四五团派出的前沿观察哨"七勇士"事迹。他们在"帽儿山"打退日军上千人的数次攻击，掩护大部队撤退。日军不知山上有多少人，调来5架飞机对山顶反复轰炸，几十门重炮对山顶狂轰。勇士剩余的子弹打光了，就挺起刺刀，冲入敌群拼杀，最后全部壮烈牺牲。此战，七勇士共毙敌一百六十余名，伤敌二百余名，共计一个整编营的兵力，创造了二战史中绝无仅有的战例。

"一·二八"抗战：谁说日军不可战胜

1932 年的"一·二八"抗战，也称第一次淞沪抗战，是一场在局部抗战时期规模很大的中日战争。1931 年"九·一八"事变后，日本帝国主义得寸进尺，企图侵犯上海，将作为继续侵略中国的基地。1932 年 1 月，日本方面借"日僧被殴事件"制造事端，提出无理要求，编造借口增兵上海。1932 年 1 月 28 日 23 时 30 分，日军海军陆战队占领淞沪铁路防线，不宣而战。驻守上海的第十九路军在军长蒋光鼎、总指挥蔡廷锴的率领下奋起抵抗，开始了淞沪抗战。淞沪抗战第一阶段从1月28日开始，到2月13日为止。

在淞沪抗战爆发之后，第十九路军通电全国，誓死抗日，决不退缩。第十九路军的抗战大大激发了全国各界的抗战决心，上海民众纷纷组织救护队和义勇军，积极支援第十九路军抗战。第十九路军还得到全国各界的支持，如上海总工会连续致电国民政府，发表抗日宣言，愿意积极支持抗战；上海多所大学的教授成立了抗日救国会，于2月1日发表了声援第十九路军的通电。为声援第十九路军的抗日，上海各行各业积极行动起来支援抗战。海外侨胞也慷慨解囊，如美国侨胞捐款达170万余元。全国各界的声援活动，大大激发了国民党爱国将士的抗战决心。1月29日下午，日本侵略军全部被赶回租界。同一天，日本海军向东京请求派遣援兵。

淞沪抗战的第二阶段为2月14日至2月27日。战事进行到2月14日，蒋介石命令由八十七、八十八师和教导总队共同组建第五军，以张治中为军长驰援第十九路军，军队包括蒋介石的嫡系部队和其他部队。日军则增调了第九师团，在2月18日向国军发出最后通牒，国军则以炮轰作以回答。2月20日，日军发起总攻，国军顽强抵抗，守住了阵地。日本政府多次更换主帅，不断增兵，国军方面则补给困难，形势非常危急。

事　件	时间
山关。	
3月，红军四渡赤水河；共产党员刘伯坚被杀害；中共中央成立前敌司令部，毛泽东任政治委员。	
本月，中共中央设三人军事小组，毛泽东获得军事指挥权。	
4月，毛泽东弟弟毛泽覃在作战中牺牲。	
5月，红军强渡金沙江；日本向佳木斯武装移民；红军通过彝族地区，并强渡大渡河；红军召开会理会议。	
6月，红一方面军与红四方面军在懋功会师；瞿秋白就义；中、日双方签订《秦土协定》（《察哈尔协定》）；两河口会议召开，张国焘与中央意见未能达成一致。	
7月，中、日双方签订《何梅协定》；日本制定掠夺华北资源大纲；聂耳逝世。	
8月，中共中央在长征途中发布《为抗日救国告全体同胞书》，呼吁全国一致抗	

时间	事件
	日；中共中央政治局在四川毛儿盖召开会议；本月，红一、四方面军开始穿越草地；方志敏就义。本月，美国通过《中立法案》。9月，中央红军与张国焘发生争执，红军大部秘密北上；红二十五军到达延川县永坪镇，与西北红军胜利会师，红二十五军长征结束；本月，红军攻占甘肃腊子口。10月，张国焘在桌木碉另立党中央，自为主席；中共中央到达吴起镇，红一方面军的长征结束。本月，意大利入侵埃塞俄比亚，国联做出决议，认定意大利是侵略行为。11月，红二、红六军团开始长征；中共中央发布《抗日救国宣言》；中央红军取得直罗镇战役胜利；国民党第五次全国代表大会召开；汪精卫在南京遇刺；大汉奸殷汝耕成立"冀东防共自治政府"。

淞沪抗战的第三阶段于 28 日开始。日军在正面以及侧面均积极发起进攻，3 月 1 日，日军第十一师团在浏河强行登陆，国军不得已撤退。淞沪抗战第十九路军和第五军伤亡、失踪者达 14801 人，其中军官 919 人、士兵 13882 人，日军伤亡据日陆军省公布为 3184 人。

在敌强我弱的态势下，南京政府当局反复与日本谈判。南京政府的主要决策者蒋介石、汪精卫等人，并不相信淞沪抗战最终能取得胜利，他们认为"我军进攻，无论如何牺牲，亦不能达到任何目的"；抵抗只是为了"给日本一个深刻的教训"，使之知道"即使中国可以灭亡，但不至不流血而可亡"。同时，国民党反动派仍在集中兵力消灭共产党和苏区。对日本方面而言，日军多次增兵，输送了大量武器装备，并且死伤惨重，日本统治阶层担心在"满蒙"的特殊权益也随之丢失。因此，日本努力把满洲问题同上海事变分开，使得它此后暂时放弃了全面侵略中国的想法，专心从事经营"满洲"和华北。经过反复谈判，1932 年 5 月 5 日，中国政府当局与日本签署了屈辱的《中日上海停战及日方撤军协定》，简称《上海停战协定》。

"一·二八"抗战影响深远，此战给日本侵略者以沉重打击，雪洗了"九·一八"事变以来的民族耻辱。虽然，日军从开始作战时的数千人，增至 7 万之众，并动用了海、陆、空三军，投入作战飞机

400 余架，航空母舰、巡洋舰、驱逐舰、水雷舰等大小舰只数十艘，且武器装备现代化。日军依仗优势兵力，开战之初就扬言"四小时占领上每"。而第十九路军与 2 月中旬前来增援的第五军，总共不过 4 万人，装备简陋。但爱国官兵在全国人民的支持下，以劣质武器与血肉之躯坚守上海达 33 天，并迫使日军三易主帅，损兵折将近万人，完全打破了日军速战速决占领上海、镇压中国抗日运动的企图。中国官兵在淞沪战役中英勇顽强的战斗，令世界震撼，也改变了国际社会对中国的观感，提高了中国在国际上的地位。

"中华民族是整个的"

"中华民族是整个的"这一论断，是傅斯年于 1935 年 12 月 15 日在《独立评论》第 181 号上发表的《中华民族是整个的》文章的标题，在当时最形象地概括出了中华民族的存在方式，具有明确的指向性。它既是对"九·一八"事变后要求建立抗日民族统一战线、需要对日本进行全面抵抗这一民意的最好诠释，也是对当时特定背景下重振中华民族精神、恢复中华民族自信心的经典宣言。他指出："'中华民族是整个的'一句话，是历史的事实，更是现在的事实。"中华民族从二千多年前的秦汉时起，就开始形成和发展，崇尚和平、强烈的民族认同意识、对故地和文化的眷恋以及强固的组织和统一力，构成

事　件	时间
12 月，"一二·九"运动爆发；南京国民政府进行改组，蒋介石任行政院院长；中共中央召开瓦窑堡会议。	
1 月，平津学生组成南下抗日宣传团，从北平、天津出发；东北抗日联军成立。2 月，北平"中华民族解放先锋队"成立；红军组成的中国抗日先锋队发布《东征宣言》，并发起渡河战役；红军与东北军达成协议。本月，日本发生"二·二六"政变。3 月，中共中央政治局在山西西部召开会议；刘少奇被派遣到北方局进行工作；本月，德国向莱茵兰发起进攻。	1936 年（民国二十五年）

时间	事　件
	4月，张学良到达延安，与周恩来等人商讨抗日大业；红二十八军军长刘志丹牺牲。
	5月，红军东征作战结束；国民党发布《中华民国宪法草案》；红一方面军西征作战开始；全国各界救国联合会在上海成立。
	本月，意大利攻占埃塞俄比亚首都。
	6月，中国人民抗日红军大学成立；美国记者斯诺到达陕北；红军二、六军团和红四方面军甘孜会师；两广事变爆发。
	7月，红二、四方面军开始北上；陈济棠下野，两广事变结束。
	本月，西班牙内战开始，轴心国决定进行干预。
	8月，赵一曼英勇就义；日本进犯绥远，绥远抗战开始；中共中央决定放弃红军称号，联合蒋介石进行抗日；中共中央发出致国民党书，呼吁联合抗日。
	本月，柏林举行第十一届

了中华民族的基本特征。

中华民族是一个统一的整体，中国境内各民族尽管名称与叫法不同，但本质上都是一个民族，即中华民族，只不过是同体别名而已。"北起朔漠，南至琼崖、交趾，西起流沙，东至鸡林、玄菟，这是天然赐给我们中华民族的田园。我们中华民族，说一种话，写一种字，据同一的文化，行同一伦理，俨然是一个家族"。中华民族包括中国境内所有各族，它们有共同的语言、共同的文字、相同的文化、相同的伦理，已是一个名符其实的统一民族。

中华民族拥有超凡的同化力。正因为中华民族包容而伟大，中华文化才有强大的内聚力，中华民族才能历史悠久，日益壮大。

中华民族崇尚和平，祈盼统一。中华民族是个崇尚和平的民族，不侵略别人，也不甘于被别人侵略。中华民族还有着自强不息、不忘传统的精神，尽管历史上也曾偶然被别的民族征服过，但是它的民族意识从来也没有泯灭过，文化传统从来也没有中断过。中华民族不忘失地，不忘传统，有强烈的民族认同意识，一旦获得时机，民族就会迅速振兴，国家就会迅速统一。这一口号在于唤起中华民族抵御外侮、百折不挠的民族精神，用以鼓励民心士气，增强国人的团结和民族自信心，共同抵御外族入侵，保卫自己固有家园。

"中华民族是整个的"提出之时，正

是"九·一八"事变后中华民族危机日渐深重的时期，反映出了当时中国人对于形成中华民族新共识的强烈愿望，是基于恢复民族自信心、精诚团结、共同抗击日本帝国主义侵略的民族内在要求。

著名学者顾颉刚也于 1939 年 2 月 13 日在昆明《益世报》上发表了《中华民族是一个》一文，阐述了"中华民族是一个"的观点。这一观点与傅斯年的"中华民族是整个的"同气相求，他强调："我们只有一个中华民族，而且久已有了这个中华民族。"现实的历史遗传下来的各种叫法都是不科学的，"我们要逐渐消除国内各种民族的界限"。这些观点在抗日战争初期，对于加强民族团结、形成民族凝聚力方面具有积极意义。

"九·一八"事变后，增强中华民族凝聚力、恢复民族自信心，已成为当时社会舆论的共识。国内著名报刊诸如《时代公论》《独立评论》《新中华》《复兴月刊》《明耻》等，皆刊发了大量论述中华民族如何复兴与抗战救国前途方面的文章。在这些文章中，"中华民族"已成为关键词，并且成为这一时期报刊杂志出现最频繁的"熟语"，表明许多忧国忧民的进步人士，都在思考中华民族向何处去的问题。他们批评国内"抗日亡国"论调，痛斥对日妥协投降主义，主张坚决抗日。探讨中华民族的出路和振兴，宣传中华民族的历史和伟业，致力于恢复民族自信，形成中华民

事　件	时间
奥运会，中国派代表参加。	
9 月，中共中央向党内发出《中央关于逼蒋抗日问题的指示》；牺牲救国同盟会在山西太原成立。	
10 月，红军一、二、四方面军在会宁会师，长征最终胜利结束；鲁迅逝世。	
本月，德国、意大利签署《柏林协定》。	
11 月，段祺瑞逝世；中共中央发布《关于青年工作的决定》；"七君子"事件。	
本月，日、德签署《反共产国际协定》；西班牙佛朗哥叛军进攻首都马德里。	
12 月，蒋介石赴西安督促张学良、杨虎城"剿匪"，西安事变爆发，在共产党积极努力下，和平解决；红一、二、四方面会师后，成立中央革命军事委员会；南京国民政府讨伐张学良部队。	
本月，苏联发布建国后的第三部宪法。	

时间	事件
1937 年（民国二十六年）	1 月，中共中央进驻延安；中国人民抗日军政大学成立；新华通讯社开始运转；红军西路军损失惨重；蒋介石囚禁张学良。 本月，苏联布哈林等领导人被判处死刑。 2 月，东北军发生分裂，王以哲被杀害；张国焘向党中央检讨错误；国民党五届三中全会召开，确立了停止内战、联共抗日的原则。 3 月，中共中央召开扩大会议，讨论张国焘的错误问题，并作出决定。 本月，西班牙内战结束。 4 月，国、共两党共同祭拜黄帝陵；中共中央发出《告全党同志书》。 本月，德国轰炸西班牙格尔尼卡；诺尔贝奖获得者托马斯·曼呼吁拯救德国文化。

族认同的新共识，共同抵抗外来侵略的言论已蔚然成风，而"中华民族是整个的"的观点，代表了这一思潮的主旋律和时代最强音。

西安事变：国共合作抗日

1936 年 12 月 12 日，张学良、杨虎城在西安临潼华清池抓捕了蒋介石，逼迫蒋介石走上联共抗日的道路，并且呼吁停止内战、一致对外，史称"双十二"事变。它的和平解决，奠定了国共第二次合作的基础，是一个关键的转折点。西安事变，改写了中华民族的历史。但张、杨两将军却为此付出了惨痛代价，张学良被幽禁了半个多世纪，而杨虎城及其家人则献出了宝贵生命。

1935 年，日本帝国主义发动所谓"华北事变"，这是日本扩大对华侵略的一个重大步骤，日本的狼子野心昭然若揭。在民族危机下，民众强烈要求全国停止内战，一致抗日。"一二·九"运动之后，国民党内部人士积极要求蒋介石停止内战，联共抗日。

自 1936 年 10 月起，蒋介石从南京乘飞机到达西安，督促张学良向红军发起进攻。张学良多次向蒋介石建议停止内战，提出联合共产党一致抗日的请求，均遭到蒋介石的严词拒绝。从 12 月 6 日起，蒋介石依次召见陕西省主席邵力子，东北军、十七路军高级将领，而张学良、杨虎城并未被邀请。并且在 12 月 9 日，蒋介石策划剥夺张、杨二人的兵权，二人得知后非常惶恐，经过研究决定先发制人。12 月 9 日，西安一万多青年学生要求抗日，举行游行，结果遭到国民党军警的枪击。当学生要向蒋介石请愿时，蒋向张学良下令"用武力制止"，"格杀勿论"。张学良到达现场之后被学生们强烈的爱国主义所感染，当天晚上张学良坚定了发动"兵谏"的想法。

1936 年 12 月 10 日，蒋介石召开会议，策划第六次"围剿"。张学良为了实现自己联共抗日的目标，迫不得已准备"捉蒋"，"促其反省"。为了"兵谏"的成功，张、杨二人做了精密策划。1936 年 12 月 11 日晚间，张学良和杨虎城分别召见高级将领，计划于 12 月 12 日清晨进行兵谏。1936 年 12 月 12 日 5 时，东北军在华清池活捉蒋介石。当天，张学良和杨虎城向全国发出了关于"改组南京政府，容纳各党各派，共同负责救国；停止一切内战；立即释放上海被捕的爱国领袖；释放全国一切政治犯；开放民众爱国运动；保障人民集会、结社一切政治自由；确实遵行孙总理遗嘱；立即召开救国会议"的救国八项主张的通电。

西安事变后，蒋介石认为这一事件中，张学良、杨虎城与中国共产党是同谋。因此，蒋介石拒绝张、杨二人的劝谏，12 日当天绝食，但是，张学良、杨虎

事　件	时间
5 月，中共中央召开党的苏区、白区和红军代表的全国代表大会；国民党中央考察团考察陕北。	
6 月，国、共两党代表在庐山进行会谈。	
7 月，"七·七事变"爆发；中共中央发出《中国共产党为日军进攻卢沟桥通电》；中共中央发布《中共中央为公布国共合作宣言》，蒋介石发表庐山讲话；北平、天津于 29 日先后沦陷；"七君子"出狱。	
8 月，中央发出《关于南方各游击区域工作的指示》；周恩来、朱德等人赴南京参加国防会议；"八·一三"事件爆发，淞沪战役开始；日军空军开始轰炸南京；中苏签订《互不侵犯条约》；中共中央召开洛川会议，通过了《中央关于目前形势与党的任务的决定》《中国共产党抗日救国十大纲领》；中国工农红军被改编成国民革命军第八路军，朱德任军长，并准备开赴	

时间	事件
	前线。 9月，淞沪会战非常惨烈，吴淞口失守；陕甘宁边区成立；八路军在平型关给日军以重创，平型关大捷；国民党中央通讯社发表《中共中央为公布国共合作宣言》；23日蒋介石发表讲话承认共产党地位；中共中央发出《关于共产党参加政府问题的决定草案》。 10月，国民革命军陆军新编第四军成立；中、日军队爆发忻口会战；刘少奇发表《抗日游击战争中的若干基本问题》；八路军夜袭阳明堡飞机场。 11月，太原陷落；淞沪会战结束，上海沦陷；毛泽东发表《上海太原失陷以后抗日战争的形势和任务》；国民党迁都重庆；国民党正式下令建设滇缅公路。 12月，南京保卫战开始，本月即沦陷；日军实施灭绝人性的南京大屠杀；新四军军部在汉口成立。

城并不想加害于蒋介石。张学良在13日会见被扣押的蒋方人员时，非常明确地表示，承认蒋介石是全国的领袖，还表示要亲自送蒋介石回南京，这可以说是张学良释蒋、和平解决西安事变的思想基础。12月14日，端纳飞到西安进行调停，在蒋介石认识到自身的处境以及张、杨二人的意图后，不得不作出政治上的让步。到了12月16日，蒋介石同意讨论张学良、杨虎城提出的八项政治主张。12月22日，国、共双方计划进行谈判。

1936年12月23日，在张学良公馆，国、共双方代表开始正式谈判。24日，蒋介石同意六项协议，被迫接受停止内战、联合抗日的主张。25日，张学良亲自陪同蒋介石乘飞机离开西安，东北军由杨虎城指挥。1936年12月26日，蒋介石抵达南京，西安事变和平解决。

西安事变发生后，国内各界纷纷对张学良进行声讨。这期间，张学良先后经历兵变以及南京政府的征讨，甚至最后亲自陪同蒋介石返回南京。究其缘由，一方面，从扣押蒋介石起，张学良就不止一次地表明只要蒋介石能够采纳抗日主张，就会保证其安全；另一方面，张学良认为，亲自陪同有利于消解全国人民的歧义，保全了蒋介石的人格尊严和领袖威信，消除了国内外舆论的各种偏见和误解，更重要的是保证西安事变和平谈判的成果不至于付之东流。但是张学良送蒋介石回南京后，立即被秘密软禁起来，失去了自由；杨虎城也被蒋介石长期囚禁，1949 年 9 月 17 日在重庆惨遭杀害，其家人子女、秘书等人也一同遇害。

西安事变后不久，东北军被拆散，被分化到其他的各个部队里。但是西安事变为国、共两党合作，促进抗日民族统一战线的建立做出了重要的贡献。

"七·七事变"：十四年抗日战争进入全面抗战阶段

发生在 1937 年 7 月 7 日的"七·七事变"，又称"卢沟桥事变"，是中国十四年抗日战争中最重要的历史节点。以此为标志，可把十四年抗日战争划分为前六年的局部抗战和后八年的全面抗战两个阶段。然而无论是局部抗战还是全面抗战，都是中、日两大民族之间的战争，只是表现为抗战地点的局部性和全局性等空间差异，而非抗战本质之差异，都是全民族的抗战。自 1931 年"九·一八"事变日本发动侵华战争后，中国的抗战一开始即表现为民众自发抗战，而非政府组织之抗战，这是由当时中国特殊的国情决定的。但"七·七事变"前后，国、共两党经由"西安事变"，在抗战问题上取得高度共识。还有一个更重要的原因是，日本的侵略已触及国民党统治的根本利益，使南京国民政府被迫进行抗战政策上的根本转变。从此得以实现全国土、全方位、倾全

事　件	时间
1 月，苏联空军支援军支援中国抗战；白求恩率医疗队来到中国；《新华日报》与《文汇报》本月创刊。	1938 年（民国二十七年）
2 月，徐州会战开始；八路军改名国民革命军第十八集团军；中、日在武汉爆发空战。	
3 月，台儿庄会战开始；汉奸头子梁鸿志的中华民国维新政府在南京成立；中华全国文艺界抗敌协会成立；国民党临时全国代表大会在武汉召开。	
4 月，台儿庄会战胜利结束；西南联大成立；国民党临时全国代表大会通过《抗战建国纲领》；张国焘叛逃；鲁迅艺术学院在延	

时间	事　件
	安成立。 5月，冀中军区成立；厦门、合肥等地先后沦陷；毛泽东发表《抗日游击战争的战略问题》和《论持久战》。 6月，宋庆龄在香港建立"保卫中国同盟"；国民党提出"保卫大武汉"，武汉会战开始。 7月，国民参政会在武汉召开；中国共产党发表《我们对于国民参政会的意见》；三民主义青年团成立。 8月，在苏联边境爆发"张鼓峰事件"，日军被苏联击退；日本向武汉合围；形成晋绥边区；滇缅公路正式通车。 9月，中共中央在延安举行六届六中全会。 本月，慕尼黑会议召开，并签署《慕尼黑协定》。 10月，东北抗日联军八女投江。 11月，长沙实行焦土抗战战略，造成"文夕大火"。

国之力的抗战。

1937年7月7日，日本借口一名日军士兵在演习中失踪，要求进入中国军队驻地的宛平城进行搜查，中国守军严词拒绝，日本随即向宛平城发起炮击，中国守军奋起反击。在此之后，日本不断向华北增兵，对驻守平津的二十九军发起猛攻，赵登禹、佟麟阁等爱国将领壮烈牺牲。7月29日与30日，北平、天津先后沦陷。

"七·七事变"是日本帝国主义企图征服中国的重要标志。另一方面，南京国民政府也在此之前完成了在军事上全面抵抗日本侵略的战略及战术上的部署。1936年7月10日至14日，国民党在南京召开五届二中全会，决定成立国防会议。蒋介石在会议上发表讲话，认为中国已经到了最危急的时候，号召全民族一致抗战。毛泽东向蒋介石提出联合抗日的主张，显示了共产党人以国家利益、民族大义为上的理念，国、共两党走向第二次合作。1937年2月，国民党五届三中全会上决定联共抗日。

"卢沟桥事变"爆发后的第10天，即1937年7月17日上午，蒋介石在庐山正式发表《抗战宣言》，表达了抗日的决心。此次谈话中，包含了几项重要的立场：中华民族是酷爱和平的，国民政府的对外政策是主张自存与共存的，"对内求自存，对外求共存"，即是要争取国家民族的生存独立和维护世界和平。"卢沟桥事变"的发生不是偶然的，对于日本的肆意侵略，中国政府的态度是应战，而不是求战。"卢沟桥事变"能否扩大为中、日间的全面战争，"全系于日本政府的态度，全系于日本军队的行动"。蒋介石的庐山谈话，不失为国民政府多年来第一次强硬地对日外交宣言，不仅得到与会者的认同，也立即得到全国人民的支持和赞扬。次日，蒋介石又发表《对中国共产党宣言的谈话》，承认了中国共产党的合法地位。1937 年 7 月 20 日以后，各报刊相继登载了蒋介石的"最后关头"演说，同时各团体纷纷通电表示支持抗战。从当时的社会反应来看，蒋介石庐山抗战宣言的发表，向全国人民发出了"准备自卫"、抵抗日本侵略的号召，无疑是一次对全国上下的抗战大动员，它向世界宣示了中国的抗战决心，为凝聚民心发挥了作用。这两个文件的公开发表，对全国性抗战的发动起了关键性作用。

1937 年 9 月 22 日，国民党中央通讯社发表了《中共中央为公布国共合作宣言》，第二天蒋介石发表谈话，标志着第二次国共合作正式形成，抗日民族统一战线以此为标志正式建立。

淞沪会战：粉碎了日本"三个月灭亡中国"的迷梦

1937 年 8 月 13 日，日本海军陆战队向驻守在闸北宝山路和八号桥的中国军队

事　件	时间
12 月，汪精卫等人公开叛国；周恩来率代表团到重庆与蒋介石进行谈判；日本首相近卫文麿发表第三次对华声明。	
1 月，中国国民党会议上决定撤销汪精卫一切职务；	1939 年（民国二十八年）

时间	事件
	中共中央在南方建立中央南方局；陕甘宁边区参议会在延安举行；国民党五届五中全会在重庆召开，确定溶共、防共、限共、反共方针；刘少奇建立中共中原局。
	2月，国民政府国防最高委员会成立，蒋介石任委员长；周恩来到新四军军部，确立新四军之后任务；陕甘宁边区成立生产委员会；日本侵占中国海南岛。
	3月，南昌会战中国军队损失惨重；蒋介石派人赴河内刺杀汪精卫失败。
	本月，德国攻占捷克斯洛伐克；西班牙内战结束，佛朗哥叛军获胜。
	4月，陕甘宁边区发布《土地条例》与《施政纲领》；中国军队开始反攻南昌。
	本月，意大利入侵阿尔巴尼亚。
	5月，日本轰炸重庆；中国军队反攻南昌失败；汪精卫通电叛国；随枣战役爆发，中国军队获胜；中国

发动进攻，中国军队奋起反击，淞沪战争揭开序幕。此次中日战争被称作第二次淞沪抗战，也叫"八·一三"抗战。

日本侵占北平、天津等华北地区后，近卫文麿内阁批准日本军方提出"三个月内解决"中国问题的速战速决计划，决定全面侵略中国。1937年7月17日，日本政府召开五相会议，决定动员40万军队用于侵华战争，要用武力灭亡中国。8月7日，日本政府又召开四相会议，根据陆、海军的协议，决定在"大陆主要使用武力的地区应为河北——察哈尔地区和上海"。日本军事当局根据这一决定，于8月9日在上海制造了"虹桥飞机场"事件。事后，日驻沪总领事冈木公开表态要以外交解决，但在暗地里，日本却以此为借口不断增兵上海。

8月12日，日本在上海集结了军舰共30艘，海军陆战队兵力原有八千余人，新增兵力四千六百余人，在乡军人会（日侨组成）三千七百余人，共计15000人左右。8月12日，日本军方决定从本土派遣第三师团和第十一师团登船启航增派上海。上海的日军在虹口、杨树浦一带构筑阵地，固守待援，伺机发动大规模淞沪战争。

1937年8月9日"虹桥飞机场"事件发生，上海形势告急。8月11日夜半，中国军队八十七师、八十八师、五十六师从苏州、无锡一带出动向上海挺进，12日清早进入占领预定阵地。8月12日下午，南京统帅部电话命令张治中将全军进至上海。各部队定于8月13日拂晓前攻击准备完毕。8月13日上午，中国军队在日军越过对峙线的情况下率先发起进攻。

8月14日，中国政府发表《自卫抗战声明》，决心"实行自卫，抵抗暴力"。蒋介石正式下令于8月14日拂晓开始总攻击。14日上午10时，中国空军轰炸机群冒着日军高射炮火，俯冲低空轰炸虹口日本海军陆战队司令部，我军各部亦实施攻击，展开激烈的城市街道战。日军凭借坚固的防御工事和军舰炮火的支援，死守待援。中国军队进攻受挫，形成被动局面。到8月23日战争进入第二阶段。

8月15日，中、日双方不断增兵增援上海。日军以松井石根大将为司令官组成上海派遣军，先后5次增援，计常备役兵9个师团、预备役兵5个师团，共计14个师团28万人（特种兵、海军陆战队及伪军不在内），以及大炮三百余门、战车三百余辆、飞机三百多架。中国军队投入总兵力七十多万，初期由张治中指挥，以后由第三战区冯玉祥任司令、顾祝同为副司令，陈诚任前敌总指挥，9月7日以后由蒋介石亲任总司令。

8月23日后，从长江沿岸登陆的日军，企图通过侧翼包围，占领上海。中国军队与登陆日军展开激战，双方损失惨重。10月25日，日军进攻大场阵地，我

事　件	时间
共产党确立五月四日为青年节。	
本月，八路军在五台山给日军以重创；毛泽东为纪念抗大建立三周年发言；马本斋组建冀中回民支队。	
本月，苏、日在中蒙边境爆发诺门坎事件；德、意签署法西斯同盟协定。	
6月，徐世昌逝世；日军在定海与汕头登陆；国民党发布《限制异党活动的办法》；国民党张荫梧部袭击深县八路军军部，杨森部袭击平江新四军军部，大量杀害八路军干部；八路军发布第二期整训命令；苏联向中国提供贷款。	
7月，中国女子大学在延安创立；刘少奇发表《论共产党员的修养》；中共中央发布《关于反对东方慕尼黑阴谋的指示》；中共中央发表《为抗战两周年纪念对时局宣言》。	
8月，中共中央《关于巩固党的决定》；日军开始围攻香港。	

时间	事件
	9月，第一次长沙会战开始；日本在张家口成立蒙疆联合自治政府；汪伪政权在南京设立特务机构。
	本月，德国入侵波兰，第二次世界大战全面爆发；苏联随即入侵波兰；诺门坎事件结束。
	10月，毛泽东发表《共产党人》发刊词；第一次长沙会战结束，中国军队获胜，日军被迫撤退；中国军队轰炸日军汉口机场；
	11月，白求恩逝世；日军对晋察冀根据地发起扫荡，八路军奋起反击，击毙日军名将之花阿部规秀；南宁失守。
	本月，苏芬战争爆发。
	12月，昆仑关失守；军阀吴佩孚逝世；阎锡山发动"晋西事变"，掀起第一次反共高潮。

军十八师师长朱耀华拼命抵抗，但日军凭炮火、战车优势突破大场以西阵地，影响淞沪整个战局。大场失守，使闸北、江湾、庙行我军内线阵地受到威胁。10月26日，我军撤出市区，战争进入第三阶段。

11月5日晨4时许，日军第十军柳川平助司令官，率领第六师团、第十八师团及其国崎支队，并集结军舰、运输艇八十余艘在杭州湾北岸金山卫登陆，向北推进，直扑松江；另一路日军向闵行前进。我军因行动迟缓，缺乏协同作战，伤亡过重。日军攻陷松江，我军腹背受敌，陷于被围困境，为保存主力，中国军队全线撤退。11月12日，上海沦陷，淞沪会战结束。

这次会战还有一个"八百壮士"英勇传奇的故事。10月26日，为掩护大部队西撤，中国国民革命军第三战区八十八师五二四团的谢晋元中校率领"八百壮士"，死守四行仓库四天四夜，打退日军多次进攻，极大地鼓舞了全国人民的抗战热情。

淞沪会战是中国全面抗战开始以来规模最大的一次战役。日军投入总兵力约28万人，中国军队总兵力约七十余万人。中国军队在武器装备上处于劣势，但是与日军进行殊死搏斗，杀伤日军4万余人，拖延了日军进攻的步伐，为抗战做出了重要的贡献。

南京大屠杀：抹不掉的罪证

1937 年 12 月 13 日，侵华日军占领中国首都南京后，对南京普通民众和放下武器的中国军队进行惨无人道的大屠杀，南京成了一座人间的"活地狱"。日本对中国军民的恶行罄竹难书，随意地杀戮、活埋、强奸、焚烧、抢劫我中国军民，遇难同胞经过统计达 30 万人以上。震惊中外的"南京大屠杀"事件，是日本军国主义侵华战争中最为残忍的暴行之一。

"南京大屠杀"持续的时间很长，最严重阶段应该是从 1937 年 12 月 13 日起，至 1938 年 2 月 5 日日本新任南京守备司令天谷直次郎少将到任期间，之后松本石根以及天谷直次郎先后下令结束南京的混乱局面，"南京大屠杀"才逐渐停歇。其实在攻占南京的过程中，日军大肆劫掠物资、金银财宝，杀害普通民众，无恶不作，以此加强对中国政府与中国人民的恐怖威慑。满城烈火燃烧达 7 周之久，大火延至白下路、中华路、太平路等处，繁华商业区不数日尽化为灰烬。南京的金陵大学社会学系美籍教授史迈士回忆起当时的所见所闻："城内最重要的商业区太平路一带，烈焰冲天。……更向南行，我们看见日本兵忙着把东西装入军用卡车……夜间我从窗口眺望，十四处的火舌向天空飞腾。"

侵华日军南京大屠杀的手段极其残

事件	时间
1 月，毛泽东发表《新民主主义论》；汪精卫等人在青岛举行会谈，决定成立伪国民政府。	1940 年（民国二十九年）
2 月，东北抗日联军第一路军总司令杨靖宇殉国；中共中央发布《关于目前时局与党的任务的决定》。	
3 月，蔡元培逝世；汪伪政权正式在南京成立；中共中央发出《抗日根据地的政权问题》，提出"三三制"原则。	
4 月，毛泽东做《目前抗日统一战线中的策略问题》报告；晋西北抗日根据地扫荡结束；中共中央召开黎城会议。	
本月，苏芬战争结束；德军侵略丹麦与挪威。	
5 月，中、日枣宜会战；中共中央发出《放手发展抗日力量，抵抗反共顽固派的进攻》；陈嘉庚率领南侨慰问团到达延安；张自忠将军殉国。	
本月，英国首相张伯伦辞职，丘吉尔上任；德军占	

时间	事 件

领比利时；德军向荷兰进攻。

6月，中共中央发出《关于目前国民党区学生工作的几个决定》；英、法联军顺利在敦刻尔克撤退；八路军公布正规军人数。

本月，德军占领巴黎，法国投降；戴高乐呼吁对德军进行英勇抵抗；法国关闭滇越铁路；苏军占领波罗的海三国。

7月，日本提出"大东亚共荣圈"；溥仪到达日本东京；新四军攻占黄桥。

本月，英、德空战开始；英国迫于日本压力，暂停滇缅公路。

8月，八路军开始对日军实行"百团大战"。

本月，波罗的海三国加入苏联；苏联政治家托洛茨基遇刺身亡；德军空军向英国进行轰炸，英国英勇反击。

9月，日军占领越南与法属印度支那；日本加入轴心国，轴心国集团正式成立；

酷，各种杀人手段层出不穷，还进行杀人比赛，以杀人娱乐。日军侵占南京后，在日本当局的纵容、庇护下，大肆奸淫中国妇女。不仅不分时间、不分地点、不分对象、不择手段地强奸、轮奸及奸后残杀中国妇女外，还灭绝人性地强征"慰安妇"，建立"慰安所"。南京大屠杀使昔日的文化古都、中国的政治中心、人文中心南京，成了一座万户萧索的"死城"。

"南京大屠杀"使世界震惊，面对日军的屠杀暴行，南京安全区国际委员会西方人士不断与日军交涉，要求日军停止屠杀。但是，这些西方人士的抗议，并未能阻拦日军的暴行，也没有使日本方面有所忏悔，日军在所攻占之处，依旧奸杀焚掠。

日军在南京大屠杀的同时，对南京实行全面新闻封锁，中断南京与外界的一切联系。但是有正义感的西方进步人士，依然冒着生命危险将消息传递出去。最有代表性的是5位冒着生命危险留在南京进行采访的西方新闻记者弗兰克·提尔蔓·德丁（Frank Tillman Durdin）、阿契包德·特洛简·司迪尔（Archibald Trojan Steele）等人，记录下了日军的暴行，在设法离开南京后，迅速发出电讯报道，分别在《纽约时报》等报纸上进行了报道。

"南京大屠杀"是日本侵略中国犯下的反人类罪，其罪恶是抹不掉的。然而，一直以来日本一些右翼分子否认这一事实，企图为军国主义翻案，抛出了《南京大屠杀的幻想》《日本人与犹太人》等著述，田中正明就是其中狂热鼓吹南京大屠杀"虚构"论的代表人物之一。1985年，当南京大屠杀遇难同胞纪念馆刚刚落成开放后不久，田中正明就迅速在《正论》1985年第12期杂志上抛出了《九问南京大屠杀纪念馆》的挑衅性文章。1998年12月，日本展转社公开出版了松村俊夫、东中野修道的《南京大屠杀的大疑问》和《南京大屠杀的彻底检证》两书，中村粲等日本学者继续鼓吹"南京大屠杀是虚构的"荒谬言论。

"南京大屠杀"作为日本侵华战争中最残忍的罪证，事实俱在。1946年在东京成立的"远东军事法庭"为调查南京大屠杀事实真相，专门进行法庭调查。首席检察官季南在审讯前期，于1946年5月30日下令，派遣美国检察官大卫·纳尔逊·萨顿（David Nelson Sutton）、中国检察官助理裴劲恒等人，专程前来南京，为审判进行证据收集工作。他们在南京收集了大量的证据，并且寻找到了大量的目击者、证人、当事人参与审判的指证。在大量证据的基础上，中国国民政府在南京等地设立审判军事法庭，对南京大屠杀的战犯谷寿夫以及杀人比赛的野田毅、向井敏明判决了死刑；远东军事法庭对松井石根等日本战犯，也进行了公正的判决。

事　件	时间
著名的史前文化艺术洞穴——法国西部的拉斯柯克斯洞穴被发现。	
10月，新四军在黄桥决战中胜利；国民党发出"皓电"指责污蔑共产党领导的武装力量，强令黄河以南的八路军、新四军一个月内开赴黄河以北。	
本月，英国宣布重开滇缅公路。	
11月，朱德等人回复"皓电"，驳斥了国民党顽固派的荒谬言论；南京汪伪国民政府与日本签订《日本国与中华民国关于基本关系的条约》。	
12月，"百团大战"结束；延安新华广播电台开始播音。	

时间	事件
1941年（民国三十年）	1月，国民党发动"皖南事变"；20日，中共中央宣布重建新四军军部；日本制造"潘家峪惨案"；豫南会战开始。 本月，罗斯福向国会提出《租借法案》。 2月，美国代表居里会见周恩来。 本月，隆美尔率军进入北非战场。 3月，中国民主同盟成立；国民党在上饶建立集中营；新四军副军长项英牺牲。 本月，南斯拉夫加入轴心国集团。 4月，日、苏签订《互不侵犯条约》；冀鲁豫根据地被日军扫荡，遭遇严重损失；谢晋元遇害。 5月，中条山之战中国军队损失惨重；中共中央发表《陕甘宁边区施政纲领》；中共中央成立西北局与华中局；《解放日报》创刊；毛泽东著文《揭破远东慕尼黑的阴谋》。

滇缅公路：二十万老幼妇女的心血之作

滇缅公路，是抗日战争时期以老人、妇女和孩子为主体的20万民众，用最原始的工具，在崇山峻岭间开凿出的"生命线"。

抗日战争全面爆发后，日军很快占领了我国华北、华东以及东南沿海的广大地区，并截断了中国的海上交通线，对中国实施全面封锁。那时，由于我国工业落后，所需的军事工业品绝大部分依靠进口，如此一来，国际社会给予的物资援助无法进入中国。因此，国民政府设想开辟一条新的国际通道。1937年11月2日，在南京召开的国防会议上决定，修筑滇缅公路，以打通经缅甸直达印度洋的通道。

滇缅公路从中国昆明延续到缅甸腊成，全长1146公里，中国承担境内从昆明到畹町的公路。其中昆明至下关的400公里已经基本建成。下关至畹町路段长度547.8公里，要途经险峻的横断山脉，跨越澜沧江、怒江两大峡谷及其几十条河流，按照以往的筑路进度，工期至少要10年以上。日本人不相信中国人在极其艰苦的条件下能够顺利建成。

1937年末，滇缅公路开始修筑，公路穿越了中国最崎岖的山区，经过的80%路段是崇山峻岭，其中一半要通过坚硬的岩石地段，只能通过爆破开山劈石强行开辟出道路。公路还跨越了澜沧江、怒江两大峡谷和中国最湍急的河流。而在如此艰险的环境下，由于严重缺乏施工机械，劳工们只能靠自己的双手和最原始简单的工具施工。生活条件也极其艰苦，他们自带粮食和工具，住在临时搭就的窝棚或山洞里，一张席子一堆草就是他们的床，吃着山茅野菜、粗茶淡饭，每天的吃饭、休息时间仅有两三个小时。但他们以惊人的毅力，从事着高强度的体力劳动。

除了艰苦的工作环境外，这里还是令人谈虎色变的"瘴疠区"，筑路民众的生命时时受到"瘴疠区"毒气的威胁，同时还面临着疾病的考验。在这些地方，人被牛蚊叮咬之后，就会发生恶性疟疾，死亡率极高。因为筑路工地人员密集，导致恶性疟疾大规模爆发，劳工一批批地死去。此外，烈日、暴雨、山洪、塌方、滚石、毒蛇、猛兽的侵袭，也时刻威胁着他们的生命安全。云南本就是个人烟稀少的地方，青壮年大都已开赴中原参加抗战，能够替补他们的只有老人、妇女和孩子，但公路的建设却从未因此而停止过。在不到一年的时间里，便抢修出一条长达547.8公里的交通干线。

1938年8月31日，滇缅公路全线竣工。11月，滇缅公路全线通车。滇缅公路受到了国际社会的特别关注，开工之初，英国大使馆参赞、国际联盟代表、美国使者、缅甸交通部长等都曾到滇缅路线实地考察，都对一年内修通公路表示怀

事　件	时间
本月，罗斯福宣布美国进入非常紧急状态。	
6月，中、英对于滇缅公路进行划界；重庆发生隧道大惨案；中共中央发出《关于反法西斯的国际统一战线的决定》；冀中人民开始地雷战和游击战。	
本月，德国入侵苏联，德苏战争爆发；列宁格勒保卫战爆发。	
7月，英国通知国民政府，愿意战后取消领事裁判权等特权，重新签订条约；冈村宁次就任华北方面军司令。	
8月，中共中央发布《关于敌伪军伪组织的工作决定》；日本对晋察冀边区进行扫荡。	
本月，罗斯福、丘吉尔举行大西洋会议；美、英签署《大西洋宪章》。	
9月，中国收复福州；中、日进行第二次长沙会战；狼牙山五壮士跳崖；中国国际广播电台开播。	
本月，莫斯科保卫战开始。	

时间	事 件
	10 月，中、日第二次长沙会战结束。 11 月，中共中央发表《关于抗日根据地军事建设的指示》；毛泽东论述新民主主义政策。 12 月，中共中央发表《中国共产党为太平洋战争的宣言》；中国正式向日本、德国、意大利宣战；中国军队入缅甸与日军作战；中、日进行第三次长沙会战。 本月，日本偷袭珍珠港，太平洋战争爆发；美国向轴心国宣战；美军宣布马尼拉不设防。
1942 年（民	1 月，中、美、苏、英等 26

疑。公路通车后，英国外交部特派二等秘书莫里斯考察滇缅公路实况，回国后他报道了滇缅公路的巨大工程和伟大业绩，将滇缅公路比作"中国的万里长城一样的奇迹"。英国《泰晤士报》称赞："只有中国人才能在这样短的时间内做到。"美国总统罗斯福亦对此消息表示怀疑，派驻华大使詹森亲自实地考察。詹森在给总统的电报中说："滇缅公路工程之浩大，中国政府能于短期内完成此艰巨工程，此种果敢毅力与精神，实令人钦佩。修筑滇缅公路，物质条件异常缺乏。第一缺乏机器，第二纯系人力开辟，依赖沿途人民的艰苦耐劳精神，这种精神是全世界任何民族所不及的。"缅甸区主教沃普考察后说："更值得我们深切注意，这次修路从开工到完成的迅速，和工程设计的精良，甚为惊人！"

滇缅公路修通后，中国的运输重心转到云南，全国一半以上的汽车兵团集中到滇缅公路，先后运入国内的战略物资达 49 万余吨，汽车 1 万多辆。其中油类二十余万吨，兵工武器、通讯、交通、医疗等器材二十余万吨，棉纱、布匹等 3 万余吨。缓解了中国战时经济困难和严重的贫油问题，增强了中国的抗战能力。在抗战最为艰难的时候，这条公路更在全国抗战的后勤运输等方面发挥了巨大的作用。

喋血异乡：中国远征军赴缅作战

中国远征军，是抗日战争后期进入

缅甸境内与日军战斗的中国军队的总称，1941 年中国依据中、英两国签署的《共同防御滇缅路协定》而组建，卫立煌为司令长官（未到任，后改派罗卓英），杜聿明为副司令长官。中国远征军第一路编成共 3 个军 9 个师。3 个军分别为第五军（军长杜聿明）、第六军（军长甘丽初）、第六十六军（军长张轸），全军总兵员达 10 万余人。

1942 年 1 月 4 日，日军突破泰、缅边境，3 月 8 日占领缅甸首都仰光，英军败退到伊格瓦底江西岸，印度直接受到日军的威胁。为了抵抗日军的攻势，中国远征军入缅作战，前后历时 3 年有余。1942 年 2 月，中国远征军第一次入缅作战，至 5 月底结束。在毛淡棉失陷后，日军逼近仰光，此时英国政府不得不请求中国救援英军。中国方面派出了第五军、第六军、第六十六军约 10 万兵力的中国远征军。

中国军队给予日军以极大杀伤，其中同古保卫战与仁安羌大捷是第一次入缅作战中最重要的两次战役。同古保卫战是在仰光陷落之后中国远征军第二〇〇师（师长戴安澜）接替士气低落的英缅军进行防守，企图通过死守同古，等待远征军以及英缅主力的到来，聚歼日军。日军则以飞机、大炮等重型装备为掩护，向同古发起猛攻，二〇〇师损失很大，仍然固守待援，并给予日军以重创。但是预计中的援军主力并未到达，为了防止被日军包围，

事 件	时间
个国家在美国华盛顿签署《联合国家共同宣言》，联合国正式成立；中国战区成立，蒋介石任最高长官；中共中央发布《关于抗日根据地土地政策的决定》；第三次长沙会战结束。	国三十一年)
2 月，延安整风运动；赵尚志就义；中国远征军入缅作战。	
3 月，史迪威就任中国战区参谋长；中、美签订《五亿美元借款协定》。本月，菲律宾沦陷。	
4 月，中国远征军解除在缅甸仁安羌油田英军之围；中国远征军被日军击溃。	
5 月，中共中央在延安召开文艺座谈会；日军开始对冀中根据地进行"五·一"大扫荡；八路军副总参谋长左权牺牲；中国远征军第二〇〇师师长戴安澜牺牲；陈独秀病逝。	
6 月，中、美签署《中美抵抗侵略互助协定》；八路军在宋庄伏击日本参观团。本月，美、日中途岛战役	

时间	事件
	爆发；隆美尔攻入埃及；艾森豪威尔就任美驻欧洲战区总司令；德国在苏联南线发起进攻，渡过顿河向高加索油田进攻。
	7月，国、共代表在重庆进行谈判；中国远征军退入印度整训；史迪威提出反攻缅甸。
	本月，斯大林格勒战役开始。
	8月，东北抗联退入苏联境内；日本反战人士在延安召开华北日本人反战团体代表大会，日本人反战同盟华北联合会成立；中国远征军全部撤离缅甸。
	9月，中共中央通过《关于统一抗日根据地党的领导及调整各组织间关系的决定》；中共中央提出正确对待知识分子的政策。
	10月，中共中央西北局召开高级干部会议；英、美宣布放弃在华特权。
	11月，比利时放弃在华特权。
	本月，盟军在北非登陆。

二〇〇师主动撤离同古，日军占领同古时，同古已经是一座空城，同古保卫战至此结束。

4月中旬，英缅军七千多人被日军两个联队包围在缅甸大油田仁安羌地区。英方为解英军之围，只能向中国远征军求援。于是，新编第三十八师师长孙立人将军亲率两个团驰援仁安羌，经过激烈战斗，歼敌一千二百多人，击溃日军主力，成功救出七千多濒临绝境的英军以及记者、传教士等五百多人，这也是中国远征军第一次入缅对日军获得的胜利。但是之后面对精锐的日军，中国远征军战败，不得不奉命撤退。当时缅甸气候多雨，中国远征军要穿越原始森林这样环境恶劣的地区才能返回祖国。在撤退当中，中国远征军由于疾病等因素，损失惨重，由10万人减到4万人。第五军总计42000人，阵亡7300人，而在撤退途中非战斗减员就有14700人。

1942年5月至1943年10月间，主要有滇西保卫战。经过惠通桥等激战，遏制了日军沿滇缅路直驱昆明的企图，稳定了滇西和整个大西南的局势，从而形成了两年间中、日两军隔怒江对峙的局面。1943年4月，经改编后的远征军司令长官部在云南楚雄成立，陈诚为司令长官，统辖完全美械装备的12个军。退入印度的中国远征军在史迪威和罗卓英主持下，在印度蓝姆伽改编为中国驻印军，并接受美方训练。1942年12月，驻印受训军队更名为中国驻印军新编第一军，郑洞国任军长。蓝姆伽训练于 1944 年 1 月完成，先后有 3 万多名官兵接受美方训练。

　　1943 年 10 月，中国远征军驻印军为配合中印公路的修筑，开始了缅北反击战。经过胡康河谷、孟拱河谷一系列战役，1944 年 8 月中国驻印军收复了缅北重镇密支那。随后又相继攻克八莫、南坎和腊戍等地。为策应中国驻印军在缅北的反击战，滇西中国远征军于 1944 年 5 月强渡怒江，连克松山、腾冲、芒市，1945 年 1 月攻占畹町，1 月 27 日中国驻印军和中国远征军在芒友会师，云南失地全部收复，中印、中缅公路全线贯通。到 1945 年 3 月底，中国驻印军在曼德勒附近与英军会师，缅北反击战胜利结束。

　　中国远征军从 1942 年进入缅甸，到 1945 年反攻缅甸为止，在缅甸共战斗了 3 年多的时间。在长达 3 年多的时间里，中国先后出动了 40 万大军在缅甸战场上与美、英、缅等国家的部队并肩作战，与日军厮杀。在缅甸战场上，中国军队付出了伤亡 13 余万人的代价，最终获得胜利，为抗日战争以及世界反法西斯战争做出了卓越贡献。

那些激励我们的抗战歌曲

　　1931 年"九·一八"事变后，日军凭借其军事实力迅速占领中国东北地区，民族危机不断加深。张寒晖创作的《在松花

事　件	时间
12 月，毛泽东做《经济问题与财政问题》的报告；中共中央在陕北进行大生产运动。	
1 月，汪精卫伪政权向英国、美国宣战；英、美、中国新定条约，废除在华	1943 年（民国三十二年）

时间	事 件
	的治外法权。 本月，英军占领的黎波里；日军从瓜达尔卡纳尔岛撤退。 2月，日军攻占广州湾，宋美龄在美国国会进行演讲。 本月，斯大林格勒战役结束，苏军获胜。 3月，新四军生擒韩德勤；蒋介石著作《中国之命运》出版。 4月，中共中央发出《关于继续开展整风运动的决定》；中国远征军昆明训练中心成立。 本月，山本五十六被美军击毙；北非战役结束；华沙犹太人发动反纳粹起义。 5月，中、美特种技术合作所成立；庞炳勋、孙殿英叛国投日。 本月，日本在台湾实行海军"志愿兵制度"；共产国际解散。 6月，中共中央通过《关于领导方法的决定》；鄂西战役结束；胡宗南部署部队，准备"闪击延安"。

江上》，把日军占领东北、世居东北的中国人成为亡国奴的悲惨命运生动地表现出来。歌中表达道："我的家在东北松花江上，那里有森林、煤矿，还有那漫山遍野的大豆、高粱。我的家在东北松花江上，那里有我的同胞，还有那衰老的爹娘。九·一八，九·一八！从那个悲惨的时候，离开了我的家乡……流浪……哪年哪月才能够回到我那可爱的家乡？哪年哪月才能够收回我那无尽的宝藏？"这首歌不仅生动地表现了东北民众热爱家乡、不忘失地的心情，也让国人感受到了亡国之痛，听之催人泪下，能够激发起人们保家卫国的爱国情感。

在抗战期间，更有催人奋进的抗战歌曲。其中，由田汉作词、聂耳作曲的《义勇军进行曲》就是一首战斗性的革命歌曲，它表达了中华儿女团结起来、共同抵抗外敌侵略的意志和情怀。作品原是聂耳在 1935 年为电影《风云儿女》创作的主题歌，描写了以诗人辛白华为代表的中国知识分子为拯救祖国、奔赴国难的英雄故事。《义勇军进行曲》后来经过不断改编，成为中华人民共和国的国歌，成为中华民族宝贵而不朽的精神财富。

今天的人们依然耳熟能详的《大刀进行曲》，它是由麦新作词、作曲，以长城抗战中中国军人的英雄事迹为原型创作的。麦新受到在长城抗战中用大刀与日军拼杀的二十九军英雄部队的事迹感染，于是写出这首集中体现中国军人同仇敌忾的抗日激情的歌曲。结尾处采用喊杀声，形成了有力的呐喊，歌曲犹如战斗的号角一般，唤起亿万人民奋起杀敌的精神，广泛传唱，被称为"一把砍向日寇的大刀"。

　　抗战时期的另一首著名歌曲《游击队之歌》，由贺绿汀于 1937 年创作。1937年"八·一三"淞沪抗战爆发后，上海文化界成立演剧队，到各地宣传抗日，贺绿汀便是其中一员。他们在抗日前线对抗日战争的形势和策略有了进一步的了解后，创作出了这首进行曲风格的群众歌曲——《游击队之歌》，刻画了游击战士们巧妙与敌人周旋，伺机消灭敌人的典型形象，表达了对革命必胜的乐观主义精神。《保卫黄河》选自《黄河大合唱》，由光未然作词、冼星海作曲，体现了中国亿万人民群众在抗日战争中团结的力量。这首歌也很快传遍整个中国。1939 年 4 月 13 日在延安陕北公学大礼堂首演，在乐队伴奏下，冼星海指挥百人大合唱，引起巨大反响。演出结束时，受到毛泽东的连声称赞，周恩来为冼星海亲笔题词："为抗战发出怒吼，为人民谱出呼声。"合唱将每个人的声音汇聚，体现了民众的抗战精神。

　　抗战时期的儿童歌曲，接近口语化，将儿童乐观的精神完全表现了出来。如聂耳创作于 20 世纪 30 年代初的《卖报歌》，深刻地描述了旧社会报童的苦难生活及对美好未来的渴望。另一首脍炙人口的著名儿童歌曲《歌唱二小放牛郎》，取材于真实

事　件	时间
7 月，王稼祥首次使用"毛泽东思想"一词；邓小平发表《太行区的经济建设》；毛泽东指示停止"抢救失足者运动"。	
本月，苏、德爆发库尔斯克战役；盟军在西西里岛登陆；美、日爆发库拉湾海战；美国洛杉矶光化学烟雾事件。	
8 月，国民政府主席林森逝世；史迪威希望组建"中英联合突击兵团"。	
本月，意大利墨索里尼被捕；美、日爆发韦拉湾海战；库尔斯克战役结束，德军战败。	
9 月，中共中央批评王明的"右"倾投降主义；汪伪特工头目李士群被毒杀；共产党员毛泽民与陈潭秋被新疆军阀盛世才杀害。	
本月，意大利投降，意大利傀儡政权成立；苏军攻占斯摩棱斯克。	
10 月，《解放日报》发表《在延安文艺座谈会上的讲话》；蒋介石就任国民政府	

时间	事　件
	主席。 11月，中、英、美领导人举行开罗会议；中国与挪威签订新约，挪威放弃在华特权。 *本月，苏联攻占基辅；美、苏、英召开德黑兰会议；中、美空军混合大队成立。*
1944年（民国三十三年）	1月，中国远征军在缅甸对日本发起反攻。 *本月，苏联解除列宁格勒之围。* 2月，马本斋逝世。 3月，周恩来发表《关于宪

事件。描写了年仅十二岁的小英雄王二小为了保护群众的安全，将敌人引入到了八路军的伏击圈，被恼羞成怒的日军挑死在大石头上壮烈牺牲的事迹。《晋察冀日报》在头版报道了王二小的英勇事迹。很快，方冰和李劫夫便创作出这首歌曲。不仅在抗战时期，此后，王二小的事迹流传下来。直至今日，我们依然能在教科书上看到王二小的事迹，体现了在特殊的反侵略战争年代，普通中国儿童的爱国情怀。

当抗日战争进入相持阶段后，为了配合晋察冀边区的减租减息运动，由牧虹作词、卢肃作曲的《团结就是力量》应运而生。这首歌所表达的是在困境中要依靠自己，坚持抗战，迎接胜利的到来。

中国文艺界爱国人士在抗日战争时期创作出的那些充满正能量的抗战歌曲，反映了知识分子在另一条战线上的"以笔抗战"行动。昂扬的旋律在民族危亡中鼓舞了人们不畏强敌、为民族争生存的士气，在今天，仍有巨大的影响力。

二十二次大会战：正面战场的巨大牺牲

整个抗日战争中，国军在正面战场先后与侵华日军进行了22次大规模会战。

1937年7月至1938年10月，是日军攻势最猛烈的阶段，正面战场成为抗日战争的主战场。国军在正面战场接连与日军进行会战，打破了日本企图在中国战场速战速决的企图，彻底粉粹了日本三个月灭亡中国的妄想。

淞沪会战。从 1937 年 8 月 13 日开始，到 11 月 11 日为止，是抗日战争中规模最大的会战。日军投入总兵力约 28 万人，中国军队总兵力约七十余万人。中国军队伤亡约 25 万人，毙伤日军 4 万余人，坚守上海达 3 个月，打破了日本侵略者三个月征服中国的妄想。而且淞沪会战，还为上海工厂的搬迁与学校等机构的撤离争取了时间。

太原会战。1937 年 9 月到 11 月。1937 年 10 月中旬的忻口战役，是太原会战的中心战役。中国军队集中共约 28 万余人的兵力，与日军激战，歼敌 2 万余人，我军伤亡在 10 万人以上。该会战迟滞了日军的进攻态势。

徐州会战。1938 年 3 月到 5 月，日军对徐州展开了进攻，国军第五战区司令长官李宗仁以 45 万余人的兵力，与日军激战，在伤亡近 20 万人、力量不济的情况下，最后放弃了徐州。该会战歼灭日军 3 万多人。

武汉会战。1938 年 6 月到 10 月。1938 年 6 月 18 日，日军大本营集中了 11 个师团共 25 万余人的兵力发动了对武汉的进攻，中国军队以一百余万人的兵力，进行了武汉保卫战，在武汉地区坚守长达 3 个多月，毙伤日军 2 万余人，自身伤亡二十余万，但保存了主力。

事　件	时间
政与团结问题》；郭沫若发表《甲申三百年祭》。	
本月，匈牙利犹太人被送往奥斯威辛集中营。	
4 月，毛泽东发表《学习和时局》；日本开始实施"一号作战计划"，国民党军队败退。	
本月，戴高乐成为法国最高军队总司令；苏联收复刻赤半岛。	
5 月，"日本人民解放联盟"在延安成立；国、共两党在西安举行谈判；中共中央发出《关于敌进攻河南情况下的工作方针的指示》；中共中央举行六届七中全会；日本攻陷洛阳。	
本月，盟军在意大利会合。	
6 月，中共中央发出《关于城市工作的指示》；中外记者团到达延安；中国远征军攻克孟拱；中共中央决定向华南发展；日军对衡阳发起猛烈攻击。	
本月，盟军在诺曼底登陆；美、日爆发塞班岛战役。	
7 月，中共中央发布《关	

时间	事件
	于整训部队的指示》；美军观察团到达延安；中共中央发出《关于对中国大资产阶级及英美派资产阶级的政策问题致晋察冀分局电》；中共中央表示对和谈不抱有希望；豫鄂农民起义，歼灭国民党二十八师。 本月，美国攻克塞班岛；德国发生"七·二〇"刺杀希特勒事件。 8月，中共中央发出《关于外交工作的指示》；日军攻陷衡阳；中国远征军攻占密支那；毛泽东论述新民主主义社会的基础问题。 本月，波兰发生华沙起义；德国革命家台尔曼遇害；美军在新几内亚击败日军；盟军解放巴黎；罗马利亚起义。 9月，中共中央提出建立联合政府意见；毛泽东就张思德牺牲做《为人民服务》演讲；彭雪枫牺牲；中国民主同盟在重庆成立。 本月，《布雷顿森林协定》签订；保加利亚退出轴心

从"卢沟桥事变"到武汉会战的一年多时间里，中国军队取得的战果丰硕，毙、伤、俘日军达25万余人，但其自身损失则达104.4万余人。在这一阶段，日军以先进的武器装备、精锐的部队，对中国军队发起一次次猛攻，国军付出了极为惨重的代价，但牵制了日军的主力，为拖延日军的攻击势头，做出重要的贡献。

1938年11月至1943年，是战略的相持阶段。1938年11月至1940年上半年，侵华日军在正面战场对国军进行了多次进攻，先后进行了6次会战，每次会战投入兵力都在几万、十几万或几十万不等。我军共毙、俘日军26.3万余人，同时也付出了101.9万余人的重大伤亡代价。

从1941年到1943年，中国军队在正面战场进行的主要作战，有豫南会战（1941年1月至2月）、上高会战（1941年3月至4月）、中条山会战（1941年5月至6月）、第二次长沙会战（1941年9月至10月）、第三次长沙会战（1941年12月至1942年1月）、浙赣会战（1942年5月至9月）、鄂西会战（1943年5月至6月）和常德会战（1943年11月至12月）等共8次大会战。为了配合在东南亚的攻势，同时为了打通大陆交通线、破坏美国在中国建设的飞机场，以及阻止中国军队南下而接连发动的进攻。这几次战役双方有胜有负，极大的损耗了日军的有生力量，但是中国军队本身也付出了60多万人的惨重代价。

从 1944 年到 1945 年共进行 4 次大会战。1944 年 4 月，日军发动豫湘桂战役，国军被迫迎战，先后于 1944 年 4 月到 12 月组织了豫中会战、长（沙）衡（阳）会战、桂（林）柳（州）会战，损失 59 万兵力，终以失败告终。

湘西会战。1945 年 4 月至 6 月间，国军发动了豫西鄂北会战和湘西会战，毙敌 28174 人，并乘机进行跟进式反攻，至日本宣布投降前，收复了南宁等地区。

纵观整个抗战时期，中国军队在正面战场进行大战役 22 次，重要战斗 3117 次，小战斗 3.89 万余次，毙、伤日军 85.9 万余人，自己付出了 322 万多人的伤亡。广大爱国官兵以及将领在前线表现出了强烈的爱国之心，涌现出许多可歌可泣的光荣事迹，许多抗日将领在战场上马革裹尸，为了国家以及民族大义奉献出了自己的生命，如佟麟阁、赵登禹、张自忠、郝梦龄、戴安澜等高级将领。国民党军队在正面战场，不畏牺牲，与日寇顽强拼搏，为抗日战争的胜利做出了巨大贡献。

全民皆兵：敌后战场的抗战功勋

敌后战场是抗日战争的另一主战场。由于中国国土广阔，决定了日军不可能在占领区全面进行防守，只能在重要的城市以及主要交通线进行防守，而在中国广大的农村地区以及小城镇就注定了其兵力空

事　件	时间
国。	
10 月，福州失陷；日军包围桂林；中国远征军歼灭缅甸八莫、卡的克日军；蒋介石发起 10 万知识青年从军运动；八路军成立南下支队，向敌后开辟根据地。	
本月，中、美、苏、英建议建立联合国；德国隆美尔自杀；贝尔格莱德解放。	
11 月，美国特使赫尔利在延安与毛泽东达成协议；汪精卫在日本病逝；桂林、柳州沦陷，中、日豫湘桂战役结束。	
12 月，中共中央拒绝赫尔利的三点协议要求。	
本月，希腊爆发内战；德军进行"狮鹫"反攻计划。	

时间	事件

虚的状况，这也给共产党领导的八路军及其他抗日武装开辟敌后战场提供了有利条件。与国民党军队在正面战场奋战相呼应，中国共产党领导的敌后战场，通过发动广大人民群众，积极开拓抗战根据地，不断破坏敌人的交通线以及补给线，先后建立了晋察冀、晋西北、晋冀豫、冀鲁豫、苏南、淮南、豫皖苏边等大小 24 块抗日根据地。共产党领导的抗日部队在后方通过游击战争，也取得了骄人的抗战业绩，其中平型关战役和百团大战就是两场最著名的战役。

1937 年 8 月，中共中央在洛川召开会议，决议在敌后广泛开辟抗日根据地，运用山地战、游击战等多种灵活的作战方式与日军作斗争。根据会议精神，1937 年 9 月 25 日，八路军第一一五师为配合国民党军队的战斗，在山西大同市灵丘县平型关伏击日军辎重部队，共歼敌一千余人，缴获大量物资、弹药、补给。这是自全面抗战爆发以来，中国军队打的第一个大胜仗，打破了"皇军不可战胜"的神话。

在全面抗战初期，我军在敌后战场对日军作战 1600 多次，毙、伤敌 6 万余人。1938 年敌后战场抗击日军兵力 40 万人，抗击伪军 7.8 万人。敌后战场拖延了日军的大量兵力，并且大大损耗了日军的有生力量。

为了巩固敌后抗日根据地，粉碎日军"囚笼政策"。1940 年，八路军在彭德怀

的指挥下，发动百团大战。1940 年 6 月
至 7 月间，当日军在正面战场一路高歌猛
进、准备进攻重庆等地时，八路军在华
北发动了百团大战，打击了日伪的交通干
线，消灭日伪军 4 万余人。1941 年后，敌
后战场逐渐成为了抗日战争的主战场。日
军战略调整的重要特征，是将在占领区进
行的"治安肃正"作战上升为侵华作战的
战略性任务。为此，日军改变以往的作
战原则，把单纯地侧重军事进攻抗日根
据地，调整为以"治安强化运动"和"清
乡"为主要内容，实行野蛮的烧光、杀光、
抢光的"三光政策"，以达到彻底摧毁抗
日根据地的目的。因此，敌后游击战，实
际上也是抗日战争中时间最长、最大的
战役。

　　1941 年和 1942 年，日军对华北敌
后抗日根据地进行了 5 次"治安强化运
动"。1941 年出动兵力千人以上的"扫
荡"69 次，万人到 7 万人的大"扫荡"9
次；1942 年日军出动千人以上的"扫
荡"77 次，万人至 5 万人的大"扫荡"15
次。以八路军为代表的敌后武装，采取游
击战、麻雀战、地雷战、伏击战等多种战
斗方式，大量消耗日军有生力量，侵华日
军因此颇感头疼又毫无办法。至 1943 年，
敌后战场牵制日军 58% 的兵力，牵制了
90% 以上的伪军，日伪军在敌后战场中陷
入人民战争的汪洋大海当中，难以自拔。
中国共产党领导的抗日武装力量，也在

事　件	时间

时间	事件
1945年（民国三十四年）	1月，八路军、新四军对日军展开猛烈攻势；中国远征军和驻印军在缅北芒友会师；周恩来抵达重庆，与国民党进行会谈。 本月；苏军攻占华沙；苏

敌后战场与日军的斗争中不断发展壮大，"我军已经由抗战之初的四万多人发展到九十一万余人，民兵发展到二百二十余万人，根据地发展到十九块，人口有九千五百五十余万人"。

由于八路军在敌后战场对日军的不断袭扰，导致日军不得不从县城、城镇中撤离以保存实力。"八路军逼得日军从四百个县中的三百七十五个县（日军完全掌握的七个县、八路军完全掌握的十八个县以外）中撤出，其中完全撤出或大部撤出的县为一百二十一个"。八路军、新四军和华南抗日纵队仅在1944年的局部反攻中，共计作战11300多次，歼灭日伪军近20万人。而根据另一组数据表明："攻克城市七十余座，恢复国土三十二万平方公里。"然而，敌后抗战区军民也付出了重大牺牲，据不完全统计，解放区平民伤亡八百九十余万人，八路军、新四军和华南抗日游击队共伤亡五十八万多人，为中华民族的独立和解放做出了不可磨灭的历史性贡献。

欢庆胜利：对日本战犯的审判

1945年8月14日，日本接受《波茨坦公告》；8月15日，日本天皇广播终战投降诏书，标志着日本法西斯战争机器彻底崩溃。此时，距1931年9月18日已过了14个年头，中国人民坚持了14年艰苦卓绝的抗日战争终于胜利。

1941 年 12 月 8 日，日本联合舰队突然袭击美国军事基地珍珠港。接着，日军分别向马来亚、泰国、菲律宾、香港和关岛发起猛烈攻击。12 月 8 日，日本正式对英、美宣战。同一天，英、美对日宣战。9 日，中国政府紧随美、英之后对日宣战。苏联也于 1945 年 8 月 8 日对日宣战。

中国政府正式对日宣战，距日本发动"九·一八"事变侵占中国东北地区已整整过了 10 年之久。在这么长的时间里，中国人民一直独力支撑着对日本的抗战。尽管这期间苏联、美国等国家也曾以各种方式支援过中国的抗战，但主要还是依靠自己的力量，付出了惨烈的牺牲。随着美、英、苏等反法西斯力量的对日宣战，迅速改善了中国的抗战生态，特别是美国在广岛和长崎投下两颗原子弹，以及苏联对日宣战，出兵东北，加速了日本的投降。但必须强调的是，中国人民的抗日战争是最终打败日本侵略军的重要力量，中国战场作为亚洲太平洋战场中的主战场，共消灭日军一百五十余万，受降日军一百二十八万余。日本战败投降，是全世界反法西斯战争的胜利，更是中国人民的胜利。胜利的中国人民，是有资格对日本法西斯进行彻底清算的。

同盟国为了清算日本战犯的罪行，在日本政府宣布无条件投降后，盟国军队随即占领日本。1945 年 12 月 16 日，苏、

事　件	时间
军进入奥德河流域。	
2 月，美、英、苏在雅尔塔举行会议，签订《雅尔塔协议》；美军攻占菲律宾马尼拉；硫磺岛战役开始；美军攻占布达佩斯。	
3 月，豫西鄂北会战。	
本月，苏军发起维也纳战役；美军渡过莱茵河；阿拉伯国家联盟成立；美军轰炸日本东京。	
4 月，中共中央通过《关于若干历史问题的决议》；中共中央第七次全国代表大会在延安召开。	
本月，美军在冲绳岛登陆；日本战列舰大和号被击沉；罗斯福去世，杜鲁门就任总统；苏联向柏林发起总攻，同月攻占柏林，希特勒自杀；联合国制宪会议召开，联合国正式成立。	
5 月，中国军队收复福州与南宁。	
本月，德国投降，欧洲反法西斯战争结束；捷克斯洛伐克解放；美国轰炸东京。	
6 月，湘西会战结束，中国	

时间	事 件
	军队获胜；中国共产党第七次全国代表大会闭幕；中共中央七届一中全会召开。本月，联合国托管理事会成立；冲绳战役结束。

美、英在莫斯科举行会议，决定组建远东国际军事法庭。1946 年 1 月 19 日，盟军最高统帅麦克阿瑟，根据中、美、英、苏四国外长莫斯科会议的决定，发布特别通告，命令在东京设立"远东国际军事法庭"，以破坏和平罪、普通战争罪、违反人道罪三种罪行，于 1946 年 5 月 3 日在东京对东条英机、广田弘毅等 28 名日本甲级战犯进行审判。

中国国民政府，也开展了对日本战犯的审判工作。从 1945 年 8 月到 1947 年 5 月，中国政府在各地逮捕日本乙、丙级战犯共 2357 名。中国国民政府从 1945 年 12 月 16 日到 1946 年 5 月 1 日，分别在南京、汉口、广州、沈阳、太原、北平、徐州、上海、济南、台北等 10 处设立"审判战犯军事法庭"，分别审理各地区的日本乙、丙级战争罪犯。

其中，南京"审判战犯军事法庭"最为典型。酒井隆是日本侵华的主要战犯之一，此人在 1928 年一手策划和制造了"济南惨案"；并且在中国各地烧杀劫掠，犯下累累罪行。1946 年 8 月 27 日，南京"审判战犯军事法庭"判定酒井隆为第一号战犯，判其死刑，1946 年 9 月 30 日在南京雨花台将其枪决。1947 年 2 月 6 日至 8 日，该法庭对制造南京大屠杀的主犯谷寿夫进行 3 天公审。1947 年 4 月 26 日，谷寿夫在雨花台刑场被执行枪决。1947 年 12 月 18 日，该法庭判决在进攻南京期间以"百人斩"为目标进行"杀人比赛"的向井敏明、野田毅，以及共同连续屠杀俘虏及非战斗人员的田中军吉死刑，1948年1月28日，田中军吉、向井敏明、野田毅三犯在雨花台刑场被执行枪决。

1946年4月，太原设立"审判战犯军事法庭"，判处杀人魔王柿副善治、白岩定夫死刑，并于1947年2月7日在太原新南门外满洲坟执行枪决。在整个审判战犯过程中，阎锡山出于吸收日本兵对抗共产党八路军的需要，使部分日本战犯逃脱了审判。

自日本投降后，中国对日本战犯进行了规模庞大的审判。从1945年12月开始后两年内，共审判日本战犯2435人，判处死刑149人，因为各种原因实际执行145人。其余的判处有期、无期等刑罚。但审判中也存在一些问题，如竟然无罪释放了日本重要战犯冈村宁次。冈村宁次罪恶累累，曾参与制造"一·二八"事变等许多罪行。但由于他命令日军只向国民党军投降，因而得到了蒋介石的庇护。再就是对许多战犯判处过轻，甚至一些罪大恶极者还逃脱了法律惩罚。尽管这样，多数战争罪犯还是受到了严惩。中国对日本战犯的审判，是正义的审判，为在抗日战争中受苦受难的中国人伸张了正义。

事　件	时间

第十一章 历史的选择：得民心者得天下

抗日战争胜利后，中国进入了一个关键时期，对于应如何解决国家和民族的前途和命运问题，中国出现三种政治势力，他们从不同的阶级立场出发，提出了代表各自阶级利益的政治主张，都试图以自己的政治方案赢取中国的前途与未来。中华人民共和国的诞生，代表着马克思主义普遍原理与中国革命具体实践相结合的胜利，代表着中国人民从此摆脱了一百多年来外受列强侵略，内受地主、官僚、大资本家压迫的屈辱历史，中国人民从此真正站起来了。

土地改革后踊跃参军的林西青年

人民解放军接受北平城防

人民解放军抢渡长江

人民解放军占领南京总统府

人民解放军经过上海南京路

开国大典阅兵式

时间	事　件

三种道路：中国向何处去

　　抗日战争胜利后，中国人民沉浸在胜利的欢乐海洋中，但是在普天同庆的背后，不论是国际战略格局还是国内政治形势，都发生了根本性的转变，中国的政治发展进入了一个关键时期。对于解决国家民族的前途和命运问题，中国出现三种政治势力，各自从不同的阶级立场出发，提出了代表自身阶级利益的政治主张，都试图以自己的政治方案赢得中国的前途与未来。国民党集团依然坚持独裁主张，试图形成国民党一党专政的独裁政体；代表民族资产阶级和上层小资产阶级利益的民主党派，主张在中国建立一个以"英、美的议会政治和政党政治"为模式的资本主义国家，使中国成为一个独立的资本主义社会；代表工人阶级、农民阶级、城市小资产阶级利益的中国共产党，主张建立由各革命阶级联合专政的民主国家。

　　早在 1927 年，南京国民政府宣告成立，国民党就提出要"努力于革命的建国事业之完成"，开始推行"建国运动"。抗日战争时期，国民党总的口号是"抗战建国"。抗战胜利后，人人渴望和平，由于蒋介石还没做好发动战争的准备，于是也唱起了"和平建国"的调子。1945 年 8 月下旬，毛泽东等人在蒋介石的多次邀请下，来到重庆共商国是，最终双方签订了《双十协定》。这次谈判的焦点在于，国民党企图以统一为借口，收编共产党的军队和解放区。国民党"六大"，从民族主义、民权主义、民生主义三个方面全面阐述了国民党的建国纲领，确定了国民党一党专政的统治形式。毛泽东等人以敏锐的眼光看透了蒋介石的阴谋，为了顾全大局，共产党有原则地愿意放弃一部分解放区，但坚决反对国民党的一党专政主张。

事实上，民族资产阶级和上层小资产阶级的代表人物和知识分子，是向往独立、自由、民主的，希望中国变成资产阶级国家，但国民党推行的积极反共政策，阻碍了他们实现资产阶级民主共和国的愿望。在抗日战争时期，面对国民党专政，中国国内存在的诸多代表民族资产阶级和小资产阶级利益的政党开始联合起来，想要在政治上发挥作用。1940 年 12 月，民主党派代表人物在重庆集会，1941 年 3 月 19 日在重庆秘密成立"中国民主政团同盟"，随后召开大会，制定了纲领和章程。1944 年 9 月，"民主政团同盟"改称为"中国民主同盟"。此后，民盟积极主张抗日，要求民族独立，要求民主，反对国民党的一党专政，赞同共产党建立联合政府的主张。抗战胜利后，民盟积极与国、共两党进行协商，要求改国民党一党专政的政府为"举国一致的民主联合政府"，认为这是"建国的惟一途径"；在政治上，民盟希望以英、美的政治制度为基础，确立民主制度。这种政治主张，几乎反映了

事　件	时间

时间	事 件
1945 年	7 月，发生花岗惨案；中、苏举行谈判，商讨苏联出兵条件；毛泽东与黄炎培谈"历史周期率"；中共中央纪念抗战八周年。 本月，世界上第一颗原子弹试爆成功；波茨坦会议召开，并发表《波茨坦公告》。 8 月，毛泽东发出《对日寇的最后一战》；陈纳德离开中国；日本接受《波茨坦

当时整个中间势力在民主建国问题上的基本认识。

1940 年 1 月，毛泽东发表《新民主主义论》，提出要在中国建立一个各革命阶级联合专政的民主主义共和国。毛泽东代表中共中央在"七大"上指出，中国共产党的任务就是解放人民群众，打倒日本帝国主义，建立新中国，这个新中国应该是一个各革命阶级联合专政的、统一战线的国家制度。抗日战争胜利后，建国的问题更加突出地显现了出来。1945 年 8 月 25 日，中共中央在《对目前时局宣言》中就提出，联合社会各界，建立民主联合政府。中国共产党和平民主建国的政治主张，在国内外引起强烈反响，得到了广大人民和各民主党派的热烈拥护。

空降天兵：从大后方来到了日占区

1945 年 8 月，抗战胜利之初，国民党的绝大部分军队部署在远离日军占领区的西南后方，将军队部署到日伪投降区短时间内难以完成。而共产党及其军队所处的敌后抗日根据地，因为与日伪占领区直接毗邻，具有接收的有利先机。因此，以蒋介石为首的国民党政府为了确保能够顺利接收日伪占领区，阻止共产党因其地利而抢先接收，把获得受降权作为在抗战胜利之初的当务之急。

在国、共争夺受降权的关键时刻，美国公开支持和配合蒋介石，给予了国民政府以积极有效的帮助，即用各种方法把国民党军队从大后方运送到日伪占领区、大城市和主要交通线，与共产党抢夺胜利果实。1945 年 8 月 27 日，美国在华总司令魏德迈派遣大量飞机，将国民党军队在短时间内运送到上海、北平等大城市，仅 8 月到 9 月，由美国空运到华北的国民党军队人数就达 14 万之多！魏德迈宣称："这无疑是世界上规模最大的空中军队调动。"10 月中旬以后，美国海军运送国民党军队去东北、华北地区的达 50 万人。杜鲁门在回忆这一段历史的时候说："蒋介石的权力只及于西南一隅，假如我们让日本人立即放下他们的武器，并且向海边开去，那末整个中国就将会被共产党人拿过去。因此我们就必须采取异乎寻常的步骤，利用敌人来做守备队，直到我们能将国民党的军队空运到华南，并将海军调去保卫海港为止。因此，我们便命令日本人守住他们的岗位和维持秩序，等到蒋介石军队一到，日本军队便向他们投降，并开进海港，我们便将他们送回日本。这种利用日本军队阻止共产党人的办法，是国防部和国务院的联合决定而经我批准的。"（《杜鲁门回忆录》）

抗战胜利之初，美国"扶蒋反共"的对华政策，是基于其战后自身利益考虑的。首先，是战后的经济侵略和扩张殖民地的考虑。美国要把中国变成它的商品和资本输出市场以及原料供应地，成为其独

事　件	时间
公告》，无条件投降，抗日战争胜利结束；中、苏签订《中苏友好同盟条约》，国民党政府承诺外蒙古独立；伪满洲国灭亡，溥仪在逃亡过程中被苏军逮捕；南京伪国民政府解散；中共中央发表《对目前时局的宣言》；毛泽东赴重庆进行谈判。	
本月，苏联对日本宣战，进攻中国东北；美国先后在广岛、长崎投下原子弹；印度尼西亚独立。	
9 月，日本在美国军舰"密苏里"号签署投降书；中国在南京举行日军投降仪式，冈村宁次签署投降书；国、共两党进行谈判；上党战役爆发。	
本月，朝鲜分裂。	
10 月，国、共两党签署《双十协定》；八路军在上党战役中获胜；日本向中国代表签字，归还台湾。	
本月，老挝独立；蒙古独立；联合国正式成立。	
11 月，中国收复台湾；重	

时间	事件
	庆各界代表组成反内战联合会。
	本月，戴高乐当选法国总统；纽伦堡法庭开庭。
	12月，中国民主建国会成立；中国民主促进会成立；周恩来率中共代表团到达重庆；美国总统杜鲁门宣称美国支持国民政府。
	本月，美、英、苏三国外长发布公告：坚持国民政府的领导，停止内战。
	本月，中国成立审判日军战犯所，对日本战犯进行审判。
1946年	1月，中共中央与国民党达成停战协议，并形成以周恩来、张群、马歇尔为成员的国、共、美三人军事小组；本月，政治协商会议在重庆召开。

占殖民地。因此，美国帮助蒋介石"统一中国"，是为其资本输出提供稳定的市场。其次，是基于美国全球战略的考虑。美国总统杜鲁门指出："美国已取得世界的领导地位，今后应该去巩固这种地位。"美国争霸世界的劲敌是苏联，中国是"两种制度斗争具有决定意义的战略基地之一"，"中国是亚洲的重心……夺取了中国，整个亚洲都是它的了"。为了把中国变成对抗俄国的"远东稳定因素"，美国就只有大力扶助蒋介石来夺取全国政权。因为美国需要一个稳定的中国政权，成为其在亚洲的战略基地。

国、共全面内战爆发前后，美国给予了蒋介石政府持续、大量的援助。仅在1946年中的仅仅半年时间里的援助，就高达13亿美元。1945年12月到1947年1月，美国给予蒋介石政府的援助多达五十多亿美元！正是美国的对华政策及其为蒋介石政府提供的大量经济和军事援助，使得蒋介石最终敢冒天下之大不韪，发动了全面内战。

重庆谈判：从传说中走出来的毛泽东

重庆谈判，是指在抗日战争胜利后不久，国、共两党关于国家前途命运的谈判。在1945年下半年，国、共两党经过艰苦的谈判，最终签订了《政府与中共代表会谈纪要》，即《双十协定》。

抗日战争胜利后，中、日之间的民族

矛盾已经不再是国内的主要矛盾，中国国内以国民党代表的大资本家、地主阶级与中国共产党代表的工人、农民、小资产阶级之间的阶级矛盾，已经上升为国内的主要矛盾。国民党企图建立大资产阶级独裁的国家，在美国为首的西方国家的支持下，实施一党专政，建立独裁政权。而以中国共产党为代表的中国人民饱尝了战争的痛苦，他们渴望建立一个和平、民主、富强的新中国。在这种矛盾下，国、共双方有必要进行和平谈判来进行协商。于是，在蒋介石连续三次电邀下，1945 年 8 月 28 日，毛泽东与周恩来、王若飞等赴重庆与国民政府进行和谈，磋商建国大计，尽一切可能争取和平，阻止和推迟内战的爆发。毛泽东的到来，给了重庆人民以极大的触动，人民都希望以此能够达成协议，促进和平建国的早日到来。中共中央也做出了在一定程度上不触及根本利益的让步计划，考虑让出一部分地区。1945 年 8 月 26 日，在中共中央的政治局会议上，毛泽东指出："自然必须作一定的让步，在不伤害双方根本利益的条件下才能得到妥协"。中国共产党从民族大义以及国家未来出发，希望真正实现和平建国、联合执政。对于如何有原则地让步，毛泽东也有初步的、具体的方案，那就是："第一步让出广东至河南地区；第二步让出江南地区；第三步让出江北地区。陇海路以北迄外蒙古一定要我们占优势……无此

事　件	时间
本月，日本天皇发表《人间宣言》；联合国安全理事会成立，中国为五大常任理事国之一；远东国际军事法庭成立。	
2 月，中共中央发表《关于目前形势与任务的指示》；国民党特务在重庆制造"校场口事件"；中国成立国防部审判战犯军事法庭。	
本月，匈牙利独立。	
3 月，国民党军统特务头子戴笠因飞机失事而身亡；国、共达成《东北停战协议》；中国国民党民主促进会成立；国民党召开六届二中全会。	
本月，美国驻华军事顾问团成立。	
4 月，王若飞、叶挺等人因飞机失事遇难；汉奸陈公博、褚民谊被判处死刑；东北民主联军袭击长春伪满洲军警部队。	
本月，盟国对日管制委员会成立；国际联盟解散；日本妇女首次行使选举权。	
5 月，彭德怀率部队发起蟠	

时间	事　件
	龙战役，获胜；中共谈判代表团抵达南京；中共中央发出《关于土地问题的指示》；九三学社成立；重庆临时政府还都南京；东北民主联军从四平撤退。 本月，远东国际军事法庭开始审判东条英机。 6月，陈公博被执行死刑；蒋介石全面向中原解放区发起进攻，国、共内战全面爆发；南京发生"下关惨案"。 本月，意大利共和国成立。

让步，不能击破国民党的内战阴谋，不能取得政治上的主动地位，不能取得国际舆论和国内中间派的同情，不能换得我党的合法地位和和平局面。但是让步是有限度的，以不伤害人民根本利益为原则。"当然国民党方面没有想到毛泽东真的会来重庆谈判，也没有做好相应的准备。对于中共中央的主张，蒋介石等国民党高层并未给予足够的重视，在谈判中消极对待，从心里并不愿意接受建立一个民主的联合政府的建议。

国、共两党争执最为激烈的是共产党的民主政权和军队问题。蒋介石提出，抗日已成为过去，应该取消抗日民主政权的解放区，实际上想要取消共产党的合法地位。共产党洞悉到了蒋介石的阴谋，进行了坚决斗争。但为了大局，中共宣布将自己领导的广东等8个解放区让出来，这样就使得蒋介石国民党所制造的"共产党就是要争地盘，不肯让步"的谣言不攻自破。在军队问题上，中共也做了重大让步。谈判之前，中共曾想保留53个师，但国民党方面只同意给6个师，在谈判中同意双方军队比例让步到七比一。共产党做出的让步，表明了中共希望通过谈判谋求和平的真诚和耐心，是有目共睹的，从而赢得了国统区民主人士和广大中间派的同情与支持。

中国共产党将政治谈判和军事斗争紧密结合起来。毛泽东在重庆期间指出：中

事　件	时间

国共产党尽最大可能避免内战的爆发，但国民党军队却攻占了解放区的许多城镇，这是不能容忍的。因此，各解放区军民必须坚决反击一切来犯之敌。毛泽东的这一指示立刻传遍全国各个解放区。重庆谈判中，国民党承认了共产党的合法地位，并且确立了继续和平谈判商议的原则。虽然国民党在谈判期间做出了一定的妥协，但实际上是为了实现其所谓的军令、政令统一而已，终不能以平等的态度对待共产党。

由于国、共双方的阶级立场不同，重庆谈判在一些关键问题上没有达成协议，为以后的内战埋下了伏笔。但是毛泽东、周恩来等共产党人在重庆谈判上为呼吁和平建国，在争取民众支持方面，发挥了重要作用。在重庆会谈期间，毛泽东、周恩来等人密切了与民主党派以及其他社会组织的联系，通过广泛的报道，也将中国共产党和平建国的理念传向了全世界。

纸比钱贵：怎能让我再爱你

抗日战争胜利后，医治战争创伤，发展经济，促进国家富强，已成为全国人民的共同愿望。当时，南京国民政府通过接收敌伪资产，得到一大笔财政收入，接收敌伪政权的资产达 10 万亿法币以上，远超当时国民政府的法币发行额。另外，美国政府为了防止共产主义运动在亚洲的扩展，在政治上积极推行扶蒋反共的政策，在经济上大力支持国民党政权，仅当时美

事　件	时间
7 月，菲律宾独立；爱国人士李公朴被国民党杀害；闻一多被国民党杀害；关向应病逝；中共中央发出《以自卫战争粉碎蒋介石的进攻》；华中野战军在江苏等地"七战七捷"。 本月，司徒雷登任驻华大使。	1946 年

时间	事　件
	8 月，美国承认调停国、共失败；中共土改政策开始向富农让步；罗世文、车耀先被杀害；毛泽东发表"一切反动派都是纸老虎"的著名论断。 9 月，刘邓大军在定陶战役获胜；中国人民解放军称号开始使用；中共中央发出《集中优势兵力，各个歼灭敌人》的党内指示。**本月，纽伦堡国际法庭对德国纳粹战犯进行判决；法国举行首届戛纳电影节。** 10 月，中共中央发出《三个月总结》；国民党攻占张家口，并举行"国民大会"；国民党向辽东地区发起进攻。 11 月，中、美签订《中美友好通商航海条约》。 12 月，"国民大会"通过《中华民国宪法》；东北民主联军下江南（松花江以南）；发生美军强奸女大学生的"沈崇事件"。

国给予国民党政府的战争剩余物资以及美国的援助即达 20 亿美元之多。这些条件本可以使国统区的经济较顺利地发展，然而蒋介石积极发动对解放区的攻势，导致军费大增；国民政府还设立了用于军事、特务方面的特别支出，从而使用于民生的经济支出更加薄弱。

抗战胜利后，存在着沦陷区与国统区发行货币不同的局面，上海发行的是汪伪政权的储备券，而作为国统区的法币却非常稀少。为了改变这一局面，当时的上海政府将法币兑储备券的比例定为 1∶200，此举的比例并未遵从市场规律，而是随意定价，其直接后果导致了储备券严重贬值。由于法币的稀缺，导致大量储备券向上海流动，国民党为了挽救困境，只能大量的印发法币，导致法币贬值严重，沦陷区物价飞涨，国统区也开始大范围的物价上涨。

由于内战的爆发，导致国民党在军费、特务费等方面支出庞大，面对困境，蒋介石只能增加钞票的发行量，导致货币贬值严重，物价上涨。在 1945 年，100 元法币可以买到两个鸡蛋，到了 1947 年，同样的钱数只能购买三分之一盒的火柴，1949 年时则更甚，100 元仅能换来伍拾亿分之一两的大米。以沈阳为例，从 1946 年到 1948 年，物价上涨了几百万倍，而且国民党采取的各种限制措施和改革措施，反而使后果越来越严重。以上海大米价格为例，1948 年 1 月每市担由 100 万元涨至 158 万元，7 月每市担由 2800 万元涨至 4000 万元，比内战前上涨了 400 万倍。像燃料、建筑材料和金属等物价，比战前上涨 790 万倍至 1180 多万倍。在上海、天津、北平等大城市接连发生了抢购风潮，市场十分混乱，特别是在上海。1948 年 10 月 2 日，上海率先发生了抢购风潮，市民在收到金圆券作为工资之后，为了避免手里的钱很快变成废纸，开始疯狂用手里的金圆券抢购物资，无论是丝绸店还是百货店，店铺一开门，疯狂的人们便蜂拥而入，将物资抢购一空。对于米的抢购，尤为激烈。在上海率先发生的抢购风潮，接连蔓延到全国。在天津、北平、沈阳、南京等地接连发生了抢购风潮，导致各大店铺空空如也，工厂无法生产，商店无法进货。为了改变这种局面，一些大城市的交易多以美元计算，还有一些省份使用银元，或自行发行地方货币；在一些偏远地区甚至恢复了以物易物的原始交换方式。长春市每斤高粱米价格，在 1947 年 7 月前为 6 元左右（长春当时所用的是伪东北流通券）；1948 年 3 月为 3100 元左右；到了 7 月末则达到了 290 万元左右。1948 年 8 月 19 日，国民政府发行金圆券后，当时的伪东北流通券亦被金圆券代替，1 元兑伪东北流通券 30 万元。到了 1948 年 10 月解放前夕，长春市的高粱米价格每斤涨到 3 亿元左右。

事　件	时间

时间	事件
1947年	1月，刘胡兰英勇就义；解放军发动鲁南战役，大败国民党军队；中共中央召开政治局扩大会议，发出《迎接中国革命的新高潮》指示；国共合作完全失败；2月，国、共爆发莱芜战役，国民党军大败；台湾人民发动"二·二八起义"，

在广大人民群众眼里，手中的纸币已经与废纸无异。金圆券和限价政策措施，仅实行了三个多月就遭到失败，国民党当局被迫取消限价。限价取消后，币值更是一泻千里，金圆券遭到同法币一样的命运。在中国人民解放军攻占上海、南京等国民党重镇之时，只能下命令停止金圆券的使用。后来，由南京逃亡到广州的国民党政权又发行银圆券，它和金圆券一样，同样不能挽救国统区的金融崩溃。到了最后，金圆券的信用越来越低，在许多地方已经开始明确拒绝接受金圆券，甚至在政府内部乃至军队也开始拒收金圆券。最终，广州国民政府不得不停发金圆券，直到国民党政府逃亡台湾，中国国内的这场严重的通货膨胀危机方才结束。总体来说，这场通货膨胀是国民党当局不顾市场规律，为了掠夺人民财富而造成的恶果。

参军保田：为了自己的幸福生活去打仗

1947年的解放区，到处都是农民们欢送戴着大红花的青年参军的热闹场面，在飘扬的旗帜上，最多的宣传口号是"参军保田"。相比于过去人们以当兵为耻，认为当兵是社会底层的人，转而变为欢送青年参兵入伍，这与中国共产党进行土地改革以及以人民为中心的理念有关。

中国共产党从1927年土地革命战争以来，始终把解决农民的土地问题作为革命的中心任务。中国共产党的土地政策，也在实践中不断完善，得到了广大农民的拥护，由此建立了稳固的农村根据地。共产党在制定根据地土地政策时，一直向广大穷困的人民群众倾斜，将大地主的土地分给农民耕种。解放战争开始后，中国共产党更是制定了一系列的土地政策，如《五四指示》《中国土地法大纲》等。中央派出工作组深入到各解放区，将土地改革以群众运动的方式全面落实。解放区的农民第一次拥有了自己的土地，实现了祖祖辈辈的梦想，他们把共产党领导的军队视为自己的救星。"参军保田"，就是中国共产党在农民分得了土地后提出来的宣传号召，它让广大的农民懂得，跟着共产党参加革命去打仗，是为了保住已经分得的土地和财物，保卫自己的幸福生活。因此，"参军保田"得到了广大农民和适龄青年的积极响应。在解放区，农民组织起来支援解放战争，上百万的农村青年积极参加解放军。以辽沈战役与淮海战役为例，在辽沈战役当中，动员的民工达到了近200万人，运送的粮食达到了五千多万斤。而到了淮海战役，数字更是十分惊人，仅被动员的民工就达到了五百多万，他们用马车、独轮车甚至肩膀，为前线运送了一千四百多万斤弹药，9亿5千万斤粮食。陈毅将军就曾自豪地说过："淮海战役的胜利，是人民群众用小推车推出来的。"土地改革运动，调动了农民生产和参加革命

事　件	时间
反对国民党反动统治；国民党通知共产党驻南京、上海人员撤离，国、共谈判破裂。	
3月，延安保卫战开始，中共中央主动撤离；西北野战军先后获得青化砭、羊马河、蟠龙镇战役的胜利。本月，国民党对陕北、山东解放区发起进攻。	
4月，南京大屠杀罪犯谷寿夫被执行死刑；中央后方委员会成立；羊马河战役，国民党部队战败；蒋介石改组国民政府；中共中央发布城市工作部工作方针及各地城市工作部工作办法的指示。	
本月，阿拉伯复兴社会党成立。	
5月，内蒙古自治区成立；孟良崮战役打响，国民党整编七十四师被歼灭；南京、上海等地爆发学生游行；南京发生"五·二〇事件"；豫北战役解放军获胜。	
6月，刘邓大军挺进中原。	

时间	事　件
	本月，关于印度独立的《蒙巴顿方案》提出；马歇尔计划开始；美国颁布《塔夫脱·哈特莱法》。
1947 年	7 月，东北民主联军在东北对国民党发起反击；国民党发布《戡平共匪叛乱总动员令》；中共中央在陕北小河村召开会议。 本月，波兰奥斯威辛集中营改成纪念馆。 8 月，刘邓大军挺进大别山；沙家店战役爆发。 本月，荷兰、印尼达成停

的积极性，使中国共产党获得了源源不断的人力和物力的支援，确保了解放战争的胜利。由此可以看出，中国共产党所领导的人民解放军，是受人民所认可、支持的部队，也注定了中国共产党在解放战争中的必然胜利。

淮海战役只是其中的一个缩影，在解放战争的战场上，到处都是农民群众的身影。根据相关资料的统计表明，仅仅在三大战役当中，参加"参军保田"的民工达到了近 900 万人，人民群众用近 150 万辆独轮车、人力车、牛车、马车等简陋的车辆，运送粮食、被褥、药品、弹药以及其他供给物品不计其数。从 1946 年 6 月至 1949 年 9 月，中国共产党及其军队经过短短的 3 年，就取得了解放战争的胜利，最终建立了新中国，这是中国共产党代表了广大人民群众利益的最好例证。

大决战：辽沈、淮海、平津三大战役

自 1948 年起，国共两党之间军事力量的对比已经发生了逆转，人民解放军已经由战略防御开始全面转向战略进攻，将进攻势头全面向国统区进发，人民解放军兵力已经超过国民党军队。经过两年多的鏖战，国民党的兵力以及战斗力已经大幅度下降，由内战开始时候的 430 万兵力下降到了 1948 年的 365 万，且能够在一线作战的兵力不足 200 万人，而且兵力分散在东北、华北、华东等 5 个地方。与此同时，人民解放军随着战役的不断胜利，自身实力也不断壮大，自身兵力由最初的120万增加到280万，在武器技术装备方面也已经有了很大的提高。解放区面积达到235万平方公里，解放区人口数接近全国总人口的40%，而且解放区在华北等地已经连成一片。为了尽快获得胜利，实现全国的解放，中共中央根据敌我形势，发动了辽沈、淮海、平津三大战役。

辽沈战役是三大战役当中最先开始的。东北野战军在林彪指挥下，于1948年9月12日至11月2日在东北与国民党军展开决战。9月12日战役正式打响，东北野战军率先发起进攻，开始了锦州会战。东北解放军先孤立锦州，随后蒋介石派出援军支援锦州，而后东北野战军采取围锦打援的措施，最终成功攻下锦州。其后长春守军在六十军军长曾泽生的带领下宣布起义。在此之后，蒋介石命令西进军团迅速攻占锦州，东北野战军采取诱敌深入、集中优势兵力各个击破的方针，大破蒋介石的西进军团，取得了辽西会战的胜利。东北野战军乘胜追击，先后攻破了辽宁的鞍山、辽阳等地，最后解放沈阳。辽沈战役以人民解放军的完全胜利而告终，中国人民解放军以自身伤亡6.7万人代价消灭了47万国民党军队。辽沈战役解放了东北全境，国民党军队除少数从锦西、承德向关内撤退外，几乎全部被歼。辽沈战役的胜利打开了全国胜利的

事　件	时间
战协议；英国同意印度与巴基斯坦独立。	
9月，中共中央发表《解放战争第二年的战略方针》。	
本月，美国中央情报局成立；印度发生血腥惨案。	
10月，中共中央发布《土地法大纲》；中国人民解放军总部发表《中国人民解放军宣言》；晋察冀野战军在清风店打败国民党军队。	
11月，中共中央在陕北米脂县杨家沟村召开会议，毛泽东发表《目前形势和我们的任务》。	
本月，第一架超音速飞机试飞；联合国决议巴勒斯坦分治。	
12月，国统区物价飞涨；东北野战军发起冬季攻势；人民解放军开始进行整军运动。	

时　间	事　件

大门，加速了中国人民解放战争胜利的进程。

　　淮海战役是第二场重要战役。随着形势的变化，为了扩大胜利的战果，在济南战役胜利结束后，华东野战军乘胜追击，以徐州为中心，发动了针对国民党军队的淮海战役。战役自 1948 年 11 月 6 日开始至 1949 年 1 月 10 日结束，历时 65 天。淮海战役共歼灭国民党军队近 56 万人，解放军自身损失也达 13 万多人。淮海战役使蒋介石集团的精锐部队损失殆尽，手下将领邱清泉、黄伯韬等人阵亡，杜聿明等大批国民党军将领被俘虏。淮海战役也是三大战役当中最激烈、人民解放军损失最大、弹药消耗量最大的战役。至此，蒋介石在长江以北的军队已经所剩无几，从战略上已经决定了国民党必败的结局。

　　平津战役是三大战役中的最后一次战役。当时驻守华北的国民党军队主要是由华北"剿匪"总司令傅作义统帅的六十多万人，在辽沈、淮海两大战役的强烈震慑下，已成惊弓之鸟，龟缩在平绥、北宁两条铁路线周围。按照中共中央军委"围而不打"的战略部署，从 1948 年 11 月 29 日开始，华北野战军第二、第三兵团和东北野战军先遣兵团，先后包围了张家口、新保安，切断了敌人西窜绥远的道路。与此同时，东北野战军主力昼伏夜行，以迅雷不及掩耳之势，直插平津、津塘之间，切断了北平、天津、塘沽敌人之间的联系，关闭了敌人向海上逃窜的通道。紧接着攻克了河北北部的军事重镇张家口，解放了天津。此后，北平的 20 多万敌人处在共产党百万大军的重重包围之中。北平作为历史悠久的古都，有无数宫殿、寺庙等享誉世界的文化遗迹，无论是谁，若将其毁于战火之中，都将成为千古罪人。为了使北平免遭战火破坏，人民解放军表现出充分的诚意，首先公布了关于和平解决北平问题的八项主张，使北平城要求和平的空气越来越浓厚。在共产党思想宣传的强大攻势下，傅作义被迫接受和平改编。1949 年 1 月 31 日，人民解放军进入北平，北平宣告和平解放，平津战役基本上解放了华北全境。

三大战役的胜利，使得国民党军队实力大损，败局已定，国、共两党的实力对比发生了彻底逆转。三大战役的胜利，为全国解放打下了坚实基础。

解放南京：百万雄师过大江

1949 年初，经过辽沈、淮海、平津三大战役，国民党的精锐部队大部分被歼灭，中国人民解放军解放了东北全境、华北大部分、西北一部分和长江中下游以北的广大地区，使各解放区连成了一片。人民解放军的兵力以及武器装备都大为增强，人民解放军总人数已经达到了 400 万，同时国民党的实力大为减弱，总兵力已经下降为 204 万人，其中

事　件	时间
1 月，中国国民党革命委员会成立。	1948 年
本月，缅甸独立；印度甘地遇刺身亡。	
2 月，任弼时发表《土地改革中的几个问题》；中共中央发出《关于目前党的政策中的几个重要问题》；周佛海病死狱中；西北野战	

时间	事 件
	军获得宜川大捷。 3月，人民解放军获得洛阳战役胜利；中共中央东渡黄河，迁往河北平山县西柏坡。 本月，《布鲁塞尔条约》签订。 4月，国统区物价继续飞涨，钱币贬值严重；毛泽东阐述新民主主义革命的总路线和总政策；山东解放区连成一片。 本月，世界卫生组织成立。 5月，上海各界举行反对美国扶植日本侵略势力的爱国运动；中共中央组成华北局、华北联合行政委员会和华北军区；临汾战役结束。 本月，南朝鲜单独进行选举；以色列独立。 6月，《人民日报》创刊；重庆物价飞涨，法币贬值严重。 本月，第一次柏林危机爆发，苏联对柏林进行封锁。

能用于一线作战的仅有 147 万人，而且兵力分散、士气低落。国民党的统治区日渐缩小，财政收入、后勤补给也日渐困难。人民解放军对于最后的渡江计划，预先做了具体规划，对于长江以及沿线的水文、地质构造、地形、国民党的兵力防守部署情况，都做了全面调查。人民解放军不仅积极做国民党军队的策反工作，同时积极做渡江的演习和训练准备。

1949 年元旦，国民党提出求和，希望在保留国民党旧制的情况下与共产党进行谈判。同时，国民党在长江沿线组织军队，巩固防御，企图阻止人民解放军渡江，蒋介石希望以此拖延时间，等待反击。国民党依靠长江"天险"，在一千八百余里的长江沿线部署了近 70 万人的防御兵力，装备了飞机、大炮等重型武器，叫嚣要与中共决一死战。英、美等国家也部署了一定的军舰在长江各段，以期必要时支持国民党军防御，阻止人民解放军渡江南下。

毛泽东在 1949 新年贺词中揭露了蒋介石的阴谋，强调消灭一切反动势力，提出了"将革命进行到底"的号召。1 月 14 日，毛泽东代表中共中央发表《关于时局的声明》，指出："为了迅速结束战争，实现真正的和平，减少人民痛苦，中共愿意在惩办战争罪犯、废除伪宪法和伪法统、改编一切反动军队、接收南京政府的一切权利等八项条件基础上，同南京政府进行和平谈判。"与此同时，共产党在长江以北一千余里的战线上，组织了一百多万军队，随时准备打过长江去，夺取国民党的政治、经济中心。

1949 年 1 月 21 日，蒋介石宣布下野，李宗仁任"代总统"。李宗仁发表声明，愿意以八项条件为基础进行和谈。实际上，蒋介石的所谓隐退，只是退到了幕后，继续暗中操纵国民党的大政方针，积极扩军备战。3 月 3 日，国民党的和谈代表张治中到溪口面见蒋介石，蒋介石定下了三个和谈的原则，即：第一，确保长江以南省份由国民党领导；第二，双方在未来政府中保持同等发言地位；第三，关于军队改编及其双方的比例，由其自行整编。其核心还是划江而治，与中共提出的八项条件相距甚远。

1949 年 4 月 1 日，国、共双方代表在北平进行和平谈判。经过多次协商后，中共将《国内和平协定》的最后修正案交与南京政府代表团，并规定了 20 日为最后的期限。20 日下午，国民政府回复拒绝签字，国、共和谈破裂。当夜，人民解放军百万大军遵照《向全国进军的命令》，开始强渡长江，揭开了渡江战役的序幕。人民解放军冒着敌人的炮火以及军舰的冲击，向绵延一千多里的长江正面发起进攻，迅速攻占滩头，随后向纵深发起进攻，并于 4 月 23 日晚占领南京，标志着国民党在大陆统治的彻底结束。毛泽东

事　件	时间

听到这个消息后欢欣鼓舞，写下了《七律·人民解放军占领南京》："钟山风雨起苍黄，百万雄师过大江。虎踞龙盘今胜昔，天翻地覆慨而慷。宜将剩勇追穷寇，不可沽名学霸王。天若有情天亦老，人间正道是沧桑。"这是一首表现人民解放军打倒国民党反动派的决心和毅力的诗作。

渡江战役历时 42 天，人民解放军以自身伤亡 6 万余人的代价，歼灭国民党 43 万余人，基本上消灭了国民党在大陆的主力部队，只有在西南、西北、台湾等边疆、少数海岛等地还存有国民党的残部负隅顽抗。之后人民解放军又相继解放了上海以及江苏、安徽、浙江等省份的全部或者局部地区，解放全国的局面已经形成。

东方红，太阳升，中国出了个毛泽东

"东方红，太阳升，中国出了个毛泽东"。这首歌曲最早来源于陕西的民歌，后由民间歌手李有源等人重新作词作曲，之后又经过在延安的多位作曲家、作词家重新作词谱曲，这才形成今天我们所熟知的《东方红》。该歌曲表现了中国革命犹如一艘航行在黑夜里的航船，在毛泽东的带领下抵达了光明彼岸的主题。毛泽东以他高瞻远瞩的智慧和胆识，在中国革命的关键时刻力挽狂澜，使中国革命这艘航船能够沿着正确的航线行驶。因此，毛泽东被比作东方升起的太阳，而被中国人民所赞颂。

时间	事件
1948 年	7 月，中共中央东北局召开城市工作会议；北平发生"七·五惨案"，国民党军警血腥镇压学生；中央银行发行万元以上的大钞。 本月，第十四届奥运会在伦敦开幕。 8 月，冯玉祥将军逝世；国民党政府发行金圆券；华北人民政府成立。 本月，大韩民国成立，朝鲜半岛分裂。 9 月，东北野战军开始进行

毛泽东是立足中国国情的马克思主义实践者，是把党和革命从危机中挽救过来的领路人。1927 年大革命失败之后，在中国革命何去何从的危急关头，毛泽东认为，在没有民主的中国，只能以武装斗争为主要形式，率先提出了"枪杆子里面出政权"的著名论断，并在"八·七会议"上成为全党的共识。中国共产党从此走上了武装反抗国民党反动派的道路。

毛泽东在领导武装斗争的道路上，并没有照搬俄国的经验，而是充分认识到中国的国情。反革命势力集中在城市，广大的边远农村是敌人的薄弱环节，那里才是革命力量能够生存发展的地方。于是，在秋收起义受挫后，他力排众议，放弃了原定的计划，率领余部到达井冈山，在那里发动农民革命，开展游击战争，保存了自己的力量，开辟了井冈山道路。在多次起义失败的形势下，井冈山道路为党的武装斗争提供了范例，中国革命就是从井冈山道路开始，最终找到了"农村包围城市，武装夺取政权"的中国式正确的革命发展道路。

面对国民党反动派对根据地的疯狂"围剿"，毛泽东认识到，弱小的红军无法与强大的国民党军队直接抗衡，采取了诱敌深入的游击战，创造了"钻牛角尖"等兵书上没有的新战术，取得了三次反"围剿"的胜利。在红军长征面临灭顶之灾的关键时刻，又是毛泽东率领红军四渡赤

事　件	时间
辽沈战役；华东野战军获得济南战役胜利。	
本月，朝鲜民主主义人民共和国成立。	
10 月，塔山阻击战；锦州解放；长春解放；郑州解放；华北野战军发起太原战役；国民党计划偷袭石家庄，结果被击退。	
11 月，沈阳解放，辽沈战役胜利结束；淮海战役开始。	
本月，杜鲁门连任美国总统；东京远东国际军事法庭对日本战犯进行判决。	
12 月，平津战役开始；中国人民银行发行人民币；淮海战场上，国民党黄维兵团覆灭。	

时间	事　件
1949 年	1 月，北平市人民政府成立；淮海战役胜利结束；平津战役结束，北平和平解放；国民党政府宣判冈村宁次无罪，并释放；蒋介石引退，由副总统李宗仁代理。 本月，第一次中东战争结

水、爬雪山、过草地，保存下了革命的火种。

毛泽东是中国革命理论的创造者，开创了"中国特色"。他提出的"分清敌友是革命的首要问题"的思想，是建立革命统一战线的基础，统一战线团结了所有可能革命的力量。"枪杆子里面出政权""党指挥枪"等理论，为中国共产党打造出了一支无坚不摧的人民军队。他的"农村包围城市，武装夺取政权"的思想，是把马克思主义与中国革命的具体实践相结合的典范。他的《论持久战》思想，为艰苦的抗日战争指明了方向。他的"将革命进行到底"的思想，最终完成了建立新中国的历史重任。

毛泽东的思想在中国革命的实践检验中，博采众长地汲取了全党的智慧，最终凝练为"毛泽东思想"，成为中国化的马克思主义。这首歌曲就是最好的注释。

"夺取全国胜利，这只是万里长征走完了第一步"

1949 年 3 月 5 日至 1949 年 3 月 13 日，在河北省平山县的西柏坡，中国共产党召开了第七届中央委员会第二次全体会议（亦称为西柏坡会议）。这次会议是在全国绝大多数地方已经解放，为即将诞生的新政权做准备的背景下召开的。在这次会议上，一共有 34 名中央委员参加，由毛泽东、周恩来等中共中央主要领导人 6

人组成主席团主持了本次会议。

新中国即将诞生，中国共产党即将掌握全国政权，如何能够永葆初心、不忘使命，带领中国人民走向更大的胜利，是这次大会重点讨论的课题。为此，毛泽东指出："夺取全国胜利，这只是万里长征走完了第一步"，"革命以后的路程更长，工作更便大，更艰苦"。为了走好以后的路，这次会议首先和重点解决的就是党的思想建设问题。

在延安的时候，时任国民党参政员的黄炎培，曾经与毛泽东谈到历史上政权更替的"周期律"问题，黄炎培希望中国共产党人能够找出一条路，跳出这个周期律。毛泽东当时就明确地表示，共产党人能够解决这个问题。为此，毛泽东提出了"务必使同志们继续地保持谦虚、谨慎、不骄、不躁的作风，务必使同志们继续地保持艰苦奋斗的作风"的训令。后来许多革命战争年代的功臣，进城后却没有抵制住资产阶级思想的腐蚀，利用职权大肆贪污受贿，倒买倒卖国家紧缺物资，腐化堕落为大贪污犯，受到了应有的惩罚。可见毛泽东对于中国共产党掌握政权后，部分高级干部会以权谋私是早有洞见的，所以他反复强调保持艰苦奋斗精神的重要性。

如何完成工作重心的转移，是这次会议要解决的另一个重要问题。在此之前，党的工作重心一直放在农村。现在建立新政权在即，党必须把工作中心进行转移，

事　件	时间
束。	
2月，中国人民解放军举行进入北平仪式；国民党将大批钱财、文物迁往台湾；国民党军舰"黄安号""重庆号"先后起义。	
3月，七届二中全会在西柏坡召开；中共中央迁往北平；解放军拟定渡江日期；中国妇女第一次全国代表大会召开。	
4月，中国新民主主义青年团第一次全国代表大会召开；国、共两党进行和谈，拟定《国内和平协定草案》，国民党政府拒绝签字；解放军发动渡江战役；毛泽东、朱德发布向全国进军的命令；南京、太原等地先后解放。本月，北大西洋公约组织成立。	
5月，中国人民解放军海军成立；南昌解放；中共中央成立华中局；上海解放；司徒雷登与中共进行第一次会晤；柏林封锁解除。本月，德国分裂，德意志	

时间	事 件
	联邦共和国成立；联合国同意以色列加入联合国。6月，青岛解放；中国人民政治协商会议筹备会会议在北平召开，决定建立新中国；毛泽东发表《人民民主专政》；国民党以银圆券代替金圆券；中华全国文学艺术工作者代表大会在北平召开。
1949 年	7月，《工人日报》创刊；上海庆祝解放；胡宗南集团被歼灭；英国军舰紫石英逃离。

把党的工作重心从农村转移到城市，这是新生政权能够巩固、党立于不败之地的保证。毛泽东在会议上指出，历史证明了党在过去采取的"农村包围城市"的战略是完全正确，这也保障了中国共产党夺取全国政权的胜利。但是现在，敌我实力对比已经发生了彻底的变化，因此应该将重心转回城市，为此全会规定了党在各方面的工作方针。

在政治方面，会议分析了当前中国存在着基本矛盾，即工人阶级与资产阶级、中国与帝国主义的矛盾是主要矛盾，因此，要巩固人民民主专政。在经济方面，会议科学地分析了当前中国的经济状况，确定了相应的政策，即对于地主、官僚的产业予以全部的没收，使之完全由党来管理，对于民营小资本主义，采取限制改造的方针。在外交方面，坚持独立自主，不承认过去的一切不平等条约，取消一切帝国主义国家在中国的各种机构，毛泽东喻为"另起炉灶"。这次会议为新中国成立以后的各项方针指引了方向。会议之后，中共中央由西柏坡迁到北平，开始了新的"万里长征"。

开国大典：中国人民站起来了

1949 年 7 月底，中共中央确定新中国成立之日要举行一个盛大的开国典礼，并为此成立了以周恩来为主任的开国大典筹备委员会。筹委会认为，新中国的开国大典上，有三项内容是必不可少的，即：举行中华人民共和国中央人民政府成立典礼，举行中国人民解放军阅兵仪式，举行人民群众游行活动。其中，阅兵是这三项内容的重中之重，是筹备开国大典的中心工作。

1949 年 10 月 1 日下午，一列车队从中南海东门开出，开往紫禁城端门，车上坐的是即将诞生的新中国的领导人。1949 年 10 月 1 日下午 2 时 58 分，以毛泽东为首的新中国领导群体，缓步走上天安门城楼。中国共产党领导全国人民经历了无数次残酷的战斗，以及无数的艰难困苦，终于夺取了全国政权。天安门城楼上，集中了新中国 622 位杰出代表，他们中间既有伟人领袖，也有泰斗耆宿、雄杰楷模。

1949 年 10 月 1 日下午 3 时整，中央人民政府秘书长林伯渠，宣布新中国成立大典正式开始。接着，毛泽东郑重宣布："中华人民共和国中央人民政府已于本日成立了！"这洪亮有力的声音，迅速传向世界，它宣告了一个新时代的开始，中国人民终于推翻了"三座大山"，第一次以独立民族的姿态傲立世界，开始了历史的新纪元。随即，军乐队奏响了国歌《义勇军进行曲》，而后，五星红旗在天安门广场上冉冉升起，54 门礼炮鸣响 28 声。民众在天安门广场载歌载舞。升旗之后，毛泽东宣读了《中华人民共和国中央人民政府公告》。

下午 4 时，阅兵式正式开始。在《三

事　件	时间
本月，世界第一架喷气式客机试飞。	
8 月，程潜、陈明仁起义，长沙解放；美国发表《美国与中国的关系》；福州、兰州解放；东北人民政府成立。	
本月，梵蒂冈宣布发现了圣彼得骨骸；《日内瓦公约》签订；日本发生"松川事件"。	
9 月，中国人民政治协商会议第一届全体会议在北平召开；马家军被歼灭；杨虎城被杀害；新疆和平解放。	
本月，苏联研制成功原子弹。	
10 月，新中国正式成立，1 日，在北京举行开国大典；广东战役开始；我国与苏联、保加利亚、朝鲜等国先后建交；金门战役开始。	
11 月，西南战役开始；重庆解放；广西、贵州等地先后解放。	
12 月，毛泽东率领代表团访问苏联；昆明、成都等地先后解放。	

时间	事件

大纪律八项注意》的音乐声中，朱德总司令在阅兵总指挥聂荣臻的陪同下，检阅陆、海、空三军部队。检阅完部队之后，朱德总司令回到主席台，宣读了《中国人民解放军总部命令》，表示中国人民解放军坚决听党指挥，同时要继续对西南、西北、台湾等地的国民党残余势力进行扫荡。此时，解放军的数量已经达到500万。回想22年之前，当毛泽东领导秋收起义队伍走向井冈山时，他率领的军队人数还不到1000人，毛泽东当时就对战士们说："我们的小石头一定能打碎蒋介石的大水缸。"这一天终于到来了。整个阅兵式结束后，群众游行开始。青年学生、工人等社会各阶层都加入到这场狂欢当中。晚上9点25分，天安门广场举行了大型的烟火表演，人民群众一起共渡新中国的第一个美好夜晚。

新中国的成立代表着中国人民从此摆脱了一百多年来遭受外强侵略，内受封建制度、地主官僚大资本家压迫的屈辱历史，中国人民从此真正站起来了，并且拥有了代表人民自己的政权。新中国的诞生，标志着马克思主义普遍原理与中国革命具体实践相结合的胜利，并为社会主义国家的建设以及社会主义制度的确立打下了坚实的基础；新中国的诞生，在世界上代表了新兴的民族国家的诞生，为世界上其他受压迫的民族提供了借鉴，壮大了世界的和平力量。